U0136240

鄭喜夫

臺灣史研究名家論集

（初編）

蘭臺出版社

作者簡介（依姓氏筆劃排序）

王志宇 1965 年出生於臺灣彰化縣田中鎮，1988 年移居臺中。現為逢甲大學歷史與文物研究所專任教授，曾任逢甲大學歷史與文物研究所所長、臺灣古文書學會理事長、臺灣口述歷史學會理事等職。專攻臺灣史、臺灣宗教及民俗、方志學，並對近代中國史頗有涉略，著有《臺灣的恩主公信仰》、《苑裡慈和宮志》、《儒家思想的實踐者－廖英鳴先生口述歷史》、《寺廟與村落－臺灣漢人社會的歷史文化觀察》等書，編有《片雲天共遠》、《傳承與創新－逢甲大學近十年的發展，1998-2007》、《閩臺神靈與社會》、《大里市史》等書，並著有相關論文三十餘篇，也參與《集集鎮志》、《竹山鎮志》、《苑裡鎮志》、《外埔鄉志》、《臺中市志》、《南投縣志》、《新修彰化縣志》、《大村鄉志》、《續修南投縣志》等方志的寫作，論述豐碩。

汪毅夫 男，1950 年 3 月生，臺灣省臺南市人。曾任福建社會科學院研究員，現任中華全國臺灣同胞聯誼會會長，福建師範大學社會歷史學院兼職教授、博士生導師，享受國務院特殊津貼專家。撰有學術著作《中國文化與閩臺社會》、《閩臺區域社會研究》、《閩臺緣與閩南風》、《閩臺地方史研究》、《閩臺地方史論稿》、《閩臺婦女史研究》等 15 種，200 餘萬字。曾獲福建省社會科學優秀成果獎 7 項。

卓克華 文化大學史學碩士，廈門大學歷史博士。曾先後兼任過中山、空中、新竹師範、中原、中國醫藥、中國技術、文化等等大學教職，現在佛光大學歷史系所為專職教授。先後擔任過臺灣眾多縣市的古蹟審查委員，現為文化部古蹟勞務主持人之一。早年專攻臺灣經濟史，近二十年轉向古蹟史、宗教史、社會史，撰寫古蹟調查研究報告書超過八十本，已出版學術著作有《清代臺灣行郊研究》、《從寺廟發現歷史》、《寺廟與臺灣開發史》、《古蹟・歷史・金門人》、《竹塹媽祖與寺廟》、《民間文書與媽祖廟之研究》、《臺灣古道與交通研究—從古蹟發現歷史卷之二》，著作等身，為臺灣知名學者。

周宗賢 臺灣臺南市人，生於 1943 年。文化大學史學碩士。曾任淡江大學歷史系教授、系主任、主任、所長，內政部暨文建會古蹟評

鑑委員。現任淡江大學歷史系榮譽教授，臺北市、新北市文化資產審議委員。學術專長為臺灣史、臺灣民間組織、臺灣文化資產研究、淡水學等，著有《逆子孤軍──鄭成功》、《清代臺灣海防經營的研究》、《黃朝琴傳》、《臺南縣噍吧哖事件的調查研究》、《淡水輝煌的歲月》等。是臺灣知名的臺灣史、臺灣文化資產研究的學者。

林仁川　1941 年 10 月出生於龍岩市。1964 年復旦大學歷史系本科畢業，1967 年研究生畢業。教育部文科百所重點研究基地──廈門大學臺灣研究中心首任主任、教授、博士生導師，享受國務院特殊津貼專家。曾兼任福建省人大常委會常委、廈門市政協副主席。現任兩岸關係和平發展協同創新中心教授，廈門市炎黃文化研究會會長。主要著作有《大陸與臺灣歷史淵源》、《閩台文化交融史》、《臺灣社會經濟史研究》、《明末清初私人海上貿易》、《閩台緣》等多部專著。編寫十三集大型電視專題片《海峽兩岸歷史淵源》劇本和國家級博物館《中國閩台緣博物館》、《客家族譜博物館》展覽文本。在國內外各種刊物上發表學術論文近百篇。多次承擔國家文化出版重點工程、國家哲學社會科學重大項目、教育部文科重點項目，均任課題組長。主持編寫《現代臺灣研究叢書》、《圖文臺灣》、《中國地域文化通覽──臺灣卷》、《臺灣大百科全書──文化分冊》。曾多次榮獲全國及省部級哲學社會科學優秀成果獎。

林國平　歷史學博士，兩岸協創新中心福建師範大學文化研究中心首席專家，福建師範大學社會歷史學院教授、博士生導師，福建省高等院校教學名師，享受國務院特殊津貼的專家。主要從事閩臺民間宗教信仰研究，代表作有《林兆恩與三一教》、《福建民間信仰》、《閩臺民間信仰源流》、《籤占與中國社會文化》等。

韋煙灶　學歷：國立臺灣師範大學文學博士【地理學】（2003）
現職：國立臺灣師範大學地理學系教授
學術專長：鄉土地理、水文學（地下水學）、土壤地理學、地理教育
主要著作（專書）：《鄉土教學與教學資源調查》（2002）、《臺灣全志：卷二土地志（土壤篇）》【與郭鴻裕合著】（2010）、《與海相遇之地：新竹沿海的人地變遷》（2013）
研究領域：早期的研究偏向於自然地理學，奠定後來地理研究之厚實知能。2004 年以後的研究重心逐漸轉向鄉土地理、歷史

地理（閩客族群關係）與地名學研究，已發表相關學術期刊論文約 40 篇。

徐亞湘　臺北藝術大學戲劇系教授、中國文化大學戲劇系兼任教授、《戲劇學刊》主編、中華戲劇學會理事、華岡藝校董事。學術專長為臺灣戲劇史、中國話劇史、中國戲劇 及劇場史。著有戲劇專書《日治時期中國戲班在臺灣》、《日治時期臺灣戲曲史論──現代化作用下的劇種與劇場》、《Sounds From the Other Side》、《臺灣劇史沉思》等十餘冊。

陳支平　1952 年出生，歷史學博士。現任廈門大學人文與藝術學部主任委員、國學研究院院長，兩岸關係和平發展協同創新中心首席專家，兼任中國西南民族學會會長、中國明史學會常務副會長、中國朱子學會副會長、中國民族學與人類學研究會副會長等學術，職務。主要著作有《清代賦役制度演變新探》、《近 500 年來福建的家族社會與文化》、《明史新編》、《福建族譜》、《客家源流新論》、《民間文書與明清賦役史研究》、《歷史學的困惑》、《透視中國東南》、《民間文書與明清族商研究》、《臺灣文獻與史實鈎沉》、《史學水龍頭集》、《虛室止止集》等，編纂大型叢書《臺灣文獻彙刊》100 冊等。2006 年胡錦濤總書記訪問美國時，曾把《臺灣文獻彙刊》作為禮品之一贈送給耶魯大學。是書 2009 年入選「建國 60 周年教育成就展」。

陳哲三　1943 生，南投縣竹山鎮人，東海大學歷史系歷史研究所畢業，逢甲大學歷史與文物研究所教授，退休。先治中國現代史，著有：《中華民國大學院之研究》（臺北，商務印書館，1976）、《鄒魯研究初集》（臺北，華世出版社，1980）、《中國革命史論及史料》（臺北，商務印書館，1982）、《問學與師友》（臺中，大學圖書供應社，1985）等書。後治臺灣史，著有《竹山鹿谷發達史》（臺中，啟華出版社，1972）、《臺灣史論初集》（臺中，大學圖書供應社，1983）、《古文書與臺灣史研究》（臺北，文史哲出版社，2009）。教學研究之餘，又主修《逢甲大學校史》（未刊稿，1983）、《集集鎮志》（南投，集集鎮公所，1998）、《竹山鎮志》（南投，竹山鎮公所，2001）、《南投縣志》（南投縣政府，2010）、《南投農田水利會志》（南投，南投農田水利會，2008）等書。

陳進傳　1948 年生，台灣宜蘭人。淡江大學歷史系、歐洲研究所畢業，

曾任宜蘭大學副教授、教授，嶺東科技大學教授，現為佛光大學文化資產與創意學系教授。早年先治明史，著有論文多篇，其後研究轉向宜蘭史，並曾擔任宜蘭縣文化、文獻、古蹟、藝術各種委員會委員及宜蘭縣政府顧問，撰述《清代噶瑪蘭古碑之研究》、《宜蘭傳統漢人家族之研究》、《宜蘭擺厘陳家發展史》（合著）、《宜蘭本地歌仔—陳旺欉生命紀實》（合著）、《宜蘭布馬陣—林榮春生命紀實》（合著）、《宜蘭的傳統碗盤》（合著）等及論文約 80 篇。

鄭喜夫　台南市籍澎湖人，民國三十一年生。財校財務科畢業、興大歷史所碩士。高考會審人員考試及格。曾任臺灣省及北、高二市文獻會委員，內政部民政司專門 委員。編著有臺灣史管窺初輯、民國連雅堂先生橫年譜、民國邱倉海先生逢甲年譜、清鄭六亭先生兼才年譜、重修臺灣省通志財稅、文職表、武職表、武職表三篇、南投縣志商業篇、臺灣當代人瑞綜錄初稿等書十餘種。

鄧孔昭　1953 年生，福建省三明市人。1978 年廈門大學歷史系畢業。後留系任教。1982 年轉入臺灣研究所。先後任助理研究員、副研究員、研究員、教授。1996 年起，兼任臺灣研究所副所長，2004 年改為副院長。2012 年退休。現為兩岸關係和平發展協調創新中心成員。

已經出版的著作有：《臺灣通史辨誤》、《鄭成功與明鄭在臺灣》等。

戴文鋒　1961 年生，臺南人，國立臺灣大學歷史學學士、國立成功大學歷史語言研究所碩士、國立中正大學歷史研究所博士，日本國立一橋大學言語社會研究科客員研究員，國立臺南大學臺灣文化研究所教授兼所長。學術領域為臺灣史、臺灣民俗、臺灣民間信仰、臺灣文化資產，重要專著有《府城媽祖行腳》、《萬年傳香火、世代沐法華——萬華寺廟》（以上 2002）、《萬華觀光案內》（2004）、《走過·歷史·記憶——鏡頭下的永康》（2008）、《萬年縣治所考辨》（2009）、《東山鄉志》、《在地的瑰寶——永康民俗祭儀與文化資產》、《永康的歷史遺跡與民間信仰文化》（以上 2010）、《九如王爺奶回娘家傳統民俗活動之研究》（2013）、《重修屏東縣志·民間信仰》（2014）、《山谷長歌——噍吧哖事件在地繪影與歷史圖像》（2015）等十餘冊。

目　錄

臺灣史研究名家論集——總序

《臺灣史研究名家論集》（初編）即將印行，忝為這套叢刊的主編，依出書慣例不得不說幾句應景話兒。

這十幾年我個人習慣於每學期末，打完成績上網登錄後，抱著輕鬆心情前往探訪學長杜潔祥兄，一則敘敘舊，問問半年近況，二則聊聊兩岸出版情況，三則學界動態及學思心得。聊著聊著，不覺日沉西下，興盡而歸，期待半年後再見。大約三年前的見面閒聊，偶然談出了一個新企劃。潔祥兄自從離開佛光大學教職後，「我從江湖來，重回江湖去」（潔祥自況），創辦花木蘭出版社，專門將臺灣近六十年的博碩論文，有計畫的分類出版，洋洋灑灑已有數十套，近年出書量及速度，幾乎平均一日一本，全年高達三百本以上，煞是驚人。而其選書之嚴謹，校對之仔細，書刊之精美，更是博得學界、業界的稱讚，而海峽對岸也稱許他為「出版家」，而不是「出版商」。這一大套叢刊中有一套《臺灣歷史文化叢刊》，是我當初建議提出的構想，不料獲得彼首肯，出版以來，反映不惡。但是出書者均是時下的年輕一輩博、碩士生，而他們的老師，老一輩的名師呢？是否也該蒐集整理編輯出版？

看似偶然的想法，卻也是必然要去做的一件出版大事。臺灣史研究的發展過程，套句許雪姬教授的名言「由鮮學經顯學到險學」，她擔心的理由有三：一、大陸學界有關臺灣史的任務性研究，都有步步進逼本地臺灣史研究的趨勢，加上廈大培養一大批三年即可拿到博士學位的臺灣學生，人數眾多，會導致臺灣本土訓練的學生找工作更加雪上加霜；二、學門上歷史系有被社會科學、文學瓜分，入侵之虞；三、在研究上被跨界研究擠壓下，史家最重要的技藝——史料的考訂，最後受到影響，變成以理代証，被跨學科的專史研究壓迫的難以喘氣。中研院臺史所林玉茹也有同樣憂慮，提出五大問題：一、是臺灣史研究受到統獨思想的影響；二、學術成熟度仍不夠；一批缺乏專業性的人可以跨行教授臺灣史，或是隨時轉戰研究臺灣史；三、是研究人力不足，尤其地方文史工作者，大多學術訓練不足，基礎條件有限，甚至有偽造史料或創造歷史

的情形，他們研究成果未受到學術檢驗，卻廣爲流通；四、史料收集整理問題，文獻資料躍居成「市場商品」，竟成天價；五、方法問題，研究者對於田野訪查或口述歷史必需心存警覺和批判性。

　　十數年過去了，這些現象與憂慮仍然存在，臺灣史學界仍然充滿「焦慮與自信」，這些焦慮不是上文引用的表面問題，骨子裡頭真正怕的是生存危機、價值危機、信仰危機，除此外，還有一種「高平庸化」的危機。平心而論，臺灣史的研究，不論就主題、架構、觀點、書寫、理論、方法等等。整體而言，已達國際級高水準，整個研究已是爛熟，不免凝固形成一僵硬範式，很難創新突破而造成「高平庸化」的危機現象。而「高平庸化」的結果又導致格局小，瑣碎化、重複化的現象，君不見近十年博碩士論文題目多半類似，其中固然也有因不同學門有所創見者，也不乏有精闢的論述成果，但遺憾的是多數內容雷同，資料重複，學生作品如此；學者的著述也高明不到哪裡，調研案雖多，題材同，資料同，析論也大同小異。於是乎只有盡量挖掘更多史料，出版更多古文書，作爲研究創新之新材料，不過似新實舊，對臺灣史學研究的深入化反而轉成格局小，理論重複，結論重疊，只是堆砌層累的套語陳腔，好友臺師大潘朝陽教授，曾諷喻地說：「早晚會出現一本研究羅斯福路水溝蓋的博士論文」，誠哉斯言，其言雖苛，卻是一句對這現象極佳註腳。至於受統獨意識形態影響下的著作，更不值得一提。這種種現狀，實在令人沮喪、悲觀，此即焦慮之由來。

　　職是之故，面對臺灣史這一「高平庸化」的瓶頸，要如何掙脫困境呢？個人的想法有二：一是嚴守學術規範予以審查評價，不必考慮史學之外的政治立場、意識形態、身份認同等，二是返回原點，重尋典範。於是個人動了念頭，很想將老一輩的著作重新整理，出版成套書，此一構想，獲得潔祥兄的支持，兩人初步商談，訂下幾條原則，一、收入此套叢書者以五十歲（含）以上爲主；二、是史家、行家、專家，不必限制爲學者，或在大專院校，研究機構者；三、論文集由個人自選代表作，求舊作不排除新作；四、此套書爲長期計畫，篩選四、五十位名家代表

作，分成數輯分年出版，每輯以二十位爲原則；五、每本書字數以二十萬字爲原則，書刊排列起來，也整齊美觀。商談一有結論，我迅即初步擬定名單，一一聯絡邀稿，卻不料潔祥兄卻因某些原因而放棄出版，變成我極尷尬之局面，已向人約稿了，卻不出版了。之後拿著企劃書向兩家出版社商談，均被婉拒，在已絕望之下，幸得蘭臺出版社盧瑞琴女史遞出橄欖枝，願意出版，才解決困局。但又因財力、人力、市場的考慮，只能每輯以十人爲主，這下又出現新困擾，已約的二十幾位名家如何交待如何篩選？兩人多次商討之下，盧女史不計盈虧，終於同意擴大爲十五位，並不篩選，以來稿先後及編排作業爲原則，後來者編入續輯。

我個人深信史學畢竟是一門成果和經驗累積的學科，只有不斷累積掌握前賢的著作，溫故知新，才可以引發更新的問題意識，拓展更新的方法、理論，才能使歷史有更寬宏更深入的研究。面對已成書的樣稿，我內心實有感發，充滿欣喜、熟悉、親切、遺憾、失落種種複雜感想。本叢刊初編自有遺珠之憾，也並非臺灣史名家只有這十四位，此乃初編，將有續編，我個人只是斗膽出面邀請同道之師長友朋，共襄盛舉，任憑諸位自行選擇其可傳世、可存者，編輯成書，公諸同好。總之，這套叢書是十四位名家半生著述精華所在，精采可期，將是臺灣史研究的一座豐功碑及里程碑，可以藏諸名山，垂範後世，開啓門徑，臺灣史的未來新方向即孕育在這套叢書中。展視書稿，披卷流連，略綴數語以說明叢刊的成書經過，及對臺灣史的一些想法，期待與焦慮。

卓克華

2016.2.22 元宵　於三書樓

臺灣史研究名家論集——推薦序

　　臺灣史研究的興盛，主要是從二十世紀八十年代開始的。臺灣史研究的興起與興盛，一開始便與政治有著密切的聯繫。從大陸方面講，「文化大革命」的結束與「改革開放」政策的實行，使得大陸各界，當然包括政界和學界，把較多的注意力放置在臺灣問題之上。而從臺灣方面講，隨著「本土意識」的增強，以及之後的「臺獨」運動的推進，學界也把較多的精力轉移到對於臺灣歷史文化及其現狀的研究之上。經過二三十年的摸索與磨練，臺灣歷史文化的學術研究，逐漸蔚為大觀，成果喜人。以大陸的習慣性語言來定位，臺灣史研究，可以稱之為「臺灣史研究學科」了。

　　由於二十世紀八十年代以來臺灣史研究的興起與興盛，大體上是由此而來，這就造成現今的中國臺灣史研究的隊伍，存在著兩個明顯的特徵。其一，大部分的所謂臺灣史研究學者，特別是大陸的學者，都是「半路出家」，跨行或轉行而來，並沒有受過比較系統而嚴格的臺灣史學科的基礎訓練，各自的學術參差不齊，惡補應景和現買現賣的現象頗為不少。其二，無論是大陸的學者，還是臺灣的學者，對於臺灣史的研究，似乎都很難擺脫政治性的干擾。儘管眾多的研究者們，依然希望秉承嚴正客觀的歷史學之原則，但是由於各自政治立場的不同，大家對於臺灣歷史文化的關注點和解讀意趣，還是存在著諸多的差異，有些差異甚至是南轅北轍的。

　　儘管如此，從學術發展的立場出發，臺灣史研究的這兩個特徵，也未嘗不是一件好事。不同的政治立場、學術立場；不同的學術行當、學術素養，必然形成多視野、多層次、多思維的學術成果。即使是學術立場、觀點迥異的學術成果，也可以引起人們的不同思考與討論。借用大陸的一句套話，就是「百花齊放」，或者「毒草齊放」了。百花也好，毒草也罷，正是有了這般林林總總的百花和毒草，薈兮蔚兮，百草豐茂，在兩岸學者的共同努力之下，形成了臺灣史研究的熱潮。

　　蘭臺出版社有鑑於此，聯絡大陸和臺灣的數十位臺灣史研究學者，

出版了這套《臺灣史研究名家論集》。在這部洋洋大觀的名家論集中，既有較早拓荒性從事臺灣史研究的鄭喜夫、周宗賢、林仁川等老先生的論著，也有諸如王志宇、戴文鋒等年富力強的中生代的力作。在這眾多的研究者中，各自的政治社會立場姑且不論，僅以學術出生及其素養而言，既有歷史學、語言文學的，也有宗教學、戲劇學、地理學等等。研究者們從各自不同的學術行當和研究意趣出發，專研各自不同的研究專題，多有發見，多有創新。因此可以毫不誇張地說，這套《臺灣史研究名家論集》，在一定程度上體現了當今海峽兩岸臺灣史學術研究的基本現狀與學術水平。這套論集的出版，相信對於推動今後臺灣史研究的進一步開拓與深入，無疑將產生良好積極的作用。

陳支平

2016 年 3 月于廈門大學國學研究院

試論荷據時期之臺灣不含澎湖

一、前言

　　臺灣歷史上自明天啓四年（一六二四）至永曆十五年（一六六一或六二）[1]之荷據時期中，澎湖未曾淪陷於荷蘭之殖民統治，而自始至終爲中國所有；此即本文所欲探討之荷據時期臺灣不含澎湖之問題。

　　或許有人以此爲不成問題之問題，筆者亦敬表尊重與同意；但由於：一則臺灣入清之初，首任臺灣府儒學教授林謙光所著《臺灣紀略（附澎湖）》，被目爲「臺灣的一種『早期文獻』」，其〈（附）澎湖〉云：「及紅毛入臺灣，並其地（澎湖）有之。而鄭成功父子復相繼據險，恃此爲臺灣門戶。」[2]明言荷人據臺時期，並澎湖之地而有之；而於明鄭時期，玩其文義，似謂鄭成功驅荷復臺時，始收復澎湖。二則李紹章纂《澎湖縣志》卷二〈開拓志〉書永曆十五年三月鄭延平率海師入澎事下云：「惟澎湖此時是否已歸鄭氏所守？抑或處於鄭氏與荷人之甌脫地？尚爲一疑問」，又於所引楊英《從征實錄》（即《先王實錄》）關於「令鎮守澎湖游擊洪暄前導引港」之記載下云：「洪暄既稱鎮守澎湖游擊，當爲澎湖之守將，然遍考他書均無鄭氏已先據有澎湖之說。或洪暄之鎮守澎湖游擊，爲事後所加者？或洪暄於成功征臺前，即經常哨巡澎湖？均有待考證。」[3]是《縣志》一則對於稱洪暄爲「鎮守游擊」事表示存疑，一則表示遍考《從征實錄》以外之文獻「均無鄭氏已先據有澎湖之說。」而連橫（一八七八～一九三六）撰《臺灣通史》卷五〈疆域志‧澎湖廳〉云：「迨我延平郡王東略臺灣，先收其地（指澎湖），設安撫司以治之，而澎湖乃爲我有。」[4]今人陳正茂（一九五九～）則說：「（明末）住在

---

[1] 永曆十五年一般換算爲西曆一六六一年，但鄭荷簽訂締和條約爲永曆十五年十二月事，已在一六六二年二月。

[2] （清）諸家：《澎湖臺灣紀略》，《臺灣文獻叢刊》（臺北：臺灣銀行，民國五十年五月），頁六四。

[3] 李紹章纂：《澎湖縣志》上冊（澎湖：澎湖縣政府，民國四十九年四月），頁七四。

[4] 連橫：《臺灣通史》（臺北：臺灣時代書局，民國六十四年五月），頁一二八。

澎湖之商民，爲了對付海賊的進犯，反而借助荷蘭的力量以抵禦之。此舉表示明廷雖未放棄澎湖，但實際上澎湖已脫離了明朝的掌握。南明時代，澎湖幾乎又歸荷屬。永曆十三年（一六五九），鄭成功曾派部下駐守澎湖。」[5]後二家之說亦不相同，且均有別於《縣志》。即此而言，本文之作，或值一試。

關於荷據時期臺灣不含澎湖之問題，本文擬從以下三個部分論證之：第一、天啓四年（一六二四），隨著「淪陷兩年又兩個月的澎湖收復了，不幸臺灣又落入荷人之手」[6]，臺灣歷史上之荷據時期以是開啓，而澎湖並未同臺灣一起淪陷於荷蘭之殖民統治下。第二、爲期三十八年之臺灣荷據時期中，雖然間或予人以「澎湖幾乎又歸荷屬」[7]之感，實則不曾再遭荷蘭侵據，因之，澎湖迄爲明以至明鄭所有。第三、鄭延平「進平臺灣」之役，所部健兒在赤崁（今臺南市市區）、大員（今臺南市安平區）一帶及附近海域，或硬仗，或長圍（熱蘭遮城），或心戰，卒之迫使荷人俛首締和以去，結束臺灣之荷據時期，而邁入明鄭時代之歷史新頁；其澎湖僅是延平率師東來航抵臺灣前中途取糧及候風之地，係順利靠岸及進駐，既無戰鬥行爲，亦非和平接管，而是大軍開抵自家管轄之領土；此所以或云「成功光復澎湖、臺灣」，其實失實。以上三項，當第一、第二兩項屬實，則必然促致第三項之實現，亦不以第二項屬實爲必要條件，蓋如第一項屬實，第二項倘然是在臺灣荷據時期中澎湖假定曾「再陷再復」、「失而復得」且能證明其確爲事實，則亦必仍促致第三項之實現也；今則第一、第二、第三三項均屬實，故可以充分證成荷據時期之臺灣不含澎湖，亦即臺灣歷史上爲期三十八年之荷據時期中，澎湖未淪陷於荷蘭之殖民統治下，而是爲中國所有。

以上三個部分之論證中，第一、第三兩項，文獻史料及研究論著之涉及者，明確可信，僅略舉一二，不爲累徵贅引，以省篇幅；而於第二

---

[5] 陳正茂：〈明代澎湖群島海防地位之探討（二）〉，《硓𥑮石》第十八期（民國八十九年三月），頁三七。其說採據自許雪姬碩士論文《明清兩代國人對澎湖群島的認識及防戍》。

[6] 郭廷以：《臺灣史事概說》（臺北：正中書局，民國五十九年十月，臺五版），頁二十。

[7] 陳正茂語，同註5。

項，關於臺灣荷據時期三十八年之中，澎湖不曾再遭荷蘭侵據，因之迄為明以至明鄭所有，則分八點，為較詳之敷陳，並附帶一探所謂「澎湖幾乎又歸荷屬」事。敬請指教，無任感禱。

二、臺灣荷據時期開始日正澎湖自荷人手中收復時

　　明末，荷蘭兩度短暫入侵澎湖，郭廷以（一九○四～一九七五）稱為「兩次澎湖之役」[8]。第一次，為萬曆三十二年（一六○四）韋麻郎（Wijbrant van Waerwijck，或拼作 Wybrant van Waerwyk）率船二艘入侵，計停留四個月有餘，因福建巡撫徐學聚派浯嶼寨欽依把總沈有容（一五五六～一六二七）渡海諭退，韋麻郎果率其船隊航離澎湖。此役最主要的中文史料，可以沈有容所輯《閩海贈言》[9]為代表；曩年筆者所編《沈有容傳》[10]亦有關於此役的敘述，書末附錄三〈本書參考資料目錄〉可供搜尋此役相關資料之參考。第二次，為天啓二年（一六二二）至四年（一六二四），司令官賴耶爾孫（Cornelis Reyersen）所率艦隊之侵據，荷人「一方面築城不作退計，一方面請求互市福建，一方面連結海寇騷擾中左（廈門）、海澄（曾為總兵徐一鳴所敗），無所不用其極。……南居益（？～一六四四）繼任（福建）巡撫……遣人直接去南洋向東印度公司當局（按即巴達維亞總督）談判，荷人……不可理諭，無法和平解決，非用兵不可。朝廷即授以便宜行事之權，於是中荷大戰爆發……（天啓四年七月）荷人乞和，答應退出澎湖……（旋）開始拆城，運糧下船，兩星期後東去臺灣。計中荷戰爭，歷時半年有餘。」[11]此役最主要的中文史料，可以臺灣銀行經濟研究室編輯之《明季荷蘭人侵據彭湖殘檔》

---

[8] 同註6，頁一八～二○。

[9] （明）沈有容輯：《閩海贈言》，《臺灣文獻叢刊》，臺北：臺灣銀行，民國四十八年十月。

[10] 鄭喜夫：《沈有容傳》，《臺灣先賢先烈專輯》第五輯，臺中：臺灣省文獻委員會，民國六十八年六月。

[11] 同註6。

12、廈門大學鄭成功歷史調查研究組編《鄭成功收復臺灣史料選編（增訂本）》[13]爲代表，而荷蘭船長威廉‧伊斯布蘭茨‧邦特庫（Willem Bontekoe）之《Memorable Description of the East Indian Voyage,1618—1625》亦已有中文譯本[14]；相關之研究，中文至少可以參考《巴達維亞城日記》（第一冊）之〈序說〉[15]及陳小沖（一九六二～）所撰〈1622～1624年的澎湖危機——貿易、戰爭與談判〉[16]。

　　第二次「澎湖之役」，或大陸學者所稱「1622～1624年的澎湖危機」之結束或化解，正是與臺灣本島之淪陷相伴隨，所以郭廷以有前引：「淪陷兩年又兩個月的澎湖收復了，不幸臺灣又落入荷人之手。」之言，又云：「中國收回了澎湖，荷人轉移到臺灣。」[17]而「不幸臺灣又落入荷人之手」，「荷人轉移到臺灣」，正是臺灣歷史上荷據時期之開始，此時「澎湖收復了」，「中國收回了澎湖」。因此，臺灣荷據時期啓幕時，甫告收復之澎湖自未隨同臺灣淪陷；反之，臺灣落入荷人之手正因澎湖收復，故可謂當臺灣荷據時期開始日，正澎湖自荷人手中收復時。

三、臺灣荷據時期中澎湖不曾再遭荷蘭侵據

　　在臺灣歷史上爲期三十八年之荷據時期中，自始至終，澎湖不曾再遭荷蘭侵據，因而亦自始至終爲中國所有。茲論證如次。

---

[12] 臺灣銀行經濟研究室編輯：《明季荷蘭人侵據彭湖殘檔》，《臺灣文獻叢刊》，臺北：臺灣銀行，民國五十一年八月。

[13] 廈門大學鄭成功歷史調查研究組編：《鄭成功收復臺灣史料選編（增訂本）》，福州：福建人民出版社，一九八二年三月，第一版第一刷。

[14] （荷）威‧伊‧邦特庫著、姚楠譯：《東印度航海記》，《中外關係史名著譯叢》，北京：中華書局，二〇〇一年七月，第一版第二刷。註13，頁六六～八九所收〈威廉‧龐德古：《難忘的東印度旅行記》〉，即選譯本書一六二二年六月至一六二四年部分。

[15] 郭輝譯：《巴達維亞城日記（第一冊）》（臺中：臺灣省文獻委員會，民國五十九年六月），頁七～一七。

[16] 陳小沖此文原載《思與言》第三十一卷第一期（民國八十三年三月），頁一二三～二〇三；其後《硓𥑮石》曾予轉載，連載於第十四期（民國八十八年三月）頁二〇～三五、第十五期（民國八十八年六月）頁五八～七二、第十六期（民國八十八年九月）頁三五～五六。

[17] 同註6，頁二二。

（一）第二次「澎湖之役」後，其善後事宜之重要者，包括添設路將、增兵、改為長戍澎湖而不許收汛等

第二次「澎湖之役」結束後，福建巡撫南居益與福建巡按姚應嘉會同具題善後事宜，請敕下戶、兵二部覆議上請。經兵部於天啓五年（一六二五）四月二十三日覆議具題，以「悉聽該撫逐款舉行」為請。是月二十六日奉旨：「是，欽此。」本案善後事宜多款，其中包括：

1.添設路將：專設遊擊一員，駐劄澎湖，「以為經久固圉之圖」。

2.增兵：原設彭湖遊及衝鋒遊（彭衝遊）兩遊舊兵九百三十五名，增設新兵一千一百六十九名，共二千一百零四名。分配如下：設中標守備一員，轄水兵八百五十七名，領船四十九隻，分屯媽宮等處；左翼把總一員，轄陸兵六百二十四名，屯媽宮□暗澳，分顧太武、案山、龍文港諸處；右翼把總一員，轄陸兵六百二十三名，屯風櫃仔，兼顧蒔上澳、西嶼頭，看守鎮海營等處。俱聽遊擊調度哨守。中標立水哨官六名，左右翼各立陸哨官四名。

3.官兵長戍澎湖，不許收汛，因此須依規定增餉。[18]

以上諸善後事宜皆實施於臺灣之荷據時期中者。茲將添設路將所置彭湖標遊擊、中標守備（欽依守備）、左右翼把總（名色把總）之可考者錄之如次[19]。

1.遊擊

王夢熊　福建晉江人。天啓五年（一六二五）四月二十六日奉旨以名色守備加守備銜管理彭湖遊擊事務。

劉承胤　應天府江寧人（待考）。天啓七年（一六二七）八月初一日由都司僉書管湖廣洞庭守備事陞任。

王尚忠　崇禎六年（一六三三）在任，七年（一六三四）以後調任福建中路遊擊。

---

[18] 同註12，頁一九～三〇。

[19] 鄭喜夫纂：《重修臺灣省通志》卷八《職官志·武職表篇》（南投：臺灣省文獻委員會，民國八十二年六月），第二冊，頁二～三。

2.中標守備（欽依守備）

葉大經　天啓五年四月二十六日奉旨以名色把總加小把總職銜管理中標事務。

3. 左右翼把總（名色把總）

張天威　福建莆田人。天啓、崇禎間任，崇禎二年（一六二九）陣亡。

姜望潮　武進士（待考）。崇禎六年七月十二日因新設立五虎遊擊裁缺，奉旨以原官調補烽火寨把總。

以上所列各職題名，雖俱不齊全，但最晚之記事爲崇禎七年（一六三四），去奉旨准予實施第二次「澎湖之役」善後事宜首尾已經十載。其後，有水彭標，如水彭標非彭湖標之別稱，則究係於彭湖標之外另行添設，抑或裁撤彭湖標後所改設，待考。茲亦將水彭標遊擊之可考者錄之如次[20]。

許文起　福建同安金門人。任期不詳，姑次於此。

洪　暄　字調五：福建同安金門人。永曆十五年（一六六一）三月在任。

洪暄即明鄭要員忠振伯、加少師、時任兵官之洪旭之弟，當鄭延平東征驅荷時，暄奉命負責前導首程官兵並引港航入澎湖，見於多種明鄭文獻；至前乎暄與後乎暄者，他無可考，僅於《金門志》得許文起一人，惟任期不詳，臆其或在暄之前[21]。果爾，則至少延平東征前數年即有水彭標之設置。按明鄭戶官楊英《先王實錄》載：永曆十五年二月，延平決將「進平臺灣」之文武官及各提、鎮官兵分首、二程而行，其首程「尅期先行；令鎮守澎湖游擊洪暄前導引港」[22]。洪暄既然「鎮守澎湖」，又受命爲首程官兵前導引港，不但顯見其人熟悉澎湖港道及相關航海事宜，而且水彭遊標之「鎮守澎湖」，猶之彭湖遊標之「駐劄澎湖」，似應

---

[20] 同前註，頁三。

[21] （清）林焜熿纂：《金門志》，《臺灣文獻叢刊》（臺北：臺灣銀行，民國四十九年十月），第二冊，頁一九六。

[22] （明鄭）楊英撰、陳碧笙校注：《先王實錄（校注）》，《八閩文獻叢刊》（福州：福建人民出版社，一九八一年十二月，第一版第一刷），頁二四四。

亦屬長駐澎湖，「不許收汛」者。

　　雖然無法確知彭湖標及水彭標二標存立之實際年數，但至少在臺灣荷據時期之頭十年及末尾數年皆確然存立。從而證明其時澎湖為中國所有，而未為荷蘭所侵據。

（二）彭湖標駐紮澎湖之檢討

　　依照前述福建巡撫南居益題准之善後事宜所設彭湖標，專設遊擊一員，駐劄澎湖；下設中標守備一員，轄水兵八五七名；左翼把總一員，轄陸兵六二四名；右翼把總一員，轄陸兵六二三名，分屯各處，俱聽遊擊調度哨守。此外，中標立水哨官六名，左右翼各立陸哨官四名。官兵長戍澎湖，不許收汛。

　　崇禎元年（一六二八）六月二十一日，河南道監察御史蘇琰具題云：「臣查福建武臣布置有：泉南遊擊一員，駐於中左；彭湖把總（「把總」似當作「遊擊」）一員，駐於彭湖。彭湖在大海中，實夷寇交經之處，其相對內地即是中左……向者中左、彭湖各自為汛，而彭湖之將哨、目兵，有籍無人，稽查不及，不查但足以肥弁，汛分又遠不禦賊，是彭湖汛總（「汛總」似當作「遊擊」）必改轍甚明也……臣愚以為略倣更番戰守之例，與中左一弁春夏秋冬按季更調來往……」是日奉旨：「中左內地、彭湖要害，更番汛守，未可輕議。」[23]

　　崇禎二年十月（一六二九年十二月），荷蘭臺灣長官布督曼士（Hans Putmans）[24]於前往中國沿海途中，曾在澎湖上岸。是月二十四日（陽曆

---

[23] 中國第一歷史檔案館、遼寧省檔案館編：《中國明朝檔案總匯》（桂林：廣西師範大學出版社，二〇〇一年六月，第一版），第五冊，〈河南道監察御史蘇琰為臣鄉撫寇情形並陳善後管見事題本（尾缺）〉，頁一一二～一一八。可參鄭喜夫：〈新近出版之鄭芝龍史料及其價值（下）〉，《臺北文獻》直字第一四三期（民國九十二年三月），頁一六四～一六八。

[24] 布督曼士，「荷蘭 Middelburg 人，1621 年以下席商務員搭 Oranjeboom 號出國，在柬埔寨與暹羅工作，1622 年在那裏晉升為商務員，同時活躍於北大年、蘇門答臘的西岸與爪哇的東北岸。1624 年任職於巴達維亞，自 1626 年 1 月 1 日起在公司的店鋪工作。1627 年升任上席商務員及法庭的法官，1628 年任法庭庭長並主管中國人事務。1629 年～1636 年任臺灣長官並主管公司在中國沿海的事務。1633 年任東印度議會的議員。1636 年底以回國艦隊司令官歸國，定居在 Delft。結婚四次：1627 年與 Elisabeth Quina 結婚；1629 年與 Maria de Meester

十二月八日）《熱蘭遮城日誌》記當日一行在澎見聞云：「有幾個從大員跟我們一起回來的中國人告訴我們說，上述那些碉堡，一年住用六個月，棄置六個月，但看起來，那些碉堡和房子已經那麼荒廢，那麼雜草叢生，好像已經五十年沒有人來過了。」翌日又記云：「去看那個我們棄置的碉堡現在的情況。該碉堡……已經完全荒廢，跟上述中國人的碉堡一樣荒廢……這碉堡下面，有幾間中國人的小房屋，自從我們棄置該碉堡之後，還有人在那些小房屋住過，但現在已經看不出有人住了。」[25]

　　崇禎六年，原光祿寺少卿、同安金門進士蔡獻臣（一五六三～一六四一）〈論彭湖戍兵不可撤〉有云：「南撫臺（南居益）時，紅夷外訌，築銃城於彭之風櫃，而（當地）耕漁之業荒矣，內地且岌岌焉。南撫臺與俞總戎（俞咨皐）費盡心力，誘而處之臺灣。尋疏請設一遊戎，而增漳、泉兵至千二三百人，更番戍守。今未十年，而兵僅存其半矣，毋亦為餉少乎？然主帥既不能數履，而裨帥亦多偷安內地，則僅以二三兵哨往，其有無三分之一，誠不可問。故議者欲撤而去之。……夷、賊相依者也，賊聚必借夷以為聲，夷入則我民之為賊者必附之。今紅夷敗衄之餘，聞有一二船停泊於彭，而耕漁之民已驚擾而竄矣；倘一旦盡撤，令夷、賊得盤據其中，而不時入而騷我內地，豈惟向之城風櫃而已？吾懼濱海之不得寧居也。夫浯洲（金門）之去彭湖也七更船，其去臺灣也十更船；今深計者尚以處夷於臺灣為隱憂，奈何欲棄彭而揖之入也。故裁遊戎，題欽總，設二名把總、四哨官，而二郡各以兵四百人隸之，使更番哨守便。」又云：「適有兵中人至，乃故嘗戍彭者，詢之，則云：向未題設遊戎之前，彭湖兩汛兵不居陸而居舟，其發收之期亦如海上之例。間有異舟過，則操舟而逐之，其餘攙泊者。有議比來設官戍守，而兵士乃安居島中，即有異舟之過且泊者，亦不及知，即知亦付之不問耳。

　　結婚；1633 年與 Johanna de Solemne 結婚；1638 年與 Elisabeth van Santen 結婚。1654 年去世。」見江樹生譯註：《熱蘭遮城日誌》第一冊（臺南：臺南市政府，民國八十九年一月），頁二。
25 同前註，《熱蘭遮城日誌》第一冊，頁七。並可參余光弘：〈澎湖的移民與開發〉，《西瀛風物》創刊號（民國八十五年六月），頁四八。

此則有兵與無兵同，所謂法立而弊生者也；故不必撤兵而當勵將，又戍彭之要著也。」[26]

根據以上史料，在第二次「澎湖之役」結束後十年內，善後事宜之要著，添設路將、增兵長戍，無論荷蘭臺灣長官布督曼士在澎之所親睹，以及現任或前任閩籍官員蘇琰、蔡獻臣所作檢討，皆說明其執行上之未能落實，以致有議者對澎湖戍兵「欲撤而去之」，獻臣則力主「不必撤兵而勵將，又成彭之要著也」。儘管多見此類檢討，所謂「奈何欲棄彭而揖之入也」，然而此適為當時澎湖為中國所有之明證，否則何須檢討？設若澎湖已再遭荷人侵據，則其時所高談闊論之內容，應是關於如何儘速痛殲或驅走荷人之策略、手段也。

（三）荷人促海盜放棄澎湖前往他港，以免影響荷蘭與中國間之通商交涉

崇禎七年四月初（一六三四年四月底），荷蘭巴達維亞總督 Hendrick Brouwer 等接獲臺灣長官布督曼士報告：中國海盜 Tan Glauw（劉香）[27] 於截獲十餘艘滿載貨物之戎克船後，全鯨航抵澎湖，派人前往大員，向荷人提議合力進攻中國及澳門，布督曼士復書表示：「目下正與中國交涉中，故不能約言即時加以援助，又未奉到總督及印度參事會員命令以前，不能訂立任何確實之協定。」及「Tan Glauw 應即放棄澎湖島前往他港，以免妨礙已開始進行之交涉。」[28] 是月十八日（陽曆五月十四日），巴城荷人派遣戎克船開往大員，總督及印度參事會對布督曼士通知：

> ……以海盜 Tan Glauw 率引全兵力至澎湖島，並以書信及特使屢次聲請以其兵力對付中國，及該海盜來澎湖，對於我方所開始之交涉及事件之進行，妨礙不少，但對於彼等仍然表示友情與好

---

[26] （明）蔡獻臣：《清白堂稿》（金門：金門縣政府，民國八十八年十一月，初版一刷），上冊，頁一三四～一三五。

[27] 可參鄭喜夫：〈鄭芝龍滅海寇劉香始末考〉，《臺灣文獻》第十八卷第三期（民國五十六年九月），頁一九～三九。

[28] 同註15，頁一一九～一二○。

意，命令布德曼士長官於澎湖島以至臺窩灣（大員）港，招呼其
兵力之一部分，予以方便……

……如果海盜 Tan Glauw 尚留在澎湖島則令其撤退，而使其明瞭
下列事項：

我方正與中國交涉許可自由貿易事，現尚處於和平狀態，是以此
時不能與他聯合以危害中國，如能締結和平而准許在臺窩灣航海
及貿易時，則不行戰爭。

如協定成立，固不待論，即在上述交涉中亦不能承認其留在澎湖
島，彼應率其艦隊移往他處……如果違反此事，則我方不但放棄
對彼之友情，且將與中國聯合以擊滅其全部艦隊[29]。

足見其時在大員與巴城之荷人，因「正與中國交涉許可自由貿易
事，現尚處於和平狀態」，不但婉拒劉香「與他聯合以危害中國」之請，
更一致催促其撤離澎湖他去，「以免妨礙已開始進行之交涉」。甚至威脅
說彼「如果違反此事」，「將與中國聯合以擊滅其全部艦隊」。此項事實
說明荷人追求之最高政策目標為獲得中國許可自由貿易，因之不但不復
侵據澎湖，而且當海盜劉香引率全鯨航抵澎湖時，甚至出而催促其撤離
他去；此項事實尤足證明其時澎湖為中國所有，而未遭荷人侵據。

（四）中國官員率領船隊前來視察澎湖，奉命剿除澎湖等地海盜

崇禎十年六月初八日（一六三七年七月二十九日），在澎湖之荷人
上席商務員特勞牛斯（Paulus Traudenius）致書臺灣長官約翰‧范得堡
（Johannes van der Burch），有云：「（是年五月二十九日，陽曆七月二十
日，快艇）Zantvoort 號抵達澎湖時，有一個〔中國〕官員率領 8 艘戎克
船與 8 到 10 艘小船（wankantjes）來到那裡，他派人來告訴我們說，他
是代表中國的軍門和大官們，特別來視察澎湖，並要來找出所有躲在澎
湖與其他地方的海盜，把他們消除，也展示那份特別的委任狀，於是請

---

[29] 同註15，頁一二二～一二四。

我方的人，在一兩天內帶領我們在那裡的船隻離開，以便在那期間，他們得以更自由地舉行慣常的異教徒的祭典；我方的人婉拒這個請求，按照通常的作法，贈送該官員 30 里爾，他很感謝地收下，滿意地留在那裡，天天忙著派遣小船到所有澎湖的海灣和小溪〔去偵查海盜〕。」[30]

中國軍門等高官派員率領戎克船及小船近二十艘前來澎湖視察，命其剿除澎湖等地海盜；此一事實自然又證明了其時澎湖確爲中國所有。

（五）臺灣荷據時期明鄭在澎湖徵收租稅

《熱蘭遮城日誌》第三冊載：「（1650 年）5 月 7、8、9、10 日（永曆四年四月初七日至初十日）……我們最近在此地聽到中國商人抱怨了數次說，有一個大官 Sablackia，他是中國的廈門省區最高的首長，派一個官階較低的官員名叫 Mausia 的，率領一些士兵航來澎湖，要來按照歷年的慣例向那裏的居民收稅，因爲他們自古就已經習慣向他們主人納稅……因此，我們今天寫了兩封信，交給一艘要航往澎湖的 coya 船帶去交給上述那兩個官員，每人一封信，向他們閣下勸告並請求放棄這種暴力又惡劣的行爲……」[31]

上書又載：「（同年）7 月 1、2 日（永曆四年六月初三、初四日）……收到大官 ablacia（即 Sablackia）從中國的一個城市廈門寄來的一封信，用以答覆我們今年 5 月 10 日寫去給他閣下的那封信……他閣下從我們的書信得知，有些因他的士兵在澎湖造成來往的貿易戎克船的不愉快事情……他派他們去那裡，只是要去向居住在澎湖島上的中國人徵收年稅。」[32]

《熱蘭遮城日誌》以上兩則記載，相當重要。荷人在大員自中國商人處獲得知中國廈門官員 Sablackia 派遣所屬率領士兵前來澎湖徵收「年稅」之傳聞，經 Sablackia 本人覆函證實確有其事。因事在永曆四年八

---

[30] 同註24，《熱蘭遮城日誌》第一冊，頁三三三~三三四。

[31] 江樹生譯註：《熱蘭遮城日誌》第三冊（臺南：臺南市政府，民國九十二年十二月），頁一三二。

[32] 同前註，頁一四四~一四五。

月鄭延平併建國公鄭彩弟定遠侯鄭聯軍之前，Sablackia 似有可能非延平轄屬之員，《日誌》亦未提及延平之名，但以當時閩海諸軍狀況研判，或仍與鄭家有一定之關係。上述記載中，值得注意者為此係「按照歷年的慣例」辦理，亦即對岸當局由廈門派員前來徵稅已歷有年所；又云澎湖居民「自古就已經習慣向他們主人納稅」，此「自古就已經習慣」自不排除為澎湖居民在大陸原鄉時事之可能，如係指澎湖居民遷居澎湖後之事，則更可見其遷澎後之納稅行之已久，並認定大陸官員為「他們主人」。僅以「歷年的慣例」言，則少亦五六年，多逾十餘年應屬可能，然則當在崇禎末年（十七年，一六四四）以前，中國即有派遣官員渡海來澎湖徵年稅之事實，而其時皆屬臺灣歷史上之荷據時期，可見其時澎湖為中國所有，而未遭荷人侵據。

　　永曆四年派員前來澎湖徵稅之「廈門省區最高的首長」Sablackia 雖似非鄭延平轄屬之員，但臺灣荷據時期明鄭確曾在澎湖徵稅。

　　據同治《重纂福建通志》卷五十所收〈康熙中諸羅縣知縣季麒光覆議二十四年餉稅文〉[33]，明鄭晚期全臺租稅中，澎湖賦課係單獨列為「澎湖人丁園地船網等項」，下含人丁、園地、網泊、船隻四項，之所以將澎湖所開徵之四項合併單列一個稅目，而非分別納入各該稅目中，乃因上述各項在臺灣本島與在澎湖所採行之稅率乃至計課方式，皆多所不同。分述如下[34]。

　　1.人丁方面：臺灣本島係將民丁區分為佃丁舖戶、難民、閒散民丁三類，每丁每年分別課徵銀（時銀）時銀三錢八分、六錢八分、九錢八分；而在澎湖每丁年徵銀一兩二錢，較本島最高一級之閒散民丁猶高出二成二以上。

　　2.園地方面：臺灣本島之田賦，主要為官佃田園及文武官田園分則

---

[33] 此文初收入《東寧政事集》，今見（清）季麒光撰、李祖基點校：《蓉洲詩文稿選輯·東寧政事集》，《臺灣史料》（香港：香港人民出版社，二〇〇六年一月，第一版第一刷），頁一五八～一六五。本文引自臺灣銀行經濟研究室編輯：《福建通志臺灣府》，《臺灣文獻叢刊》（臺北：臺灣銀行，民國四十九年八月），第二冊，頁一六四～一六九。

[34] 鄭喜夫：〈明鄭晚期臺灣之租稅〉，《文史薈刊》復刊第六輯（二〇〇三年十二月），頁一三～五九。

計甲徵粟；而在澎湖所施行者，則爲按「地種」計石徵銀，此部分係澎湖自然環境與農業生產情況使然[35]，部分仍屬「歷史的原因」。明鄭晚期，每石「地種」年徵銀六錢。

3.網泊方面：臺灣本島之稅率，罟爲最高，每張年徵銀一十六兩八錢，其次則罾、網、縺、繀、蠔，同爲每條年徵銀八兩四錢，而罾每張年僅徵銀六兩，係按不同漁具類別而異其稅率；而在澎湖所施行者，係「照例分別大小」，其中最高之大網每張年徵銀五兩，似較本島減輕不少，原因待查，或與人丁重課有關。

4.船隻方面：臺灣本島之採捕小船，計樑頭擔數徵銀，每擔年徵銀一錢一分；而在澎湖則區分船種徵銀，尖艚每隻年徵銀一兩二錢，杉板頭船每隻年徵銀六錢，與本島施行者亦完全不同。

上述「澎湖人丁園地船網等項」稅目四項之情形，以及明鄭時代將鹽載往澎湖各嶼販賣而開徵「載鹽出港」之稅目，此在臺灣本島與澎湖之租稅結構或各稅目係同時、一併、統合設計規劃之情形下，實屬費解乃至不可能之事。所以，「澎湖人丁園地船網等項」稅目所含四項及「載鹽出港」稅目之存在，乃「具體地呈現明鄭時代臺灣本島與澎湖間租稅『異制』的事實，雄辯地證明了澎湖『無與臺灣相同之荷據時期』」[36]。蓋上述二稅目之存在情形，從側面證明各該租稅之開徵，係在荷據時期中，當時臺灣淪陷於荷人之手，惟澎湖爲中國所有，因而開徵此二稅目所含各項租稅於澎湖。迨至鄭延平驅荷開臺後，參考明代本朝稅制，並深受臺灣荷據時期之影響，諸如沿用荷據時期地積單位「甲」、官佃田園與荷據王田官租「輸租之法」無異、贌社贌港包稅辦法之沿用，以及「一採捕而分數徵」之現象等[37]，而逐漸發展爲明鄭晚期臺灣租稅制度之過程中，澎湖仍相當程度沿用早先施行者，因而上述二稅目之存在，臺灣本島與澎湖間租稅「異制」始有成爲事實之可能。臺灣荷據時期明

[35] （清）尹士俍纂、李祖基點校：《臺灣志略》（北京：九州出版社，二〇〇三年三月，第一版第一刷），頁二八。

[36] 同註34，頁三一。所謂澎湖「無與臺灣相同之荷據時期」，即「荷據時期之臺灣不含澎湖」之另一提法，意義相同。

[37] 同註34，頁五一～五二。

鄭既然能在澎湖徵收租稅，自然說明其時澎湖爲中國所有，而未遭荷人侵據。

（六）鄭延平派員前來澎湖，諭其檢查所有帆船，如裝運違禁物品，貨即沒收，船上人員格殺勿論

永曆十年（一六五六）五月初九日，鄭延平派遣屬員 Sjausinja（音譯爲「紹信爺」）駛往澎湖與大員之護照，有云：「……我因此發布通告，嚴禁大小船隻前往（馬尼拉）。鑒於大員有許多同族百姓，不忍使其陷困境，而且他們對我的這一禁令幾乎一無所知，因而限期一百天。在這一百天之內，他們可任意來往，一百天之後則禁止任何船隻來往。在上述期限內，准許船隻運來鹿脯、鹹魚、moa、糖水、豆類等，嚴禁運至其他貨物。若有人違此禁令，將予以嚴懲。我已令官員 Augpeja（音譯：奧赫佩亞）[38]攜帶一份通告和一封信，前往澎湖，檢查所有的帆船，同時在澎湖和大員查清裝有禁運物品的帆船來自何處，駛往何地，並將這些人的姓名報告於我。所沒收的物品，由我們平分，船上人員格殺勿論。帆船的直接聯繫商我也將予以嚴懲，沒收其所有貨物。若故有疏漏而不上報，當處以死罪，並連株（株連）九族。以上諸項均爲不可違犯的法令……」[39]

上引文中所云：「前往澎湖，檢查所有的帆船」、「所沒收的物品，由我們平分，船上人員格殺勿論」等語，苦非實際管轄並治理澎湖之掌握實權者豈得而出諸口？從而可知是時澎湖必爲中國所有，而未遭荷人侵據。

---

[38] 官員 Augpeja，引文括註「音譯：奧赫佩亞」，然依閩南語音譯為「歐伯爺」似較貼切，唯賴永祥：〈明鄭藩下官爵表（1）〉，《臺灣研究》第一輯（民國四十五年六月）並無歐姓之伯爵，而據永曆十六年八月〈欽命太保建平侯鄭（泰）造官員兵民船隻總冊〉所列現任伯爵中，有忠奮伯、英衛伯、平湖伯、崇安伯、靖遠伯、寧洋伯、恢閩伯、惠安伯六人待考，不知其中有歐姓者否？如有，是否即此人？

[39] 程紹剛：〈鄭成功 1655-1656 年頒布對西班牙和大員貿易禁令的有關檔案〉，載泉州市鄭成功學術研究會編：《鄭成功研究》（北京：中國社會科學出版社，一九九九年五月，第一版第一刷），頁二八〇～二八一。

（七）澎湖居民於盛傳鄭延平將東征驅荷時，函囑住大員之親友遷居澎湖

永曆十四年二月初六日（一六六〇年三月十六日），有一艘雙桅船自澎湖裝載米糧航抵大員，荷人以該船舵公屢作完全不實之謊言，因而予以扣押下獄，所攜函件十八件，均經抄出[40]，以下三件並經 C.E.S.收入《被忽視之臺灣》附錄〈本書第一卷敘述所依據的公文書證件〉第十三號：

〈澎湖一華人致其兄書〉：「……倘或我兄營業虧折，不如立即前來澎湖，我等自可共事經營，同謀生計。臺灣牟利已不復易如以往，因國姓爺之企圖攻此，故自新年來，已絕無一艘商船自華抵此……兄似已不能再在臺灣長此逗留矣。」[41]

〈譯自另一華人信函〉：「令表兄茹哥（Zoko）近曾表示熱切希望，盼汝能隨帶全部財物，偕同妻兒來此，余亦有此同感，認為此乃最為妥善之途徑。臺灣……萬一因戰事之起，發生任何混亂或有其他困難，誠不知汝將如何趨避。」[42]

〈譯自次一華人之密札〉：「特此奉知，余已重返澎湖，開始耕作田地如前，惟因余之妻兒居留臺灣殊欠安全……吾兄海英（Haine）諒可盡力助我，立即遣送余之妻兒（來此）……」[43]

上述附錄第十三號在三件函札之後有以下附言：「注意：其餘被抄之華人函件，內容都為國姓爺大事準備率部進擾臺灣之消息。我等認為無需全部引用，舉此二三，已可概見其他。」[44]

永曆十四年乃鄭延平東征驅荷之前一年，當時在澎湖之中國居民間盛傳延平將攻臺之消息，「自新年來，已絕無一艘商船自華抵此，人心

---

[40] （荷）C.E.S.著，李辛陽、李振華合譯：《鄭成功復臺外記》，《現代國民基本知識叢書》（臺北：中華文化出版事業委員會，民國四十四年八月，再版），〈附錄〉，頁一四。按此書原名《被忽視之臺灣》。

[41] 同前註，〈附錄〉，頁一五。

[42] 同註40，〈附錄〉，頁一五。

[43] 同註40，〈附錄〉，頁一五。

[44] 同註40，〈附錄〉，頁一六。

惶惶，咸不知前途如何，每日均有新起謠言傳播」[45]，在此種情形下，為弟致書兄長，朋侶間相互發函，或關心對方，或牽繫妻兒，皆希望親友儘速離開臺灣，前往澎湖，此又證明當時澎湖為中國所有，而未遭荷人侵據。非然者，此等信函即毫無意義。因為，澎湖倘遭荷人侵據，則海師攻臺前須先作戰於澎湖，如其後施琅取臺所為，澎湖與臺灣同樣難逃戰火肆虐，故苦勸親友自臺灣轉往澎湖，並無意義。惟有澎湖為中國所有，而未遭荷人侵據，延平東征航經時，僅進入管轄區取糧候風，不致硝煙彌天、礮火蓋地，必如是，招邀親友渡澎始有意義。

（八）明鄭在澎湖扣留荷蘭商船，並阻斷大員與澎湖及中國之航路

永曆十四年九月十九日（一六六〇年十月二十二日），荷人大員評議會舉行會議，討論六月初十日（陽曆七月十六日）巴達維亞總督 Joan Maetsuycker 來函指示派遣遠征隊前往占領澳門（假定臺灣平靜無事）案，長官揆一（Frederick Coyett，一作 Frederik Coyett，又作 Fredrick Coijet）要求出席人員在作出最後決定以前，注意以下補充情況：「一、（略）。二、國姓爺最近嚴禁一切帆船從中國開來，自八月起，就沒有一隻船從中國或澎湖駛進大員。三、我方居民到澎湖去的航路似乎也被封閉了，最近有兩隻到那裡經商的荷蘭船被國姓爺部下扣留了。」[46]哈曹衛爾（Harthouwer）在會中發言亦表示：「不但我們往澎湖通商的船隻被國姓爺扣留，他今天在城裏還聽說，通往中國的航路也被封閉了。」[47]

依照揆一在會中報告之補充情況：在澎湖之鄭延平部屬扣留兩艘赴澎經商之荷船，Harthouwer 之發言亦同。是則延平東渡驅荷半年前，其部屬駐紮澎湖，故能扣留荷船，甚至阻斷大員通往澎湖及中國之航路。

---

[45] 語見〈澎湖一華人致其兄書〉，同註41。

[46] （荷）C.E.S.：《被忽視的福摩薩》，見註13，頁二〇〇。開會日期另一譯本較早二日，見註40，〈附錄〉，頁二一～二二。

[47] 同前註，頁二〇三。另見註40，〈附錄〉，頁二五。

凡此，又證明當時澎湖爲中國所有，而未遭荷人侵據。

　　以上（一）至（八）八點，所臚列之不同年分、不同面向史實，卻共同指向證明：當時澎湖爲中國所有，而未遭荷人侵據。然而學者嘗有：「南明時代，澎湖幾乎又歸荷屬。」[48]之言，事實如何，亦不宜視若無睹，置而不論，以下附帶一探。

（附）所謂「幾乎又歸荷屬」之事實真相

　　陳正茂對於所云：「南明時代，澎湖幾乎又歸荷屬。」並未進一步說明，亦未舉出事實。南明時代，大致可以崇禎十七年（一六四四）弘光帝即位起（明年改元），至永曆十六年（一六六二）永曆帝遇弒止，而明鄭時代臺灣及澎湖奉永曆正朔至三十七年（一六八三）。茲就知見之「澎湖幾乎又歸荷屬」三則列述如下：

　　1.在臺灣荷據時期中，常有荷蘭船隻由巴達維亞、中國沿海、日本等地取道澎湖航抵大員，亦時有荷蘭船隻由大員取道澎湖航向各地，此種材料在《巴達維亞城日記》各冊[49]及《熱蘭遮城日誌》第一冊[50]中觸目多有，不勝枚舉，無庸繁引。前引蔡獻臣〈論彭湖戍兵不可撤〉云：「今紅夷敗衄之餘，聞有一二船停泊於彭，而耕漁之民已驚擾而竄矣；倘一旦盡撤，令夷、賊得盤據其中……」而此又反證當時澎湖並非「夷、賊得盤據其中」。此類係由於候風、避難、換船卸裝貨物、追擊海盜，以及其他航海途中補充生活必需品及船上各種裝備等之實際需要，且並不影響澎湖爲中國所有，未能認爲已遭荷人之侵據。

　　2.永曆八年七月十八日（一六五四年八月二十九日），大員荷人當局致書在澎湖之大船 Vrede 號主管，有以下之囑咐：「要提高警覺，以免遭遇意外的襲擊，特別要注意中國人的動靜，爲此，他們要繼續派人

[48] 同註5。

[49] 凡三冊，第一冊參註15，其餘二冊分別爲：郭輝譯：《巴達維亞城日記（第二冊）》，臺北：臺灣省文獻委員會，民國五十九年六月。程大學譯：《巴達維亞城日記（第三冊）》，臺中：臺灣省文獻委員會，民國七十九年六月。

[50] 參註24。

在那座荷蘭人的城堡（即天啓年間侵據澎湖時在風櫃所築者）執勤看守，因為從那裡可以瞭望相當遠的陸地和海面。不過，他們必須讓中國人的戎克船自由來往航行，不得對他們粗暴；除非發現他們來意不善，那時，必須據理反抗，並予迎頭痛擊。」[51]該船自巴達維亞出航，於六月二十日（陽曆八月二日）抵達澎湖，奉大員方面命令，停留至該季自巴城派來大員之船隻全部抵達後，始行回航巴城，並帶去該季諸多船隻失事之噩耗[52]。該船因而約至九月初六日（陽曆十月十五日）左右始航離澎湖，前往大員[53]。由於 Vrede 號停留在澎湖期間逾兩個月，故大員方面命令該船派人在風櫃廢棄碉堡「執勤看守」，以免遭遇意外襲擊。至該船航離澎湖，其「執勤看守」之人員自必撤走，故不影響澎湖為中國所有，未能認為已遭荷人之侵據。

3.投奔荷軍之中國人，指稱鄭延平於永曆十四年（一六六〇）曾託大員荷人在澎湖島提供其妻兒之安全避難所云云。《巴達維亞城日記》第三冊載：永曆十五年七月初十日（一六六一年九月三日），「自於攻圍中逃至我軍（指荷軍）之中國人口中，聞得下揭之情事：國姓爺於一六六〇年……計畫於同年三月中渡 Formosa 佔領該島，乃召回其軍隊、艦隊折還至廈門，國姓爺雖已整備就緒，是時，韃靼之大軍，攻下至下面地方，他立即將妻兒等自廈門移至金門，將韃靼人自海上予以掃除。國姓爺當聞韃靼人襲來之傳言，即決定擬請託大員長官（即揆一），為婦兒於澎湖島給與安全之避難所。他於右述海戰獲勝之後，即召還婦兒於廈門……」[54]然而此人提供的顯屬誤傳或不實之情報資料。對照前述八點之（七）、（八）兩點，設若傳聞屬實，則在延平大勝滿將達素之永曆十四年五月（一六六〇年六月）至九月十九日（陽曆十月二十二日）以前必須亦自荷人手中收復澎湖之事，並且先此於永曆十年五月（一六五六年四月）以後，澎湖有再遭荷人侵據之事，必如是，延平始有必要託

---

[51] 同註31，頁三九二。
[52] 同註31，頁三七八。
[53] 同註31，頁四一八。
[54] 同註49，程大學譯書，頁二七二。

揆一在澎湖提供其妻兒之安全避難所。然而以上一失一得，失而復得之事，在所得而見之鄭、荷雙方文獻史料中全無影跡可尋，可知其係誤傳不實之言也。

此外，雖尚有「澎湖幾乎又歸荷屬」之事例，但因不屬南明時代，故從略。

本節小結：第二次「澎湖之役」後，其翌年（天啓五年）奉旨添設之路將，最晚之記事爲崇禎七年；而在崇禎六年，猶有蔡獻臣〈論彭湖戍兵不可撤〉一文，檢討彭湖標駐紮之實際情形，提出「不必撤兵而當勵將」之結論；崇禎七年在大員與巴達維亞之荷蘭當局，一致催促海盜劉香應即撤離澎湖他去，以免妨礙進行中之中荷自由貿易交涉，倘劉香不從，荷人「將與中國聯合以擊滅其全部艦隊」；崇禎十年，中國官員率領船隊前來視察澎湖，並奉命除剿除澎湖等地海盜；而約在崇禎末年（十七年）以前，中國即每年派遣官員來澎湖徵收年稅；永曆十年鄭延平派遣屬員前來澎湖，「檢查所有的帆船」，諭令嚴懲裝運違禁物品；永曆十四年，澎湖居民盛傳鄭延平將有東征驅荷之役，紛紛函囑大員親友從速遷居澎湖，躲避可能之兵災；同年，明鄭在東征半年前，扣留荷蘭在澎湖之商船，並阻斷大員與澎湖及中國之航路。以上八點，在在足以證明當時澎湖爲中國所有，而未遭荷人侵據。

至所謂「南明時代，澎湖幾乎又歸荷屬」，包括荷蘭船隻往來大員常取道澎湖；永曆八年，荷人曾在澎湖風櫃廢棄碉堡「執勤看守」。然而，均未能認爲已遭荷人之侵據，並不影響澎湖爲中國所有。至指稱鄭延平曾託揆一在澎湖提供其妻兒之安全避難所乙節，顯係誤傳或不實之情報資料，絕非事實。

設若澎湖曾在臺灣荷據時期三十八年中，淪陷於荷蘭之殖民統治，則其時間只能在上述八點間斷之年分中，即：一、崇禎七年至十年，二、崇禎十年至十七年，三、永曆四年至十年，四、永曆十年至十四年；而且必須在各該起訖年分中，先淪陷於荷人之手，而後仍由中國予以收復，始有可能。然而，此種「大膽的假設」，在筆者所曾寓目之各種文獻資料，並無片紙隻字涉及，因之這項「緘默的證據」，無疑又一次證

明：臺灣荷據時期中，澎湖未曾淪陷於荷蘭之殖民統治，而自始至終爲
中國所有。

四、鄭延平東征驅荷之役，僅途經澎湖，
非「光復」澎湖

　　永曆十五年鄭延平東征驅荷之役，僅途經澎湖，非「光復」澎湖。
明鄭文獻史料汗牛充棟，有關東征之役資料亦復不少，茲但迻錄最重要
之楊英《先王實錄》相關記載如次。

（永曆十五年）二月，藩提師扎金門城，候理船隻，進平臺灣。
時船隻修葺未備，派首二程而行。
首程：本藩並文武官、親軍右武衛、左右虎衛、提督驍騎鎮、左
先鋒、中衝〔鎮〕、後衝鎮、宣毅前後鎮、禮武鎮、援剿後鎮等，
刻（剋）期先行；令鎮守澎湖遊擊洪暄前導引港。
以兵官前提督居守思明州，戶官居守金門。藩親祭江，傳令船隻
盡駕到料羅澳，催官兵候齊，聽令下船開駕。
三月初十日，藩駕駐料羅，候順風開駕。□□（時官）兵多以過
洋爲難，思逃者多，隨委英兵鎮陳瑞搜獲捉解。
二十二日，催官兵在船。二十三午，天時霽靜，自料羅放□（洋）。
二十四日，各船俱齊到澎湖，分各嶼駐扎。藩駕駐蒔內嶼，候風
開駕。
二十七日，大師開駕至柑桔嶼阻風，又收回澎湖蒔內嶼。時官兵
多不帶行糧，因何廷斌稱，數日到臺灣，糧米不竭，至是阻風乏
糧。藩令戶都事同洪遊擊就澎湖三十六嶼□（派）取行糧，□□
正供。時吊（調）集各澳長追取接給。各澳長搜索二日，回稱：
各嶼並無田園可種禾粟，惟蕃薯、大麥、黍稷，升斗湊解，合有
百餘石，不足當大師一餐之用。藩驚乏糧，又恐北風無期，隨於
三十晚傳令開駕。時風報（暴）未息，風雨陰霧，管中軍船蔡翼
並陳廣等跪稟，暫候風雨開駕……是晚一更後，傳令開駕，□風
雨少間，然波浪未息，驚險殊甚。迨至三更後，則雲收雨散，天

氣明朗，順風駕駛。

四月初一日，黎明，藩駕坐船即至臺灣外沙線，各船魚貫絡繹亦至。辰時天亮，即到鹿耳門線外。本藩隨下小哨，由鹿耳門先登岸，踏勘營地。午後，大艍船齊進鹿耳門……[55]

　　此項引文，對於明鄭東征驅荷之役，自永曆十五年二月，延平提師扎金門城，候理船隻，派定首二程名單，首程剋期先行，令鎮守澎湖之水彭標遊擊洪暄前導引港，以兵官洪旭、前提督黃廷居守思明州，戶官鄭泰居守金門，延平親行祭江，傳令船隻盡駕往料羅澳。三月初十日，延平駐料羅，候順風開駕，時官兵多以過洋畏難思逃，隨委英兵鎮陳瑞拿解。二十三日午間，自料羅放洋。二十四日，各船到澎，分扎各嶼，延平駐峙內嶼，候風開駕。二十七日，大師開駕，阻風收回，乏糧，令戶都事楊英同遊擊洪暄就三十六嶼派取行糧，□□（疑為「准抵」）正供，搜索二日，所得不足當大師一餐之用。延平鑒於乏糧，又恐北風無期，隨於三十日晚傳令開駕。時風暴未息，管中軍船蔡翼等稟請暫候風雨。是晚一更後，傳令開駕，雖風雨少間，然波浪未息，迨至三更後，雲收雨散，順風駕駛。四月初一日黎明，延平坐船至臺灣外沙線，各船魚貫絡繹亦至之全部過程，有相當明晰扼要之記載。

　　證以《先王實錄》記東征大師航抵澎湖，但云：「二十四日，各船俱齊到澎湖，分各嶼駐扎。藩駕駐峙內嶼，候風開駕。」十分輕易，亦十分順利，既無火藥硝煙、兩軍攻防之戰鬥行為，亦非使者往返、雙方交涉之和平接管（苟如是，必有相應之「實錄」，不當默無一語，抹煞先王征戰或外交折衝功勳至此），所記景象唯有大軍開抵自家管轄之領土始有可能。也正因是自家管轄之領土，當大軍阻風乏糧，即能隨令戶都事楊英同鎮守遊擊洪暄向各澳長派取，並准抵（？）正供。故可證明當時澎湖確為中國所有，而未遭荷人侵據；因之，延平東征驅荷之役，僅途經澎湖，非「光復」澎湖。試觀《先王實錄》所記：「三月初十日，藩駕駐料羅，候順風開駕。」與「二十四日……藩駕駐峙內嶼，候風開

[55]　同註22，頁二四四～二四六。

駕。」兩則記事，一在金門基地之料羅，一在甫行航經之澎湖峙內嶼，何其筆法其內容之相似乃爾，竟幾於雷同，原因即在於金門與澎湖皆久為明鄭管轄之領土也。

五、結論

由以上各節之討論，應可證明：（一）當臺灣荷據時期啟幕之時，甫告收復之澎湖絕未隨同臺灣淪陷；反之，臺灣落入荷人之手正因澎湖收復，故可謂當臺灣荷據時期開始日，正澎湖自荷人手中收復時。（二）亙臺灣荷據時期三十八年中，自始至終，澎湖不曾再遭荷蘭侵據，因而亦自始至終為中國所有。（三）鄭延平東征驅荷之役，僅途經澎湖，非「光復」澎湖，因澎湖已久為明鄭管轄之領土。而由於以上三點之分別以史實及事理證成，綜括以上三點，「荷據時期之臺灣不含澎湖」自必為真確不移、顛撲不破之史實及事理。

〔附記〕此篇原載《西瀛風物》第九期（澎湖采風文化學會，民國九十三年二月），頁七一～八九。

論蔣毓英《臺灣府志》關於明鄭時代之記載

一、前言

　　近世方志之得以發展綿延至今，乃因其有資治、教化、存史諸功能；而之所以有上述功能，則緣方志具地方性、連續性、廣泛性、資料性、可靠性等特性[1]。

　　譚其驤教授在其〈地方史志不可偏廢 舊志資料不可輕信〉之講稿中，第二部分之標題爲「採用舊方志的材料必須仔細審核，不可輕信」，雖文中敘述諸多方志記載不可靠之事例，但仍著重指出：

> 這並不是要否定舊方志的價值。……方志中保留了大量珍貴的原始資料，其中很多已經不見於其他記載了。關鍵在於我們如何利用，如何通過分析、比較、核對，確定哪些是第一手的材料，哪些是可靠的材料，哪些是可以利用的材料。……
> 舊方志中不少材料不見於正史及其他史籍，因此成了解決歷史問題的唯一依據[2]。

　　此種看法，與宋晞教授〈論地方志在史料學上的地位〉一文〈結語〉所云：「地方志所蘊蓄的史料實在豐富。以史料的層次來分，原始史料與轉手史料參半，研究者利用地方志的資料，一如利用其他文獻一樣，在搜集之後，有些資料須經鑑別的步驟，才能運用。」[3]甚相吻合。方志之爲治史者所不能不善加運用之史料，蓋無容置疑者。

---

[1] 方志具有地方性、連續性、廣泛性、資料性、可靠性等特徵，及每一特徵之說明，見來新夏主編：《方志學概論》（收入江西省省志編輯室：《地方志編輯手冊》），轉引自郭鳳岐主編：《地方志基礎知識選編》，《天津地方志叢書》，（天津：天津社會科學院出版社，一九九四年十月，第二版第三刷），頁四三～四六。

[2] 來新夏、齊藤博主編：《中日地方史志比較研究》，（天津：南開大學出版社，一九九六年一月，第一版第一刷），頁四六。

[3] 宋晞：〈論地方志在史料學上的地位〉，民國七十四年四月一至三日，漢學研究資料及服務中心、國立中央圖書館主辦方志學國際研討會論文，頁一一。

　　明季，鄭延平祖孫三世，秉持孤忠，在艱彌厲，尊奉永曆正朔，延長朱明國祚，抗清驅荷，光復臺灣，並奠下日後寶島開發建設之始基，功在國族，垂範奕世。因之，舉凡明鄭三世其人其事，其軍政、財經、文教各項制度及實際之措施與成效，素爲治明清史（特別是南明史）及臺灣史者所注目之研究課題。明鄭之活動範圍，除以閩、粵爲主之大陸東南沿海省分外，其自荷蘭人手中光復之臺灣尤爲重要；臺灣民間信仰中將鄭延平神格化爲「開臺聖王」，非無故也。時下流行語有曰：「凡走過必留下足跡。」信然！大陸相關地區方志多有豐富而且珍貴之明鄭資料[4]，而清代臺灣方志亦未例外[5]。

　　臺灣文獻前輩王世慶（一九二八～二〇一一）曾表示：

　　　　清修臺灣方志，尤其康熙年間所修府縣志，對明鄭時代的資料採
　　　　用的太少。雖也有些所謂「偽鄭」的資料，但實在寫的太少[6]。

　　王氏之說法，乃係比較清初與日據初之採記前代資料有感而發，且其時康熙蔣毓英《臺灣府志》之影印本等尚未面世；然四十年前陳漢光以清代其餘十一種府志及縣志[7]所載明鄭時代遺留在臺灣之各類建築，即共得陂潭二十個、寺廟三十八座、署宅十六處、倉廒四個、坊表一座、橋樑一座，如擴及所有門類而不以所遺建築爲限，則其中各項明鄭時代之資料似尚非「太少」。

　　清代首任臺灣府知府蔣毓英修《臺灣府志》（以下簡稱蔣志）爲今

---

[4] 鄭喜夫：〈閩粵有關方志與明鄭人物之研究〉，《赤崁》第十三卷第八期（臺南扶輪社，民國五十六年三月），版二～三。
　　鄭喜夫：〈明鄭資料拾零（一）〉，《臺灣文獻》第三十七卷第三期（臺灣省文獻委員會，民國七十五年九月），頁一八九～一九六。

[5] 陳漢光：〈從臺灣方志看明鄭的建置〉，《臺灣文獻》第九卷第四期（臺灣省文獻委員會，民國四十七年十二月），頁八一～九七。

[6] 王世慶：尹章義〈清修臺灣方志與近卅年所修臺灣方志之比較研究〉之〈講評〉，《漢學研究》第三卷第二期（漢學研究資料及服務中心，民國七十四年十二月），頁二六七。

[7] 包括康熙高拱乾《臺灣府志》、康熙周元文《重修臺灣府志》、劉良璧《重修福建臺灣府志》、乾隆范咸《重修臺灣府志》、余文儀《續修臺灣府志》、康熙陳夢林《重諸羅縣志》、康熙陳文達《臺灣縣志》、乾隆王必昌《重修臺灣縣志》、嘉慶謝金鑾《續修臺灣縣志》、康熙陳文達《鳳山縣志》、乾隆王瑛曾《重修鳳山縣志》。

見最早之臺灣方志，其纂成去明鄭降清不過數載，所記明鄭時代臺灣之人、事、地、物之珍貴資料不少，陳捷先教授曾撮其要項云：

> 蔣志中普遍記述明鄭舊事，也是蔣志的一大特色，如城郭、廟宇、坊里、學校等目都直書明鄭的建置源流；戶口、賦稅等節記寫明鄭舊額；人物一門記述明鄭遺裔、流寓、烈女多達十四人，並多立詳傳，確有保存明鄭史料的用心，也表現了傳統中國史家的風範，尤其是在清領初期，這種作法與精神就更令人敬佩了[8]。

而稍後於蔣志之高拱乾《臺灣府志》（以下簡稱高志）雖「脫胎」自蔣志，卻「很多記述都不如蔣志詳盡，尤其將鄭氏時代的若干資料刪省」[9]，以致蔣志關於明鄭時代之記載遂多不見於高志，其中部分雖經刪輯載入增刻本康熙《福建通志》，然此一增刻本通志即在大陸亦甚稀見，臺灣與內地復遠隔重洋，故繼高志而出之清代臺灣方志遂無據以載錄者。

　　本文論述蔣志關於明鄭時代之記載之不見於其他清代臺灣方志者[10]，並用以考證若干問題。在列述蔣志記載之前，並先對蔣志之纂輯及其志料來源稍作探討。

二、蔣志之纂輯及其志料來源

　　本文所稱「蔣志」，乃指今傳刻本而言，此本長期不為人所知，存

---

[8] 陳捷先：《清代臺灣方志研究》，《臺灣研究叢書》（臺北：臺灣學生書局，民國八十五年八月，初版），頁三五。

[9] 同前註，頁五○～五一。高志與蔣志之比較可參考：陳碧笙校注：《臺灣府志校注》（廈門：廈門大學出版社，一九八五年十一月，第一版第一刷），〈前言〉，頁三～五。高志彬：《臺灣文獻書目解題》第一種《方志類（一）》（臺北：國立中央圖書館臺灣分館，民國七十六年十一月），頁二○一～二○四。

[10] 所謂「其他清代臺灣方志」，係指蔣志以外所有清代官修各種府志、縣志、廳志，包括註7之十一種，以及道光周璽《彰化縣志》、道光陳淑均《噶瑪蘭廳志》、同治陳培桂《淡水廳志》、光緒林豪《澎湖廳志》、光緒沈茂蔭《苗栗縣志》及光緒屠繼善《恆春縣志》等六種，合共十七種，亦即筆者〈清代福建人士與臺灣方志〉所介紹之十七種臺灣方志。該文收入鄭喜夫：《臺灣史管窺初輯》，《浩瀚文庫》（臺北：浩瀚出版社，民國六十四年五月，初版），頁一四二～一五二。

世者至今僅知大陸上海圖書館有一本，以往鮮少過目者，但自一九八五年五月北京中華書局將此志與高志及乾隆范咸《重修臺灣府志》以《臺灣府志三種》之名影印合刊[11]，同年十一月廈門大學出版社出版陳碧笙校注本《臺灣府志校注》，民國八十二年六月，臺灣省文獻委員會《臺灣歷史文獻叢刊》亦有蔣志排印本之出版[12]，於是海峽兩岸蔣志之流傳日廣，而取用稱便。

　　關於蔣志纂輯之經過，季麒光（一六三五～一七〇二）[13]在其《蓉洲文稿》卷一所收兩篇志序已有簡要說明。據其代分巡臺灣廈門道周昌所撰〈臺灣誌書前序〉[14]及署己名所撰之〈臺灣誌序〉[15]，可知當康熙二十四年季麒光以憂交卸諸羅縣知縣[16]時，其所參與纂輯之原本蔣志已告「書成」，將「付鋟梓」，「上之方伯，貢之史館」，以備《通志》之增刻及《一統志》之採葺；是則，似非如《諸羅縣志》卷三〈秩官志・列傳〉季氏本傳所云：「在任踰年，首創臺灣郡志，綜其山川、風物、戶口、土田、阨塞；未及終編，以憂去。」但今傳刻本蔣志有康熙二十五年及二十六年之記事[17]，自係原本「書成」後陸續增補者。而誠如陳碧笙所言：「蔣志留在臺灣者僅係『草稿』，並未付梓，此志大概是蔣氏調任後由其家屬在大陸刊行的，所以沒有序跋、凡例，沒有纂修姓名表，

---

[11]　（清）蔣毓英等：《臺灣府志三種》，三冊，北京：中華書局，一九八五年五月，第一版第一刷。

[12]　（清）蔣毓英：《臺灣府志》，《臺灣歷史文獻叢刊》，南投：臺灣省文獻委員會，民國八十二年六月。

[13]　可參閱鄭喜夫：〈季麒光在臺事蹟及遺作彙輯〉，《臺灣文獻》第二十八卷第三期（臺灣省文獻委員會，民國六十六年九月），頁一一～三九。

[14]　（清）季麒光撰、李祖基點校：《蓉洲詩文稿選輯・東寧政事集》（香港：香港人民出版社，二〇〇六年一月，第一版第一刷），頁八一～八三。

[15]　同前註，頁八三～八六。

[16]　高志卷三〈秩官制・縣令〉諸羅縣知縣季麒光條註。

[17]　如蔣志卷之八之〈官制〉及〈武衛〉若干文武職官即係康熙二十五年或二十六年到任，而卷之十〈災祥〉載康熙二十五年（丙寅）四月二十日大地震事。至〈武衛〉列有鎮標右營守備高天鳳一條，緣當時鎮標右營守備已奉文改為臺廈道標中軍守備，時在任者為薛元會，繼任者李作舟於康熙二十七年任；而高天鳳則時任鎮標右營千總，康熙二十七年陞任臺灣水師協標右營守備，其前任為方冰，蔣志所載正是此人。因之，高志彬謂：「按《蔣》職官題名並未有二十七年任者，有以武備（原書為〈武衛〉）著錄高天鳳之題名，而有二十七年成稿說，乃係查考失誤所致。」（同註6，高志彬書，頁一九二。）

也不署蔣氏職銜，並由其子國祥、國祚校字，清代禁止文武官吏攜眷入臺，僅此即可證其確係刊於大陸。」[18]不特此也，增刻本康熙《福建通志》所增臺灣府部分，記事止於康熙二十五年四月，則所據亦非二十四年「書成」之原本蔣志。

臺灣入清版圖之初，除季麒光參與纂輯之蔣志外，尚有王喜撰《臺灣志》或《臺灣志稿》及施鴻纂《臺灣郡志》，但迄今未發現可資進一步研究之材料[19]，筆者曾指出：「由於（季）麒光與王喜、蔣毓英、施鴻所撰《臺灣府志（稿）》，皆未獲見，自無法加以論斷。然以上四人之《府志（稿）》，或有實即一書者，如蔣毓英修而施鴻撰，或蔣毓英修而王喜撰之類，亦未可知。」[20]方豪教授則引乾隆劉良璧《重修福建臺灣府志》卷十六〈選舉〉貢生王喜條所註：「府學，手輯《臺志》，舊志創始，多採其原本。」而為以下之解說：

> 曰「手輯臺志」，「臺志」為《臺灣志》或《臺灣志稿》的簡稱；「手輯」是說他未假手於別人。「舊志」是指高拱乾所修府志。「多採其原本」，此一「多」字值得注意，是說大部分；「原本」是指原稿，可見王喜手輯的第一部志書，竟被人盜竊了大部分[21]。

又高志卷之十〈藝文志〉所收首任臺灣鎮總兵楊文魁〈臺灣紀略碑文〉有曰：

> 余從康熙二十三年叨膺簡命，出鎮斯土，自本年仲冬月抵任，……幾經三載，……余方愧撫輯未周、布置未當，倏居瓜期，叨蒙內轉。……然余忝廁封疆，未獲倡興建白。此後統冀當事之賢，徐為擘畫盡善，治益圖治，以垂永久之惠養乂安耳。外所未盡，閱載郡誌，似不必贅。……

[18] 陳碧笙校注：《臺灣府志校注》，〈前言〉，頁三。
[19] 方豪：〈清代前期臺灣方志的編纂工作〉，《臺灣人文》第二期（民國六十七年一月），頁五～六、七～八。陳捷先：《清代臺灣方志研究》，頁八八～九○。鄭喜夫：〈季麒光在臺事蹟及遺作彙輯〉，頁二一～二二。
[20] 同前註，鄭喜夫文。
[21] 方豪：〈清代前期臺灣方志的編纂工作〉，頁五。

　　方教授以為王喜手輯《臺志》，高志「多採其原本」，意即高志「盜竊」其大部分；又以為楊文魁所云府志即蔣志，而施鴻纂輯之《臺灣郡志》乃「同為一志」。高志「脫胎」自蔣志，苟高志「多採」王喜《臺志》，似蔣志亦當如是。

　　清初臺灣方志除以上所列舉者外，似別有一更早於蔣志之《臺灣府志》，此志且應與謝浩（一九二五～二〇〇四）所稱「明鄭故物」更加有關，是即《古今圖書集成・方輿彙編・職方典》第一千一百九卷〈臺灣府部〉之〈臺灣府城池考〉所引《府志》，有云：

> 臺灣府城：紅毛建，城甚小，有層如臺，猶中國人家土堡。一為安平鎮，王居之；一為赤嵌城，承天府居之。方廣不過百十丈，而堅牢特勝。上淡水寨垣低小，僅司鎖鑰耳[22]。

　　上項〈臺灣府城池考〉引文，既不見於蔣志，亦不見於高志（按：《古今圖書集成》該卷所引《府志》絕大多數出自高志），而細讀文中「王居之」、「承天府居之」二句，的確顯而易見乃出自明鄭作者之手，故無疑與「明鄭故物」有關。吾人又確知：清初在蔣志之外另有一部《皇清新修臺灣府志》（按：「皇清」二字或非原書所有，如是則當刪略），上述《古今圖書集成》〈臺灣府部〉所引《府志》實有可能即是此《皇清新修臺灣府志》，而此《皇清新修臺灣府志》或不排除逕以「明鄭故物」改頭換面而成；若果如此，則不啻為永曆二十九年明鄭漳州府寧洋縣知縣金基[23]「增修」《重脩寧洋縣誌》故事之臺灣版[24]。如其不然，此

---

[22] 陳夢雷：《古今圖書集成》（臺北：鼎文書局，民國六十五年二月，初版），第十九冊，頁六四。

[23] 金基，漳州人，東寧籍，育冑館貢生出身，原史官都事。永曆二十八年九月，德化公（黃芳度）標都督蔡隆克復漳平、寧洋二縣，嗣王經命基以內官外補為寧洋縣知縣。

[24] 永曆二十九年二月，金基就康熙元年蕭亮修、張豐玉纂《寧洋縣志》酌為刪（卷一〈各圖志〉、卷九〈藝文志〉及書前知縣蕭亮、教諭張豐玉、邑人進士順天大成縣知縣吳材三人之序）、補（卷之二〈輿地志〉葉十二、卷之四〈賦役志〉葉十三、十四、卷之九〈雜事志〉葉一、二、三，及明鄭之知縣、教諭、防官）、剜改（目錄、「漳」字一律改「章」字、「經」字一律改「京」字、原康熙志之「國朝」改「偽朝」等），並於書前增列基之〈重脩寧洋縣志序〉、署教諭楊菁獻〈重脩寧洋縣誌跋〉及基之〈重脩寧洋縣誌進呈藩主啟〉，即成為《重脩寧洋縣誌》。按：金基為今知最早知臺灣籍（東寧籍）人士，而其「增修」之永曆《重脩

志亦必曾採據相當數量之明鄭時代所成志料。關於上述《皇清新修臺灣府志》，謝浩有重大創獲，聞將以專文詳加論述。

至蔣志之志料來源，高志彬考之甚為精審，茲摘其中有關明鄭時代者如下：

> 李麒光於諸羅知縣任內，頗多撰述，其有關賦役、兵防之詳覆文，當係以明鄭遺留之底冊、臺灣府之案牘為依據。今以麒光所撰之文與「蔣志」戶口、田土、賦稅、扼塞等篇比較，文字雖非相同，內容大抵相關，則此四篇資料之來源，當係據臺灣府之案牘與明鄭之底冊也。
>
> 李麒光既與明鄭遺老多所往來，與沈光文（斯菴）更有深交。……斯菴又有《臺灣輿圖考》、《草木雜記》、《流寓考》等專書，斯菴既出所著相示麒光，則「蔣志」中敘山、敘川、物產、廟宇、渡橋、橋、古蹟、人物等八篇，及其他各篇中有關明鄭之建置，或係以斯菴之著述為素材[25]。

此外，如王喜撰《臺灣志》或《臺灣志稿》[26]，以及前述「明鄭故物」之《府志》及／或《皇清新修臺灣府志》等[27]，在蔣毓英修志時，似應皆能利用，且曾「召耆老」、「覆之耆老」，因而絕非「文獻無徵」，而是文獻足徵。蔣志用能有其「豐富而且珍貴」之明鄭時代之記載。以下即按人、事、地、物，依次列述之。

三、蔣志關於明鄭時代之人之記載

蔣志卷之九〈人物〉之勝國遺裔、勳封遇難、縉紳流寓及節烈女貞四項所列全屬明鄭人物，即開拓勳臣所列「平臺」清將中亦不乏曾隸明

寧洋縣誌》則為今知僅存之明鄭時期方志。筆者後有專文介紹之。

[25] 高志彬：《臺灣文獻書目解題》第一種《方志類（一）》，頁一九一～一九二。

[26] 謝浩：〈「高志」義例及其史料運用價值的評鑑〉，民國七十四年四月一至三日，漢學研究資料及服務中心、國立中央圖書館主辦方志學國際研討會論文，頁三～四。

[27] 同前註，頁三～八尚有明鄭《先王實錄》、杜臻《臺灣澎湖紀略》、林謙光《臺灣紀略（附澎湖）》。

鄭者；以下依蔣志卷次先後，將所記不見於其他清代臺灣方志之明鄭人
物資料分別列述。

（一）卷之九〈人物・勝國遺裔〉

> 朱弘桓，字繼恒。⋯⋯癸卯，弘桓始生，同其母至臺灣。淮王由
> 桂，字觀海，自潮州來棲金門，壬辰年死。瀘溪郡府次孫慈爌、
> 瀘溪郡府將軍慈某、奉新郡府將軍慈熺、奉南郡府宗主和睦，皆
> 自辛丑、癸卯等年渡海；益王世孫怡某、舒成郡府宗生慈燆、樂
> 安郡府宗室義浚、巴東郡府宗室尊漣，歸命之後，奉旨安置於山
> 東、河南等郡縣。

此為南明監國魯王以海遺腹世子弘桓傳，並附淮王等明室遺裔。此
傳著明弘桓生於永曆十七年癸卯，並於是年同其母渡臺（按：下又云慈
爌等皆自辛丑、癸卯等年渡海，則同年來臺者或不僅弘桓母子），而一
般文獻多記弘桓等渡臺為永曆十八年事，江日昇《臺灣外記》卷之六（十
卷本）[28]、今人黃典權教授[29]等皆然，似值得再考。弘桓為鄭延平第四
儀賓，嗣王經給贍撥屋。其後生活困苦，墾種鄉間[30]。

其餘明室遺裔之記事：如淮王之字及自潮州移棲金門與卒年，皆其
他明鄭文獻所罕見；「瀘溪郡府次孫慈爌」，一般稱為瀘溪王，其實可以
互補，此傳且另有一「瀘溪郡府將軍慈某」；「奉新郡府將軍慈熺」，江
日昇作「奉南王朱禧」[31]，似當以此傳為準，至少其名應正為「慈熺」；
「奉南郡府宗主和睦」，不見於其他明鄭文獻；而自慈爌至和睦諸人，「皆
自辛丑、癸卯等年渡海」，則其中有永曆十五年辛丑即延平復臺之年即
渡臺者，此亦非其他明鄭文獻所能詳者；此傳又記有「益王世孫怡某」，
應即江日昇所記「益王宗室朱鎬」[32]，而寧靖王以益王裔宗位之子儼鈴

---

[28]（清）江日昇：《臺灣外記》，《臺灣文獻叢刊》（臺北：臺灣銀行，民國四十九年五月），
頁二三〇。

[29] 黃典權：《鄭延平開府臺灣人物志》（臺南：海東山房，民國四十七年二月），頁二。

[30] 同前註。

[31]（清）江日昇：《臺灣外記》，頁四四二。

[32] 同前註。

爲後，則「朱鎬」之名似當正爲「儼鎬」或「怡鎬」；「舒成郡府宗生慈
煒」，江日昇作「舒城王朱煒」[33]，此傳之「舒成郡府」當正爲「舒城
郡府」，而其名則此傳爲是；「樂安郡府宗室義浚」，江日昇作「樂安王
朱浚」[34]，其名亦此傳爲是；至「巴東郡府宗室尊㳟」，江日昇記渡臺宗
室巴東王而不載其名[35]，未審與尊㳟是否一人？而尊㳟之名蓋亦僅見於
此傳。是此傳實爲弘桓及其他遷臺宗室遺裔之珍貴資料也。此傳自淮王
「壬辰年死」以下，至「奉南郡府宗主和睦」之句讀，陳碧笙校注本[36]及
臺灣省文獻委員會排印本[37]相同，並多錯誤，本文所引已予更正。

（二）卷之九 〈人物‧縉紳流寓〉

1.〈王忠孝列傳〉：

> 王忠孝……閩之士女皆識其名。……丁未冬十一月，卒。將卒之
> 日，沐浴衣冠畢，告辭親朋，端坐而逝，顏色如生。平生喜著作，
> 有《四居錄》及表、章、上諸王札並詞、賦，嗣當搜羅編輯，以
> 傳後世。

蔣志〈縉紳流寓〉所列皆明鄭之遺老，而以王忠孝居其首。此傳有
忠孝逝世之年月，且記其往生之經過，簡要生動，傳末載其著作，並謂：
「嗣當搜羅編輯，以傳後世。」其中有「上諸王札」，由此觀之，此傳
大抵採據明鄭時人所撰志料居多，原傳亦一「明鄭故物」也。按連雅堂
（橫，一八七八～一九三六）《臺灣通史》卷二十九〈諸老列傳〉王忠
孝傳云：「永歷（曆）十八年，偕（盧）若騰入臺，……居四年卒。」[38]
此傳亦云永曆十八年甲辰，忠孝同若騰來臺，而卒於二十一年丁未冬十

---

[33] 同前註。

[34] 同前註。

[35] （清）江日昇：《臺灣外記》，頁二三〇。

[36] 陳碧笙校注：《臺灣府志校注》，頁一〇五。

[37] （清）蔣毓英：《臺灣府志》，頁一一九。

[38] 連雅堂：《臺灣通史》（修訂校正版）（臺北：國立編譯館中華叢書編審委員會，民國七十
四年一月，初版），頁七一七～七一八。

一月，則當云「居三年卒」，此可以訂正《臺灣通史》之記載也。

2.〈盧若騰列傳〉：

> 盧若騰……鼎革後，遯跡臺灣，效黃冠故事，杜門著書。癸卯，
> 大師平島，率家屬渡澎。越明年卒，時年六十有五也。平生所著
> 詩文甚富，其子孫或有藏之者。

此傳稱盧若騰「鼎革後，遯跡臺灣」，應屬誤載；蓋若騰雖曾向弘
光帝乞休獲准，一度還里門，但后奉召爲僉都御史，督理江北屯田，巡
撫盧鳳，提督操江，疏辭未允，弘光元年赴任途中遽聞南都之變而中止。
同年，隆武帝即位於福州之後，即以都察院右副都御史兼巡撫浙東溫處
寧台召之，且不准其疏辭，若騰乃赴任。隆武二年，因溫州城破負傷，
上表自劾，而未幾福京覆亡，後經定國公鄭鴻逵相招回閩，旋赴瀚洲（即
舟山），共謀起兵，嗣因事不可爲，回閩，至長泰縣曷山，於永曆元年，
共郭大河、傅象晉屯兵望山，以圖光復武安縣，事竟無成。乃與葉翼雲、
陳鼎（永華父）入安平鎮謁見鄭延平，延平待爲上賓。不久，若騰即經
廈門返抵家鄉金門隱居，以迄於永曆十八年渡澎[39]；並非鼎革後即遯跡
臺灣，其實似根本未至臺灣本島。此傳又云：「癸卯，大師平島，率家
屬渡澎。」與〈王忠孝列傳〉所云：「至甲辰年，（忠孝）同盧若騰來臺。」
不相符，年分以後者爲是，而若騰僅至澎湖。此傳續云：「越明年卒，
時年六十有五。」其卒年及歲數皆屬正確，蓋若騰生於萬曆二十八年八
月十二日，而卒於永曆十八年三月十九日[40]；《臺灣通史》〈諸老列傳〉
盧若騰傳雖云卒於永曆十八年三月，而稱「年六十有六」，亦可據此傳
以正之。

3.〈沈佺期列傳〉：

> 沈佺期，字雲祐，號鶴齋，……壬戌秋，卒於臺，時年七十有五。
> 平生著作，其子孫輯而藏之。

---

[39] 許維民：《金門縣第三級古蹟「盧若騰故宅及墓園」之調查研究》（金門：金門文史工作室，
民國八十五年四月），頁二○～三五。

[40] 同前註，頁四○。原書係據金門賢厝盧氏家廟之盧若騰神主牌所書。

　　據此傳，沈佺期卒於永曆三十六年壬戌秋，時年七十五歲，可推算其生年為萬曆三十六年，此乃其他明鄭文獻所不能詳者。又高志等史志頗多稱佺期字「雲又」，號「復齋」，與此傳微異。然上述佺期二字音同，二號音亦近，或皆曾署之，亦未可知也。

　　4.〈李茂春列傳〉：

　　　李茂春，……遯跡臺灣，偽藩延以教其子經。……知經非令器，
　　　素不加禮。……

　　據此傳，延平曾延李茂春為西席以教嗣王經，然此必為茂春來臺以前之事，而原文次其事於「遯跡至臺」之下，實不盡明晰，易使人誤解也。增刻本康熙《福建通志》卷之五十二〈遷寓〉李茂春傳云：「……初至臺灣，延教其子經。……與經不合。……」其記載略同，其不妥亦略同。

（三）卷之九 〈人物·節烈女貞〉

　　1.〈節烈陳氏列傳〉：

　　　鄭克𡒉妻陳氏，……知書守節，不以貴家女自居。姊妹三人，其
　　　姊適克𡒉叔鄭睿，偽藩經弟也。睿喪無嗣，姊歸家，時氏尚未字
　　　人，以夫死無嗣當死，微規其姊。姊笑曰：「待汝自為之未晚
　　　也。」……董氏……乃別置一室，停克𡒉柩於中，以處陳氏，仍
　　　命偽官備供應。陳氏既出，旦暮奠泣，絕粒不食，日飲清茶數口
　　　而已。其姊弟就省之，曰：「妹歸家亦足守制，毋徒自苦也。」
　　　氏笑曰：「姊忘之耶，昔日之言猶在耳。今政自為之日，無所苦
　　　也。人生百歲，富貴何常，但恨不得其死，今既得，豈可錯過！」
　　　百日已週，懸帛柩側，自沐浴，整衣冠，區處隨從婢女，咸貲而
　　　遣發。將就繯，董氏命通國文武同往拜奠，時絕粒已經月餘，神
　　　色步履無異平時。受偽官拜，仍拜董氏，就席舉饌畢，即繯而死。
　　　從容就義，陳氏有焉。董氏命合克𡒉柩而以禮葬之。

　　據此傳，陳永華與延平二王有二重姻親關係，即陳烈婦有姊適延平

四子睿，而烈婦爲嗣王經長子監國世孫克㙫之夫人。烈婦姊適睿事，不見於《鄭成功族譜三種》各譜[41]，得此乃知。烈婦先後與其姊之對話，亦得此乃知。

　　2.〈節烈阮氏列傳〉：

　　　　阮氏，字蔭娘，……投繯而死，時年二十有九。

　　據此傳，阮烈婦卒年二十有九，其殉夫事在永曆三十七年，從而可推算生年爲永曆九年；此亦其他明鄭文獻所不能詳者。

四、蔣志關於明鄭時代之事之記載

　　蔣志記明鄭時代之事之不見於其他清代臺灣方志者，主要有三類：一類爲戶口、土田及賦稅之田賦，此類蓋據明鄭遺留之底冊與臺灣府之案牘纂成者；一類爲個別明鄭人物比較重要之事，此類蓋得諸耆老口述或遺老著作者；另一類爲其他，要亦徵文考獻所得。總以時地兩近，故能有此等不見於其他文獻之記載，皆至足珍貴者也。

（一）卷之七〈戶口〉

〈臺灣府〉：

　　民戶一萬二千七百二十七，番戶二千三百二十四。口僞額二萬一千三百二十，底定存冊一萬二千七百二十四，續招徠三千五百五十，實在民口三萬二百二十九，男子一萬六千二百七十四，婦女一萬三千九百五十五；實在番口八千一百零八。另澎湖民戶五百二十三；口僞額九百三十三，底定存冊五百四十六。

〈臺灣縣〉：

　　民戶七千八百三十六。口僞額一萬一千七百八十二，底定存冊七

---

41 鄭喜夫：〈鄭延平之世系與井江鄭氏人物雜述〉，《臺灣文獻》第四十一卷第三、四期（民國七十九年十二月），頁二六二。

千零八十三，續招徠一千四百九十六，實在一萬五千四百六十五，男子八千五百七十九，婦女六千八百八十六。另澎湖民戶五百二十三；口偽額九百三十三，底定存冊五百四十六。

〈鳳山縣〉：

民戶二千四百五十五；番就男女丁口徵米，並無編戶。口偽額五千一百二十六，底定存冊二千八百零二，續招徠六百九十四，實在民口六千九百一十，男子三千四百九十六，婦女三千四百一十四；實在番口三千五百九十二。

〈諸羅縣〉：

民戶二千四百三十六；番戶二千三百二十四。口偽額四千四百一十二，底定存冊二千八百三十九，續招徠一千三百六十，實在民口七千八百五十三，男子四千一百九十九，婦女三千六百五十；實在番口四千五百一十六。

　　蔣志卷之七〈戶口〉所記臺灣府及所轄三縣之戶口中，戶分民戶與番戶，皆僅為入清之初所謂「舊額」；而口之分項極細，計分「口偽額」、「底定存冊」、「續招徠」、「實在民口」（下分男子與婦女）、「實在番口」，其番口亦為入清之初所謂「舊額」，至於民口則自明鄭之「偽額」扣除其「難民回籍」後為「底定存冊」，加上「續招徠」，即為「實在民口」之男子數，亦即清初丁數之「舊額」，此男子數實即丁數，但為研究明鄭晚期（永曆三十七年）及入清之初臺灣漢人移民人口之珍貴資料，前者即所謂「偽額」，後者則所謂「舊額」。在蔣志以外之文獻中，至今僅有臺灣府合計數、諸羅縣及澎湖地方之丁數，而鳳山全縣及臺灣縣除澎湖地方以外之丁數則付闕如[42]、得此乃補齊[43]。

---

[42] 鄭喜夫：《臺灣史管窺初輯》，頁八四～一二七，〈明鄭晚期臺灣之租稅〉。此文原載《臺灣銀行季刊》第十八卷第三期，民國五十六年九月；後並收入《臺灣經濟史十一集》，《臺灣研究叢刊》（臺北：臺灣銀行，民國六十三年十二月），頁九七～一一五。

[43] 蔣志卷之七〈戶口〉所列一府三縣之「實在民口」及其男子、婦女中，男子（即丁數）與府總數少五人，所好差數不大，姑置之似亦無妨也。

（二）卷之七〈田土〉

〈臺灣府〉：

偽額官佃上、中、下則田園共計九千七百八十二甲八分九釐五毫二絲三忽五微，偽額文武官上、中、下則田園共計二萬零二百七十一甲八分四釐零四絲八忽五微；底定存冊官佃上、中、下則田園共計八千三百九十一甲二分七釐五毫九絲零三微，底定存冊文武官上、中、下則田園共計一萬零六十二甲九分八釐八毫一絲二忽。通府共計官佃、文武官田園一萬八千四百五十四甲二分六釐四毫零二忽三微。……另，偽額地種五百零四石七斗六升（照石徵銀），底定存冊地種一百五十四石二斗五升七合六勺。

〈臺灣縣〉：

偽額官佃上、中、下則田園共計七千一百零二甲八分九釐九毫二絲三忽九微，偽額文武官上、中、下則田園共計四千五百九十九甲七分四釐零一絲九忽四微；底定存冊官佃上、中、下則田園共計六千二百零九甲八分三釐一毫八絲九忽七微，底定存冊文武官上、中、下則田園共計二千三百五十一甲九分九釐零七絲七忽四微。通縣共計官佃、文武官田園八千五百六十一甲八分二釐二毫六絲七忽一微。……另，澎湖偽額地種五百零四石七斗六升，底定存冊地種一百五十四石二斗五升七合六勺。

〈鳳山縣〉：

偽額官佃上、中、下則田園共計一千八百九十二甲五分六釐二毫一絲九忽，偽額文武官上、中、下則田園共計七千三百一十五甲七分八釐四毫一絲三忽；底定存冊官佃上、中、下則田園共計一千五百三十七甲五分三釐七毫八絲九忽，底定存冊文武官上、中、下則田園共計三千五百一十一甲零七釐四絲七忽。通縣共計官佃、文武官田園五千零四十八甲六分零八毫三絲六忽。

〈諸羅縣〉：

偽額官佃上、中、下則田園共計七百八十七甲四分三釐三毫八絲
零六微，偽額文武官上、中、下則田園共計八千三百五十六甲三
分一釐六毫一絲六忽一微；底定存冊官佃上、中、下則田園共計
六百四十三甲九分六毫一絲一忽六微，底定存冊文武官上、中、
下則田園共計四千一百九十九甲九分二釐六毫八絲七忽六微。通
縣共計官佃、文武官田園四千八百四十三甲八分三釐二毫九絲九
忽二微。

　　蔣志卷之七〈田土〉所記臺灣府及三縣之田土，分爲「偽額官佃」、
「偽額文武官」、「底定存冊官佃」及「底定存冊文武官」四項，但各項
均合併上、中、下則田園列出，另澎湖地種僅分「偽額地種」及「底定
存冊地種」兩項，雖未能再將官佃及文武官之上、中、下則田園一一詳
細列載，但已將官佃田園及文武官田園分列，仍爲其他明鄭文獻所不能
望其項背者。此處所謂「偽額」，即明鄭晚期之土田甲數；「底定存冊」，
即入清之扣除由於「難民回籍」、「人散地荒」拋荒後之現在甲數。按高
志卷五〈賦役志・土田〉有清初「舊額」上、中、下則田及上、中、下
則園甲數，而此「舊額」正是蔣志之「底定存冊官佃」及「底定存冊文
武官」之合計[44]。另明鄭時代原有各鎮營屯墾之營盤田，未見列出，似
亦未將明鄭晚期營盤田甲數併入官佃或文武官田園內，其詳待考。

（三）卷之七　〈賦稅・田賦〉

〈臺灣縣〉：

偽時官佃田園租粟共計六萬二千三百零一石四斗四升二合二勺
四抄六撮八圭，偽時文武官田園租粟共計八千八百九十四石八斗
零二合三勺三抄九撮。偽時澎湖地種銀三百零二兩八錢五分六
釐。……

〈鳳山縣〉：

---

[44] 其中臺灣縣「舊額」園之部分散總不符，無從改正。

偽時官佃田園租粟共計一萬七千六百一十五石六斗零七合七勺
八抄六撮，偽時文武官田園租粟共計一萬五千五百五十二石九斗
二升五合九勺一抄四撮二圭。……

〈諸羅縣〉：

偽時官佃田園租粟共計五千零三石四斗三升九合八勺六抄三
撮，偽時文武官田園租粟共計一萬六千九百五十五石六斗四升七
合零一抄七撮六圭。……

蔣志卷之七〈賦稅・田賦〉所記清初臺灣三縣明鄭晚期之官佃田園
租粟及文武官田園租粟，亦屬「已經不見於其他記載」之珍貴資料，蔣
志雖未列出臺灣府之租粟，但不難將三縣租粟加計求得，其數即明鄭晚
期（不含澎湖）之官佃田園租粟及文武官田園租粟：官佃田園八萬四千
九百二十石四斗八升九合八勺九抄五撮八圭，文武官田園四萬一千四百
零三石三斗七升五合二勺七抄零八圭，兩項合計租粟爲一十二萬六千三
百二十三石八斗六升五合一勺六抄六撮六圭。

（四）卷之七 〈祀典〉

〈纛旗之祭〉：

偽時不置旗纛廟，只於霜降日令各鎮率營官、軍兵，皆頂盔披鎧，
倍極壯觀，俱到一崑身張幕祭獻。……

蔣志此則記事，記明鄭時代雖未建旗纛廟，但每年照例於霜降日，
各鎮官兵皆「頂盔披鎧，倍極壯觀」，開赴一崑身（今臺南市安平區）
張幕祭獻。自「倍極壯觀」四字觀之，亦應出明鄭時人手筆。高志予以
刪去；增刻本康熙《福建通志》卷之十一〈祀典〉雖採入此則，但略去
「頂盔披鎧」上之「皆」字，且改「各鎮」爲「各營」，實則不改爲是。

（五）卷之九 〈人物・節烈女貞〉

1.〈節烈陳氏列傳〉:

……克𡊟,即偽藩養子,本姓李氏,始偽藩寵妾林氏取他人子秘
畜之。克𡊟少敏慧,經特鍾愛之。求婚馮錫范,錫范拒之,偽藩
不悅曰:「爾以是兒非吾子也!」後以永華女配之。……

蔣志此則記事關於監國世孫克𡊟之身世,明確指出世孫為嗣王經
「養子」,本姓李,係嗣王寵妾林氏取他人子秘畜之。按郁永河《偽鄭
逸事》附〈陳烈婦傳〉云:

先是,鄭經幼好漁色,多近中年婦人;民婦為經諸弟乳母者,經
皆通焉。有昭娘者,遂納為妾,有寵。經妻唐氏無出,昭娘首生
欽舍(按即克𡊟),當時流言昭娘假娠乞養,實屠者李某子,獨
鄭經謂生時目睹,不之信,族人竊誹之。未幾,昭娘以眾嫉死矣
[45]。

可以合參。而高志卷八〈人物・貞節〉陳氏傳但云:「(陳氏)及長,
適克𡊟,即偽藩鄭經螟蛉子,原姓李。初,經嬖妾林氏取而秘養之,經
不知也。先求婚於馮錫范,錫范婉辭;後以永華女配之。……」無嗣王
經不悅等語。

2.〈節烈陳氏列傳〉:

……克𡊟既幽繫於別室,而偽藩弟鄭溫,尤怨克𡊟,即於是夜格
殺之。……

此則記事乃關於監國世孫克𡊟薨逝之情形,謂係嗣王經弟溫於是夜
格殺之,增刻本康熙《福建通志》卷之五十五〈列女・陳氏傳〉採之,
而高志卷八〈人物志・貞節〉陳氏傳亦云:「克𡊟既幽於別室,諸弟(按
指嗣王經諸弟)怨克𡊟尤深,即於是夜命烏鬼拉殺之。」郁永河《偽鄭
逸事》附〈陳烈婦傳〉則云:「……董氏(國太,延平元妃)命置傍室
中,不令出,經諸弟又遣烏鬼往縊之;烏鬼畏不敢前,欽舍知不能生,

---

[45] 郁永河:《裨海紀遊》,《臺灣文獻叢刊》(臺北:臺灣銀行,民國四十八年四月),頁五
二。

遂自縊死。」其說不同[46]。

（六）卷之二　〈敘山〉

〈鳳山縣山〉：

傀儡山（在縣治東。其土番性最頑悍，偽時屢征之，終不順
服。）……

此則明鄭時代屢次征討傀儡山原住民之記事，增刻本康熙《福建通
志》卷之五〈山川〉採之；高志卷一〈封域志・山川〉於〈鳳山縣山〉
之傀儡山下但云：「在縣東。其土番性極頑悍。」刪去蔣志此則末尾：「偽
時屢征之，終不順服。」二句，而此一重要之明鄭時代漢原族群關係資
料遂亦隨之消失矣。

五、蔣志關於明鄭時代之地之記載

蔣志記明鄭時代之地之不見於其他清代臺灣方志，資料條數最少，
僅各坊里莊社鎮名、一崑身、馬鞍山及員背嶼四條，但仍為十分珍貴之
史料，依次列述如下。

（一）卷之一〈封隅・坊里〉

坊里在（按：為「莊」之訛）社鎮（各名號皆偽時所遺，今因之，
以從俗也。）

蔣志此目下之括註僅寥寥十數字，然極重要，增刻本康熙《福建通
志》卷之六〈疆域〉採之；而高志卷二〈規制志・坊里〉則刪之，殊屬
不必。蓋據此，入清以後，雖府、縣建置異乎明鄭晚期，即季麒光所謂：
「今天興、萬年兩州之地，設一郡三縣，革承天之舊號為臺灣府，……」
然而縣以下之坊、里、莊、社、鎮則完全沿襲明鄭時代者，此對後人瞭

---

[46] 同前註，頁五三。

解明鄭晚期臺灣地方基層編組甚關重要。

（二）卷之二〈敘山〉

1.　〈臺灣縣山〉：

> 「……七崑身、……一崑身（自七崑身至此，相距十餘里。其山勢如員珠遞下，不疏不密。每山麓各有民居，雖在海洋之中，而泉之甘冽，較勝於臺灣府街。安平鎮城即構在此山之下。偽時居民千餘家。）皆鳳山縣所轄山也，……」

一崑身即今臺南市安平區，自一崑身至七崑身皆在今臺南市境內。安平鎮城（今安平古堡，即臺灣城，俗亦稱赤崁城）乃明鄭時代延平「王居之」之城，迄今當地居民仍呼為「王城」，有「王城西」之地名。在明鄭時代，一崑身居然有「居民千餘家」，即以此故，可以想見當時該地之熱鬧。而此則記事亦不見於高志及增刻本康熙《福建通志》，故彌足珍貴。

2.　〈臺灣縣山〉：

> 「……馬鞍山（……壬戌、癸卯年間，被溪水漲裂，中有崩壞一坑。）」

此則記事為關於永曆三十六、七年間，馬鞍山被溪水漲裂，致中有一坑之自然地理變遷之記載，不見於高志，而增刻本康熙《福建通志》卷之五〈山川〉則採之。

（三）卷之三〈敘川〉

〈澎湖三十六嶼〉：

> 員背嶼：偽時居民甚眾，今止零落一、二家。

此則記事為關於明鄭晚期澎湖離島之記載，亦不見於高志，而康熙增刻本《福建通志》卷之五〈山川〉但採上句而刪略其下句。

六、蔣志關於明鄭時代之物之記載

蔣志記明鄭時代之物之不見於其他清代臺灣方志，包括關於街道、礮臺、廟宇及養濟院各項，亦多珍貴及重要之記載，依次列述如下。

（一）卷之一〈沿革〉

經嗣立，……於是興市廛，構廟宇，新街、橫街是其首建之處。……

蔣志此則記事載明臺灣府城內新街、橫街爲嗣王經所首建，係研究臺灣路街史及臺南市區沿革之重要史料，因不見於高志及增刻本康熙《福建通志》，故彌足珍貴。

（二）卷之三〈敘川〉

〈澎湖三十六嶼〉：

四角嶼：偽時設礮臺於此。

此則記事爲關於明鄭晚期澎湖之軍事設施，不見於高志，而增刻本康熙《福建通志》卷之五 〈山川〉則採之。

（三）卷之六〈廟宇〉

1.〈二王廟〉：

在東安坊，云神乃代天巡狩之神，威靈顯赫，土人祀之，內有寧靖王行書扁「代天府」三字。

〈大人廟〉：

在臺灣縣保大里，其神聰明正直，亦是代天巡狩之神。

以上二廟之記事，俱未見於高志；而增刻本康熙《福建通志》卷之十一〈祀典〉雖有此二廟，但前者刪末句，後者刪「其神聰明正直」句，

似不及蔣志原文。按此二廟皆供奉「代天巡狩之神」，其東安坊之二王廟內有寧靖王所題「代天府」匾。所謂「代天巡狩之神」，今殆已成為「王爺」之同義詞，蔣志在以上二廟記事中，一則稱「威靈顯赫」，一則稱「其神聰明正直」，其神是否瘟神王爺待考；而《臺灣通史》卷二十二〈宗教志〉有云[47]：

> 顧吾聞之故老，延平郡王入臺後，……及亡，民間建廟以祀，……而以王爺稱。……故王爺之廟，皆曰代天府，而尊之為大人、為千歲，未敢昌言之也。連橫曰：信哉！

然據蔣志所載，恐有再行深入探討之必要。蔣志以上記事，於研究王爺信仰實極為重要而具有價值。大人廟在保大里，據清代多種方志，保大西里有建於明鄭時代之五穀王廟一座，然應非此廟。

2.〈崑沙宮〉：

> 在鳳山縣土墼埕保，神稱三太子，有寧靖王手書「崑沙宮」三字扁額。

崑沙宮在臺南市中區（今中西區），該廟原有之寧靖王手書「崑沙宮」匾及上述保大里二王廟「代天府」匾均亡佚已久，無有知者，賴蔣志之記載而知之。《臺灣通史》卷二十九〈寧靖王列傳〉有云：「術桂（王名）……善文學，書尤瘦勁，承天廟宇匾額多所題，至今寶之。」[48]得蔣志足證「承天廟宇匾額多所題」之不虛，其至今僅存者為臺南市中區北極殿之「威靈赫奕」匾，係臺灣今存最古之匾額；蔣志卷之六〈廟宇〉所載東安坊之上帝廟即該廟，其中亦提及該匾。

3.〈附澎湖廟宇〉：

> 天妃宮：在東西衛澳。澳前有案山，其澳安瀾，可泊百餘艘，係鄭芝龍建，偽藩更新之，今其靈猶加赫濯焉。

此則記事為關於臺閩地區第一級古蹟馬公「澎湖天后宮」早期修建

[47] 連雅堂：《臺灣通史》，頁五四八。
[48] 同前註，頁七〇二。

極珍貴之資料，與所謂「明鄭不可能以官家的力量來重修媽祖宮」之說似不相容。據此，「澎湖天后宮」不特爲鄭芝龍所「建」，而且「僞藩」更新之。當萬曆三十二年，沈有容與荷蘭韋麻郎相見於天妃宮（見明人董應舉《崇相集》），此天妃宮即「澎湖天后宮」之前身，可見蔣志雖稱天妃宮係「鄭芝龍建」，但應指修建而非創建，以芝龍行實考之，似當爲天啓、崇禎年間（一六二四～一六四四）事；至「更新之」之「僞藩」應係嗣王經，而非鄭延平本人。永曆十八年，即清康熙三年，荷蘭司令官 Balthazar Bort 第二次率軍東來，所部 Pooleman 大尉因故縱火燒毀天妃宮。未幾，嗣王經渡臺，故修建者當係嗣王經，其事當在永曆十八年至二十八年西征前，較有可能。

（四）卷之六〈廟宇（附養濟院）〉

〈臺灣縣養濟院〉：

> 一所，在鎮北坊，僞時所爲，今因之。

此則記事，增刻本康熙《福建通志》卷之五十八〈恤政〉云：「臺灣縣：養濟院（在鎮北坊，僞時所建，國朝因之）。」略同於蔣志，乃高志卷二〈規制志・恤政〉則但云：「臺灣縣：養濟院：在鎮北坊。康熙二十三年，知縣沈朝聘建。」與其所記鳳、諸二縣養濟院相同，僅記康熙二十三年首任知縣建，完全看不出其原係明鄭時代所建，入清後因之之事實，然而因此益突顯出蔣志此項記載之珍貴。

七、結論

方志有存史之功能，舊志資料雖不宜輕易盡信，然如經鑑別審核，其中可信據之豐富史料，實大有裨益於治史，尤以「不見於正史及其他史籍」者爲甚。清初蔣毓英修而季麒光參與纂輯之康熙《臺灣府志》爲今見最早之臺灣方志，去明鄭降清甫經數載，文獻足徵，又「確有保存

明鄭史料的用心」，故所記載關於明鄭時代臺灣之人、事、地、物之珍貴資料而不見於其他清代臺灣方志者不少，頗多可彌補其他文獻之不足，對於明清史（特別是南明史）及臺灣史之研究與重建，為用至大，值得相關領域研究者之重視，並充分加以運用。

　　綜要而言：在紀人方面：如渡臺宗室之名字、身分及渡臺年分，流寓遺老之生卒年及事蹟（間有錯誤），監國夫人陳烈婦之貞烈言論等；在紀事方面：如明鄭晚期最詳明之戶口數據，官佃各則田園與文武官各則田園之面積，兩類田園所課徵之粟石，以及以上各項數據在清初三縣之分布，與夫明鄭與清交替之際「難民回籍」、田園拋荒之情形，另監國世孫克𡒄之身世及其薨逝之情形等；在紀地方面：如入清各坊里莊社鎮之名號皆沿明鄭之舊等；在紀物方面：如所記街道、礮臺、廟宇及養濟院；以上所列，皆不見於其他清代臺灣方志，並皆為明鄭時代臺灣之重要資料，而且大多相當可靠。

　　限於篇幅，本文僅以蔣志為例，其實，高志以下之清代臺灣方志幾無不或多或少有關於明鄭時代之記載，如經鑑別審核，應尚多可資信據之珍貴史料。抑且不特臺灣方志如是，即大陸相關地區之方志亦復如是。曩年，筆者草〈臺灣最早的抗清事件〉[49]、〈閩粵有關方志與明鄭人物之研究〉[50]、〈明鄭晚期臺灣之租稅〉[51]及輯為〈明鄭資料拾零（一）〉[52]等，主要資料殆悉取自各種相關方志；而康熙蔣毓英《臺灣府志》關於明鄭時代之記載，實已昭示吾人：正確認識方志之存史功能，進而廣泛蒐集、鑑別審核後充分運用方志中豐富而珍貴之資料，乃是相關領域史學工作者為突破研究瓶頸、恢弘研究成果所必須面對之重要課題！

　　〔附記〕本篇原載業師　王明孫教授主編：《海峽兩岸地方史志、博物館學術研討會論文集》（南投：臺灣省文獻委員會，民國八十八年六月），頁一一三～一三六。

---

[49] 同註42，頁一二八～一四一。
[50] 見註4。
[51] 見註42。
[52] 見註4。

明鄭晚期臺灣之租稅

一、前言

　　明鄭時代的二十餘年，是臺灣歷史上一個關鍵性、決定性的階段，其影響於爾後臺灣歷史之發展者，至深且鉅。蓋因有此一階段，乃誠如曹永和（一九二○～二○一四）院士所說：「臺灣在實際上和名義上始皆歸屬於中國，漢人在臺灣的控制權始確立，臺灣的漢人社會，方獲生長完成。」[1]

　　明鄭藩府的政權可以看成南明甚至是明的一部分，至少是其延伸，包括時間的延續與空間的擴增。明鄭時代臺灣的租稅，自然不免與明代的稅制有關，但從其晚期在臺灣所開徵的稅目種類、計課方式、澎湖與臺灣本島租稅呈現的「異制」情形等，可知其與臺灣歷史發展的相關更高，不但深受之前荷據時期的影響，而且給予之後清代臺灣租稅以極大的影響。

　　由於資料的限制，無從論列整個明鄭時代的臺灣租稅，而只能就其晚期所採行的稅制下各稅目的課徵方式、稅率及額數加以探討，並據以考察所受荷據時期的影響及對清代臺灣租稅的影響。

　　明鄭晚期臺灣租稅之可得而探討，乃完全仰賴清代首任臺灣府諸羅縣知縣季麒光（一六三五～一七○二）《東寧政事集》書中[2]的一篇重要文字，亦即同治《重纂福建通志》卷五十所收載之〈康熙中諸羅縣知縣季麒光覆議二十四年餉稅文〉[3]，由於有此文，始能計算、還原明鄭晚

---

[1] 曹永和：〈明鄭時期以前之臺灣〉，《臺灣史論叢》第一輯（臺北：眾文圖書公司，民國六十九年四月，初版），頁九五。

[2] 鄭喜夫：〈季麒光在臺事蹟及遺作彙輯〉，《臺灣文獻》第二十八卷第三期（民國六十六年九月），頁一一～三九。

[3] 按：此文在《東寧政事集》目錄作〈詳定二十四年餉稅文〉，該文見（清）季麒光撰，李祖基點校：《蓉洲詩文稿選輯・東寧政事集》（香港：香港人民出版社，二○○六年一月，第一版第一刷），頁一五八～一六五。並收錄於臺灣銀行經濟研究室編輯：《福建通志臺灣府》，《臺灣文獻叢刊》（臺北：臺灣銀行，民國四十九年八月）第二冊，頁一六四～一六九。

期臺灣之各項租稅額徵數，並據以作種種比較與推論，故該文實爲臺灣財政史上一篇十分重要的文獻史料。

本篇主要根據季麒光上述〈覆議二十四年餉稅文〉寫成，全篇除〈前言〉和〈結論〉外，分爲〈明鄭晚期臺灣租稅總述〉、〈明鄭晚期臺灣租稅分述〉、〈明鄭臺灣租稅所受荷據時期的影響〉及〈明鄭對清代臺灣租稅的影響〉四節，依次論列如後。

二、明鄭晚期臺灣租稅總述

史家連雅堂（一八七八～一九三六）先生撰《臺灣通史》卷十七〈關征志〉，對明鄭時代臺灣的財稅情形作如下記載：

> 延平入臺，國用不足，多沿荷人舊制。及經嗣位，諮議參軍陳永華乃籌長治之策，盡心經畫，建保里之方，布屯田之制，開魚鹽之利，伐林木之材，內課農桑，外興貿易。十數年來，移民大至，多至數十萬人，拓地遠及兩鄙，臺灣之人以是大集。……夫自延平入臺以來，與民休息，而永華又咻噢之，道之以政，閑之以誼，教之以務，使之以和，漸之以忠，屬之以勇，勸之以利，嚴之以刑，民於是乎可任也。二十年間，臺灣大有，取其有餘以供國用，民亦樂輸不怠。善乎德化之入人深也！洎永華亡，政教偷薄，而雜稅之徵濫矣[4]。

通明鄭全期而觀，自以海上貿易盈利爲最主要之財政收入，張菼有簡要之評論曰：「海上貿易是鄭成功抗清復明事業中的經濟支柱，不但以海上貿易的利潤資給著這個義士集團數十萬人的生活和作戰，並且使鄭成功的財政情況在經過無數次的打擊以後依然良好。我們看他在起義以來至復臺爲止的十幾年之中，經過了中左的澈底被掠、海澄的積貯盡喪、清廷的實行禁海、南京的空前覆敗，在這些極慘重的財政經濟上的連續打擊以後，仍能空島迎戰，殲滅了挾雷霆萬鈞之勢以撲來的清朝名

---

[4] 連雅堂（連橫）：《臺灣通史》（臺北：臺灣時代書局，民國六十四年五月），頁五五〇～五五一。

將達素，並且有餘力遠征臺灣，在作戰二百多天以後，驅走了盤踞臺灣三十八年的荷蘭人，其經濟力量之雄厚是無與倫比的。而清廷說他『海島窮居』，以爲祇要設法絕其接濟於沿海，就可以困斃之；殊不知他的接濟來自廣大的海上，金、廈兩島加上澎湖，雖然山多田少，出產無多，卻掌握東方貿易航路的中樞，舟楫往來，其利至溥；清廷企圖以內陸片隅封鎖海洋，豈不是癡人說夢！」[5]

明鄭在大陸有山路五商及海路五商等，以貿易東西兩洋。當時出口貨物，以綢、緞、綾、羅、生絲等類爲主；換回之物，則以白銀及杉桅、硝、磺、銅、鉛、麻、木材等軍需物資爲主。且五大商之營運，除財經目的之外，並藉以掩護其軍事方面之諜報工作，而相得益彰。永曆十五年，進平臺灣後，臺地之鹿皮、砂糖等擴大輸出。稍後，藩府多故，盡棄大陸沿海，清人又嚴遷界之令，五商之經營大受挫折，對大陸之國內貿易幾至斷絕。乃以陳永華議，私通清之邊將，以行「偷運」。因之廈門、達濠貨物，聚而流通臺灣，物價大平。又依洪旭議，發展國際貿易，乃興造洋艘、鳥船，以與日本及南洋各處貿遷有無，使臺復盛，「田疇市肆，不讓內地」。時清人嚴禁外商互市，惟臺灣可私通清邊將，諸貨集於此，乃成爲大陸商品之集散地。二十四年（清康熙九年，一六七〇），英國東印度公司來臺貢獻方物，求通商。鄭經大悅，歡待之。時明鄭所需於英人者，惟火藥、兵器、砲手；英人所轉販自臺灣者，則以鹿皮、砂糖、絲織類爲主。至對日貿易，輸出亦以鹿皮、砂糖、絲織類及藥材爲大宗，而換回日本銅、鉛、兵器、盔甲、錢幣等類。二十八年（康熙十三年，一六七四），經西征，廈門復爲國際貿易輻輳之所，乃明鄭來臺後貿易鼎盛之時期。惜越四年，清人再嚴遷界之令，濱海數千里復無人煙。此次遷界，不復見有交通邊將之記載，其對明鄭貿易打擊之大可想而知。三十四年（康熙十九年，一六八〇），鄭經退保臺、澎，兵疲財盡，貿易一蹶不振，遂致不旋踵而敗亡[6]。

---

[5] 南棲（張菼）：〈臺灣鄭氏五商之研究〉，收入臺灣銀行經濟研究室編：《臺灣經濟史十集》，《臺灣研究叢刊》（臺北：臺灣銀行，民國五十五年），頁四八～四九。

[6] 盛清沂等：《臺灣史》（臺中：臺灣省文獻委員會，民國六十六年四月），頁六五。

　　其實，明鄭之能以蕞爾之地，抗衡滿清，數十年間屢屢進擊大陸沿海省份，使清廷「時廑南顧之憂」而坐立不安者，固憑藉其鮮明正確的政治號召，實亦得力於其財經措施之有效支援。按明鄭初期在大陸，公共收入來源很廣，數額尤巨，自沿海府縣徵取的「正供」與「樂輸」，官營遠洋貿易的利益，以及關稅與「外夷」輸貢均是。但至晚期，尤其西征敗歸後，東寧歲入則以稅課收入佔最重要地位。蓋此期內，垂暮的明鄭已無力再向沿海徵取糧餉，對外貿易亦屬強弩之末，日就萎縮，故其稅制、稅政以及徵績的重要性逐與日俱增。

　　茲據前揭〈康熙中諸羅縣知縣季麒光覆議二十四年餉稅文〉，將明鄭晚期臺灣之租稅額徵數計列如下表：

稅目	粟（單位：石）		時銀（單位：兩）	
	小計	合計	小計	合計
稻粟		138,191.464		
官佃及文武官田園	126,323.864			
南路八社土民徵米	折 11,867.6			
人丁				18,320
社港				19,288.08
南北二路三十八社墣餉			16,228.08	
港潭二十七所墣餉			3,060	
鹽埕				3,480.205
罟罾䖴網縺繒蠔等項				840
樑頭牌				1,500.07
烏魚旗				141
牛磨				648
蔗車				1,976

載鹽出港				200
澎湖人丁園地船網等項				1,704.656
人丁			1,119.6	
地種			302.856	
網泊			208.4	
船隻			73.8	
僧道				200
載貨入港				13,000
街市店厝				3,887.71
鎮省渡船				400
總計			138,191.464	65,585.721

　　從上表可知：明鄭晚期臺灣租稅的額徵數中，徵收實物的稅目僅稻粟一項，包括官佃田園及文武官田園，以及南路八社土民徵米所折，共徵粟一十三萬八千一百九十一石零；其餘各稅目盡皆徵收時銀，包括人丁、社港（含南北二路三十八社贌餉、港潭二十七所贌餉）、罟罾罜網縺蠔等項、樑頭牌、烏魚旗（以上三項，原合列為一項）、牛磨、蔗車、載鹽出港、澎湖人丁園地船網等項（含人丁、地種、網泊、船隻）、僧道、載貨入港、街市店厝、鎮省渡船等項，共徵時銀六萬五千五百八十五兩零。

三、明鄭晚期臺灣租稅分述

　　明鄭晚期臺灣租稅各稅目之額徵數如前表所列，茲將各稅目課稅標的、計課方式及其他必要的說明，逐一分述如下：

　　（一）稻粟：本稅目由兩部分所組成，一為官佃田園及文武官田園的分則徵粟，一為南路馬卡道族八社種地土民男婦老幼分等計口徵米折

粟。前者即田賦；後者雖亦可視爲折徵實物的人丁，但因係針對「種地」
土民，其分等除對「教冊公廨番」予以優待外，大體與勞動力之強弱有
所關聯，故仍以視爲田賦爲宜。

　　關於官佃田園及文武官田園的區別，〈康熙中諸羅縣知縣季麒光覆
議二十四年餉稅文〉有云：「僞鄭時橫徵苛斂，一人至臺，給以照牌，
分別徵稅。其地之平坦而可耕者名曰田，高燥而可藝者名曰園。僞鄭自
給牛種，佃丁輸稅於官，即紅彝之王田，僞冊所謂官佃田園也。文武諸
人各招佃丁，給以牛種，收租納稅，僞冊所謂文武官田也。」[7]可能亦
是季麒光所著之《諸羅雜識》[8]亦云：「蓋自紅夷至臺，就中土遺民令之
耕田輸租，以受種十畝之地名爲一甲，分別上、中、下則徵粟，其陂塘
隄圳修築之費、耕牛農具籽種，皆紅夷資給，故名曰王田，亦猶中土之
人受田耕種而納租於田主之義，非民自世其業而按畝輸稅也。及鄭氏攻
取其地，向之王田皆爲官田，耕田之人皆爲官佃，輸租之法一如其舊，
即僞冊所謂官佃田園也。鄭氏宗黨及文武僞官與士庶之有力者，招佃耕
墾，自收其租而納課於官，名曰私田，即僞冊所謂文武官田也。其法亦
分上、中、下則。所用官斗，較中土倉斛每斗僅八升。且土性浮鬆，三
年後即力薄收少，人多棄其舊業，另耕他地；故三年一丈量，蠲其所棄
而增其新墾，以爲定法。其餘鎭營之兵，就所駐之地自耕自給，名曰營
盤。」[9]明鄭時代，官佃田園科則適爲文武官田園科則之五倍，原因乃
是其時官佃亦由藩府資給「陂塘隄圳修築之費、耕牛農具籽種」之故，
茲將兩種科則每甲年徵粟石列之如下[10]：

等則　　　　區別	官佃田園	文武官田園

---

[7] 同註3，頁一六四。

[8] 同註2，鄭喜夫文，頁二三。

[9] 錄自（清）黃叔璥：《臺灣使槎錄》，《臺灣文獻叢刊》（臺北：臺灣銀行，民國四十六年
　十一月），頁一九～二〇。

[10] 同註3，頁一六四。其中文武官田之上則園原誤作「二石二斗四升」，故改據註3《蓉洲詩
　文稿選輯・東寧政事集》，頁一五九。

上則田	18石	3石6斗
中則田	15石6斗	3石1斗2升
下則田	10石2斗	2石零4升
上則園	10石2斗	2石零4升
中則園	8石1斗	1石6斗2升
下則園	5石4斗	1石零8升

明鄭晚期臺灣官佃田園及文武官田園面積暨所徵收田賦，按清初臺灣、鳳山、諸羅三縣所轄分配如下[11]：

等則 區別	官佃田園		文武官佃田園	
	面積（甲）	田賦（石）	面積（甲）	田賦（石）
臺灣縣	7,102.899	62,301.442	4,599.740	8,894.802
鳳山縣	1,892.562	17,615.608	7,315.784	15,552.926
諸羅縣	787.434	5,003.439	8,356.316	16,955.647
合計	9,782.895	84,920.489	20,271,840	41,403.375

官佃田園與文武官田園面積合計為三萬零五十四甲零，田賦為十二萬六千三百二十三石零。

季麒光另在其〈康熙中諸羅縣知縣季麒光條陳臺灣事宜文〉中說：「臺灣水田少而旱田多，砂鹵之地，其力淺薄，小民所種，或二年，或三年，收穫一輕，即移耕別地，否則，委而棄之。故民無常產，多寡廣狹亦無一定之數。……況官佃之田園，盡屬水田，每歲一甲可收粟五十餘石，偽鄭徵至十八石、十六石，又使之辦糖、蔴、荳、草、油、竹之供。文武官田園，皆陸地荒埔，有雨則收，無雨則歉，所招佃丁，去留無定。故當日歲徵粟十二萬有奇，官佃田園九千七百八十二甲，徵至八

---

[11] （清）蔣毓英：《臺灣府志》，收入《臺灣府志三種》（北京：中華書局，一九八五年五月，第一版第一刷），上冊，頁一四三～一五四。

萬餘石，文武〔官〕田園二萬二百七十一甲僅徵四萬石，亦因地以定額也。」[12]而〈又預計糖額詳文〉中有云：「官佃田園多係水田，不宜插蔗，其收倍厚；文武官田皆屬旱地，雖可種蔗，其收甚薄，故偽時之糖皆辦於水田之佃丁。」[13]依季氏〈條陳臺灣事宜文〉所言，明鄭徵至十八石、十六石者，官佃之上則田與中則田也，每歲可收粟五十餘石，則所徵收者約當產量的三分之一，或低於三分之一，而此係因藩府資給「陂塘隄圳修築之費、耕牛農具籽種」之故，若文武官田園，則僅約當產量十五分之一，或低於十五分之一。至官佃田園「又使之辦糖、蔴、荳、草、油、竹之供」的詳情待考，按清初臺屬辦糖，官府是要支付「部價」的。

其次是南路馬卡道族八社種地土民的男婦老幼分等計口徵米折粟。此即蔣毓英《臺灣府志》卷之五〈土番風俗〉所云：「鳳山之下淡水等八社，不捕禽獸，專以耕種為務，計丁輸米於官。」八社為：上淡水（一名大木連，在今屏東縣萬丹鄉）、下淡水（一名麻里麻崙，址同上）、阿猴（在今屏東縣屏東市）、搭樓（在今屏東縣里港鄉）、茄藤（一名奢連，在今屏東縣林邊鄉）、放縤（一名阿加，址同上）、大澤機（一名武洛，一名尖山仔，在今屏東縣里港鄉）、力力（在今屏東縣新園鄉）。在江樹生譯註《熱蘭遮城日誌》第二冊，明隆武二年（清順治三年）二月二十八日（一六四六年四月十三日）[14]及明永曆元年（順治四年）三月初四、五日（一六四七年四月八、九日）[15]的贌港社記載中，皆可看到大澤機以外七社之名，惟搭樓均與 Tedackjan 一併發贌，Tedackjan 即大澤機，是則上述兩年八社皆在贌社之列，其後何以不復辦理贌社，而改按等計口分別徵米折粟？又此種改革究在荷據時期抑或明鄭時代之事？目前不得而知，唯有期盼在《熱蘭遮城日誌》第三冊或第四冊等資料中可尋獲答案。

明鄭晚期南路八社土民男婦老幼四千三百四十五口，計徵米五千九

[12] 同註3，頁一五六。

[13] 同註3，頁一七〇。

[14] 江樹生譯註：《熱蘭遮城日誌》第二冊（臺南：臺南市政府，民國九十一年七月），頁五二一。

[15] 同前註，頁六二一。

百三十三石八斗，折粟一萬一千八百六十七石六斗。此中，稅率又分「教冊公廨番」、「壯番」、「少壯番」、「壯番婦」、「老疾男女小番」，而有所不同，列之如下：

稻粟　　　　　　　區分	口數	每口徵米（石）	共徵米（石）	折粟（石）
「教冊公廨番」	97	1.0	97.0	194.0
「壯番」	1,395	1.7	2,371.5	4,743.0
「少壯番」	256	1.3	332.8	665.6
「壯番婦」	1,844	1.3	2,397.2	4,794.4
「老疾男女小番」	753		735.3	1,470.6
合計	4,345		5,933.8	11,867.6

　　季氏〈覆議二十四年餉稅文〉云：「查老疾男女小番七百五十三口，即內地之孤貧，當格外優恤，僞徵米七百三十五石三斗，應請豁免。壯番男（按此字似衍）婦一千八百四十四口。查壯番每丁既徵米一石七斗，番婦每口又徵米一石三斗，夫婦重科，殊可憫惻！每口請減米三斗，計減米五百五十三石二斗。」[16]所請皆獲照准。

　　稻粟所含兩個小項俱係徵收實物。《諸羅縣志》卷之六〈賦役志・戶口土田考〉有云：「且夫底定立法之始，不徵折色而就徵本色者，原有深意，不可不察也。此地產粟頗多，十月開徵，正當冬熟；折色則艱於發糶，不若本色庾積車運，輸將立辦，且無至穀賤病農。又此地戶多新立，人無蓄聚；官粟既多，稍遇凶歉，平糶賑賑，不須假借內郡。或漳、泉、福、興，此豐彼歉，亦可汎舟通其有無。故因地之宜，順民之利，仍就鄭氏徵粟之法，而除其苛暴，著爲成規。」[17]頗能道出田賦徵

---

[16] 同註3，頁一六五。

[17] （清）周鍾瑄修：《諸羅縣志》，《臺灣叢書》第一輯《臺灣方志彙編》（臺北陽明山：國

實之利，清代既如此，明鄭時代尤其如此。

　　（二）人丁：江日昇《臺灣外紀》卷十七（三十卷本）於永曆二十八年（康熙十三年，一六七四年）十二月下記云：「又令各縣照臺灣事例，人有丁銀，每月每人五分，名曰毛丁。」[18]李延昰補編《靖海志》卷四、阮旻錫撰《海上見聞錄定本》卷二、夏琳撰《海紀輯要》卷二及《閩海紀要》卷之二同有云：「百姓年十六以上、六十以下，每人月納銀五分，名曰毛丁。」[19]前引《諸羅縣志》之〈戶口土田考〉亦云：「前此鄭氏不分主客，計口算丁，每一丁年徵銀六錢。」[20]據上述文獻所記，永曆二十八年時「臺灣事例」毛丁銀爲百姓年十六以上，六十以下，人月納銀五分，即年徵銀六錢。但明鄭晚期臺灣人丁銀課徵辦法，據季氏〈覆議二十四年餉稅文〉云：「人丁：僞額二萬一千三百二十丁，年徵銀一萬八千三百二十兩。……查僞例：佃丁鋪戶，每丁徵銀三錢八分；難民每丁徵銀六錢八分；閒散民丁，每丁徵銀九錢八分；並未開明閒散若干，難民〔若干〕，佃丁鋪戶若干也。」[21]是明鄭晚期在臺灣（不含澎湖）已非以往之每丁徵銀六錢。至其丁額二萬一千三百二十之清初三縣分配情形見後文。

　　明代人丁的徵收，容或可視爲徭役的演變與化身。而「明朝的徭役制度是與黃冊里甲制度緊緊結合在一起的，在黃冊里甲制度確立之前，

防研究院、中華學術院，民國五十七年十月，初版），第二冊，頁八三～八四。

[18]（清）江日昇：《臺灣外紀》，《世界文庫・四部刊要》（臺北：世界書局，民國七十四年一月，三版），下冊，頁二八六。

[19]（清）彭孫貽：《靖海志》，《臺灣文獻叢刊》（臺北：臺灣銀行，民國四十八年一月），頁七七。

（清）阮旻錫著、廈門鄭成功紀念館校：《海上見聞錄定本》，《八閩文獻叢刊》（福州：福建人民出版社，一九八二年二月，第一版第一刷），頁五八。

（清）夏琳：《海紀輯要》，《臺灣文獻叢刊》（臺北：臺灣銀行，民國四十七年六月），頁四四。

（清）夏琳：《閩海紀要》，《臺灣文獻叢刊》（臺北：臺灣銀行，民國四十七年四月），頁四五。

（清）不著撰人：《閩海紀略》，《臺灣文獻叢刊》（臺北：臺灣銀行，民國四十七年七月），頁三一。

[20] 同註17，頁八一。

[21] 同註3，頁一六五～一六六。

明初實行的是『均工夫』的徭役徵派辦法。」[22]明代的徭役有里甲正役、均徭及雜泛三大種類，其中均徭在最初施行時為力役，稍後可用銀抵差，由官府雇人充役，稱為「銀差」。其後均徭折銀的現象日益增多，逐漸推廣至里甲正役、雜泛等其他差役[23]。萬曆九年（一五八一）實施一條鞭法以後，「把明初以來分別徵收的田賦和徭役，包括甲役、力役、雜役、力差、銀差等項目，合併為一，總編為一條，併入田賦的夏、秋二稅中一起徵收。」[24]而「每一州縣每年需要的力役，由官府從所收的稅款中拿出錢來雇募，不再無償調發平民。」[25]也就是：「舊的役法有銀差和力差，根據戶、丁標準進行僉發。實施一條鞭法，徭役一律徵銀，取消力役，由政府雇人應役。役銀的編派，亦由原先的由戶、丁分擔變為人丁和田地（稅糧）來分擔。」[26]但不久之後，即有一些官府既收條鞭銀，又照舊徵派徭役，其後此類弊病日益增多[27]。

　　明鄭人丁的課徵，依永曆二十八年西征以前的「臺灣事例」，不分主客，計口算丁，每丁月納銀五分。雖然丁男限年十六以上，六十以下，與明制同，但按月計課，則似沿用荷人在臺採行之辦法。按荷人於崇禎十三年七月十六日（一六四〇年九月一日）開始課徵之人頭稅，即是每人每月課徵四分之一里爾（亦譯勒阿爾），其後稅率調高一倍，改為每月課徵二分之一里爾，至隆武元年（一六四五），荷人因開闢道路，完成北方及東方堤防及填土等工程，決定漢人「除普通之人頭稅以外，每個月應多納二士德回耳」。[28]而明鄭之人丁何時自上述「臺灣事例」改為晚期依身分之有別按三種不同稅率課徵，待考。

---

[22] 鄭學檬主編：《中國賦役制度史》（上海：上海人民出版社，二〇〇〇年九月，第一版），頁五〇八。

[23] 同前註，頁五一六。

[24] 孫翊剛主編：《中國財政史》（北京：中國社會科學出版社，二〇〇三年二月，第一版），頁二七六。

[25] 同前註。

[26] 同註22，頁五六四。

[27] 同註22，頁五七一。

[28] 鄭喜夫纂：《重修臺灣省通志》卷四《經濟志・財稅篇》（臺中：臺灣省文獻委員會，民國八十年十月），頁三八四～三八五。按士德回耳一譯斯泰法，二十士德回耳為一盾。

　　茲據蔣毓英《臺灣府志》卷之七〈戶口〉，將明鄭晚期臺灣之丁數、入清後之「底定存冊」數、「續招徠」丁數、「實在民口」數，按清初臺灣、鳳山、諸羅三縣列之如下[29]：

區分＼縣別	①明鄭晚期丁數	②底定存冊數	③續招徠數	④=②+③入清丁數舊額	⑤實在婦女口數	⑥=④+⑤清初實在民口	備註
臺灣縣	11,782	7,083	1,496	8,579	6,886	15,465	不含澎湖
鳳山縣	5,126	2,802	694	3,496	3,414	6,910	（1）原作3,650
諸羅縣	4,412	2,839	1,360	4,199	（1）3,655	（2）7,854	（2）原作7,853
合計	21,320	12,724	3,550	16,274	13,955	30,229	不含澎湖

　　（三）社港：明鄭晚期，本稅目含南北兩路三十八社贌餉一萬六千二百二十八兩零，及港潭二十七所贌餉三千零六十兩，合計一萬九千二百八十八兩零。其詳如下：

　　1.明鄭晚期臺灣社餉課徵額

社別	餉額	社別	餉額
加六堂	100.80	麻豆	352.80
琅璚	104.40	目加溜灣	231.12
琉球	20.16	大武壠	1,866.96
卑南覓	140.40	倒咯嘓	640.80
新港	936.00	諸羅山	133.20

蕭壠	923.04	打貓	277.92
阿里山	316.80	麻芝干	504.00
崎嶺岸	26.33	南社	1,645.92
大居佛	36.70	二林	867.80
大傑顛	388.80	大突	216.00
他里霧	103.68	馬芝遴	440.64
猴悶	100.80	亞束	144.72
柴裡斗六	720.00	半線大肚	676.60
西螺	417.60	大武郡牛相觸二重坡	337.68
東螺	756.00	沙轆牛罵	47.52
南北投	1,023.12	南嵌	201.60
麻務揀	60.48	竹塹	900.00
崩山	274.32	上淡水	46.08
新港仔	201.60	雞籠	46.08

　　按：上列三十八社中，前四社屬清初鳳山縣，後三十四社屬清初諸羅縣。至如何計列，請見後文。

2.明鄭晚期臺灣港潭蟯餉課徵額

港潭別	餉額	港潭別	餉額
加老灣港	76.32	鯽魚潭	326.53
隙仔港	122.45	竹滬塭	306.00
草頭港	148.98	打狗仔港	23.76
大鯤身港	163.27	蟯港	21.60
北線尾港	455.10	風櫃門小茄藤港	14.40

茄藤仔港	24.95	萬丹港水漆林	79.20
新港並目加溜灣港	55.44	笨港	29.52
直加弄西港仔含西港	198.72	鹿耳門樓仔角	
茄藤頭港	345.60	威裏港	
大線頭並浮塭	7.92	北鯤身	501.12
倒豐港並竹橋港	23.04	南岐仔	
南鯤身港	72.00	新港	
海豐港	48.96	海翁窟	
猴樹並礁巴嶼潭蠔陷港	15.12		

按：上列二十七所中，前七所清初屬臺灣縣，竹滬塭起五所屬鳳山縣，新港並目加溜灣港起九所屬諸羅縣。其如何計列亦見後文。

社港贌餉由贌商包輸餉稅於官，是荷據時期以來的一種行之於原住民間值得注意的制度，社餉尤其具代表性。中文文獻不乏相關記載：

> 李氏〈覆議二十四年餉稅文〉云：「查社港係土番所居，紅毛始設贌商，稅額尚輕，偽鄭因而增之。其法每年五月公所叫贌，每社每港銀若干，一叫不應則減，再叫不應又減，年無定額，亦無定商，偽冊所云贌則得、不贌則不得也。」又云：「甚至威制番民，誘以食物，計其社港，令商承贌。凡採於山、取於海，一雞一豕，一粟一麥，必盡出於社商之手。以一周十，幾十年來，民番重困。」[30]

《諸羅雜識》所記更詳：「贌社之稅，在紅夷即有之。其法每年五月初二日，主計諸官集於公所；願贌眾商，亦至其地。將各社港餉銀之數，高呼於上，商人願認則報名承應；不應者減其數而再呼，至有人承應而止。隨即取商人姓名及所認餉額書之於冊，取具街市鋪戶保領。就商徵收，分為四季。商人既認之後，率其夥伴至社貿易。凡番之所有，

---

30 同註3，頁一六六、一六四。

與番之所需，皆出於商人之手；外此無敢買，亦無敢賣。雖可裕餉，實未免於累商也。」[31]又云：「臺灣南北番社，以捕鹿爲業。贌社之商，以貨物與番民貿易；肉則作脯發賣，皮則交官折餉。日本之人多用皮以爲衣服、包裹及牆壁之飾，歲必需之；紅夷以來，即以鹿皮興販。有麚皮、有牯皮、有母皮、有礶皮、有末皮；麚皮大而重，鄭氏照勅給價；其下四種，俱按大小分價貴賤。一年所得，亦無定數。僞冊所云：捕鹿多則皮張多，捕鹿少則皮張少；蓋以鹿生山谷，採捕不能預計也。」[32]

季麒光所著之《東寧政事集》[33]云：「贌社者，招有捕鹿之人：贌港者，招有捕魚之人；俱就沿山沿海搭蓋草寮，以爲棲身之所，時去時來，時多時少。雖爲賦稅所從出，實亦奸宄所由滋。」[34]

高拱乾《臺灣府志》卷之五〈賦役志·總論〉云：

> 僞鄭令捕鹿各社以有力者經管，名曰贌社，社商將日用所需之物赴社，易鹿作脯，代輸社餉[35]。

周鍾瑄修《諸羅縣志》卷六〈賦役志·餉稅·陸餉水餉雜稅考〉云：

> 鄭氏僞額，諸羅番戶二千二百二十四、丁口四千五百一十六，分大小三十四社，每年調社之日，輕重之餉經於贌社者之手（調社者，年一給牌於贌社之人也。贌，《正韻》無此字，俗音「僕」，謂散收眾社之銀物而包納其餉也。下贌港倣此）。……以港之大小為額，贌港抽稅於港內捕魚之眾而總輸於官，謂之港餉[36]。

可知社港餉稅發贌是沿用荷據時期所採行的辦法，將社港餉稅調社叫贌時，由願認最高稅額之贌商承辦。在贌社方面，當局給予贌商在其承贌的「番社」獨占買賣之利，贌商又專稱「社商」；在贌港方面，則贌商在其承贌的港潭內向捕魚者抽稅而總輸於當局。當然這些贌商都是

---

31 同註9，頁一六四。
32 同註9，頁一六四～一六五。
33 同註2，鄭喜夫文，頁二二～二三。
34 同註3，《蓉洲詩文稿選輯·東寧政事集》，頁一九九。
35 同註11，《臺灣府志三種》，頁七八八。
36 同註17，頁九二。

當時的「有力者」，他們出面承贌，一般都是有利可圖，而當局坐收餉稅，但贌商（特別是社商）為保本、保利潤，乃至謀取厚利，不但額外之朘削在所難免，勢須嚴密掌握所承贌社港土民（原住民）的所得與消費情形，更對土民造成騷擾。同時在此種制度下，調社叫贌時，贌商是易於起而「聯合壟斷」，壓低承贌金額，因此處於比較有利的地位。

季氏〈覆議二十四年餉稅文〉說：「社港：偽額年徵銀一萬九千三百八十八兩零八分，內南北兩路三十八社贌餉一萬六千二百二十八兩八分，又港潭二十七所，贌餉三千六十兩。……自蕩平以來，商散業廢，卑縣等多方勸招，咸稱偽額重大，莫肯承認。相應酌量減輕。今議各社贌餉請減十分之三，竹塹一社請減十分之四，共請減銀四千九百五十八兩四錢二分四釐。實徵銀一萬一千二百六十九兩六錢五分六釐。至港既有稅矣，……自贌商散亡，漁戶無力修濬，任其坍漲。卑縣念餉稅所關，除鹿耳門樓仔角、威裏港、北鯤身、南岐仔、新港、海翁窟等六港無人承贌，缺額銀五百零一兩一錢二分，其餘各港，亦呈減十分之三，共請減銀七百六十七兩六錢六分四釐。實在二十一所，共徵銀一千七百九十一兩二錢一分六釐。以上社港共徵銀一萬三千六十兩八錢七分二釐。」[37]

依季氏所說，予以覆算：

(1)社餉方面：

　　　請減 4,958.424 兩＋實徵 11,269.656 兩＝16,228.08 兩……………①

根據高拱乾《臺灣府志》卷之五〈賦役志‧陸餉〉，「土番社」三十八社（社餉）共徵銀 7,888.7592 兩[38]，「但偽時輸稅概係秄錢，四百文作時銀一兩，值紋銀七錢」[39]，兩者間有一對零點七之換算率，以此換算：

[37] 同註3，頁一六六。

[38] 同註11，《臺灣府志三種》，頁七〇四。

[39] 同註3，頁一六九。施琅亦云：「兼以鄭逆向時所徵者乃時銀，我之所定者乃紋銀，紋之與時，更有加等。茲劉國軒、馮錫範見在京師，乞敕部就近訊詢而知。」見（清）施琅：《靖

$$7,888.7592 \text{ 兩} \div 7/10 = 11,269.656 \text{ 兩} \cdots\cdots ②$$

而高志載竹塹社徵銀 378 兩[40]，其明鄭晚期額徵數為此數換算為時銀，及請減十分之四之餘額：

$$378 \text{ 兩} \div 7/10 \div (1-4/10) = 540 \text{ 兩} \div 6/10 = 900 \text{ 兩} \cdots\cdots ③$$

而季氏請減全部社餉十分之三，其中僅竹塹一社請減十分之四，則共請減社餉：$16,228.08 \text{ 兩} \times 3/10 + 900 \text{ 兩} \times 1/10 = 4,958.424 \text{ 兩} \cdots\cdots ④$

高志卷之五〈賦役志‧陸餉〉所載鳳山縣「土番社」四社徵銀及諸羅縣「土番社」三十四社徵銀「舊額」下各社明細數除以十分之七的換算率即可換算為時銀，然後竹塹社再除以十分之六，餘社皆除以十分之七，所得之商，即明鄭晚期各社贌餉之額徵數，如本稅目開頭列示者。

(2)港餉方面：

$$\text{「偽額」} 3,060 \text{ 兩} \cdots\cdots ①$$

請減無人承贌之鹿耳門樓仔角等六所 501.12 兩 + 請減其餘各港 3/10 共銀 767.664 兩 + 實徵 1,791.216 兩 = 3,060 兩 $\cdots\cdots ②$

高志卷之五〈賦役志‧水餉〉所載臺灣縣港潭七所、鳳山縣港潭五所及諸羅縣港潭九所徵銀下各所明細除以十分之七的換算率即可換算為時銀，然後再除以十分之七（因各港請減十分之三），所得之商，即明鄭晚期各港贌餉之額徵數，亦已列示於本稅目之開頭。

（四）鹽埕：明鄭晚期，本稅目年徵銀三千四百八十兩二錢五釐。

《臺灣通史》卷十八〈榷賣志‧鹽〉云：「臺灣濱海之地，煮水為鹽，其利甚溥。前時鹽味苦澀，不適於用，多自漳、泉運入。永曆（曆）十九年，諮議參軍陳永華始教民曬鹽。擇地於天興之南，則今之瀨口也。其法築埕海隅，鋪以碎磚，引水於池，俟其發滷，灑而曬之，即日可成，色白而鹹，用功甚少。許民自賣，而課其稅。」[41]而季氏〈覆議二十四

海紀事》，《臺灣文獻叢刊》（臺北：臺灣銀行，民國四十七年二月），頁六八。

[40] 同註11，《臺灣府志三種》，頁七一一。

[41] 同註4，頁五六六。

年餉稅文〉云：「鹽則按口有徵矣」[42]，又說：「（入清後）查鹽丁久已逃散，埕格廢壞。食鹽之人亦非昔比。鹽既不銷，餉從何出？故請議減，今奉駁核。卑縣等招商認稅，發本僱募鹽丁，修築廢埕，以足原額，共徵銀三千四百八十兩二錢五釐。」[43]

　　據蔣毓英《臺灣府志》卷之七〈賦稅・稅鹽〉所載，「偽時」即明鄭晚期鹽埕共計二千七百四十三格，鹽額徵時銀如前。上述鹽埕分布於清初臺灣縣一千四百二十一格，年徵時銀一千零八十兩二錢零五釐；分布於鳳山縣者一千三百二十二格，年徵時銀二千四百兩；而諸羅縣無鹽埕之分布。高志並於臺灣縣下云：「每格大小不等，計算一千五百四十三丈一尺五寸。」[44]試以年徵時銀 1,080.205 兩÷1,543.15（丈）＝0.7 兩，不排除明鄭晚期的鹽稅即鹽埕之徵，即是按每丈徵時銀七錢的稅率計課之可能。

　　此種依鹽埕面積計丈徵銀的鹽稅，似難謂為公平合理，因其既非對鹽商的所得形態的鹽稅，亦非收益形態，而係定額包稅的形態（如明鄭晚期與清初所採鹽課方式相同），況各場所出之鹽品質及給價非一致。尹士俍《臺灣志略》上卷〈收銷鹽課〉云：「洲南、洲北、瀨北三場，每交鹽一石，給定價番廣銀一錢二分。洲南（按：似當作「瀨南」）一場，所出之鹽粒碎色黑，遜於他場，每交鹽一石，給定價番廣銀一錢。」[45]

　　總之：明鄭晚期之鹽稅，依鹽埕面積計丈徵銀，當然仍屬《臺灣通史》所稱：「許民自賣，而課其稅。」之範圍，惟細節及稅率不知相同否？至季氏云：「按口有徵」，正是鹽稅之特徵，無庸置疑。

　　（五）罟罾䎑網縺縗蠔等項：明鄭晚期此稅目共含三項：年徵罟罾等項銀八百四十兩、樑頭牌銀一千五百兩零七分、烏魚旗銀一百四十一兩。

[42] 同註3，頁一六四。
[43] 同註3，頁一六六～一六七。
[44] 同註11，《臺灣府志三種》，頁一五五。
[45] （清）尹士俍纂修、李祖基點校：《臺灣志略》（北京：九州出版社，二〇〇三年三月，第一版第一刷），頁三六。

罟、罾等合計八十四張條。其中，罟十八張，每張年徵銀一十六兩八錢，計徵三百零二兩四錢；罾七張，每張徵銀六兩，計徵四十二兩；罛、網、縺、繵、蠔稅率同爲每條年徵銀八兩四錢；罛五條，徵四十二兩；網二條，徵一十六兩八錢；縺二十五條，徵二百一十兩；繵二條，徵一十六兩八錢；蠔二十五條，徵二百一十兩。其分布於清初三縣之情形如下：

項目	單位	臺灣縣	鳳山縣	諸羅縣	合計
罟	張	6	11	1	18
罾（繒）	張	3	2	2	7
罛	條	3	1	1	5
縺	條	9	11	5	25
蠔	條	9	8	8	25
泊（網）	條		2		2
繵	條			2	2
合計		30	35	19	84

罟、罾等項皆漁具，黃叔璥《臺海使槎錄》卷一〈赤崁筆談・賦餉（羅運）〉逐項解釋如下：「罟者，結網長百餘丈、廣丈餘，駕船載出，常數十人，曰牽罟。罾者，樹大竹棚於水涯，高二丈許，曰水棚，置罾以漁。縺小於罟，罛又小於縺，網長可數十丈、廣五六尺，曰牽縺、曰牽罛。蠔，蠣房也，即以爲取之之名；用竹二，長丈餘，各貫鐵於末如剪刀，於海水淺處鈎致蠣房。繵，垂餌以釣魚也；大繩長數十丈，繫一頭於岸，浮舟出海，每尺許拴數鈎，大小不一，繩盡則返棹而收，曰放繵。……泊者，削竹片爲之，繩縛如簾，高七、八尺，長數十丈。就海坪處所豎木杙，趁潮水未滿，縛泊於木杙上，留一泊門，約寬四、五尺；潮漲時魚隨水入，以網截塞泊門，潮退魚不得出，採取之。」[46]

---

46 同註9，頁二二。

　　尹士俍《臺灣志略》中卷〈出產水利〉亦作如下說明：「其捕魚器具，有罟、繒、縺、藏、罜、箔（即泊）之目。網有大小，而用法各別。每罟一張，駕船二隻，先放海底，然後用四五十人兩頭牽挽，圍攏海邊，得魚最多。繒有車繒、舉繒、搖繒等屬：車繒永掛海坪，岸搭高藔，下繒時，漁人在藔上將繒索用車牽起，有魚則捕之；舉繒止用一人，于港、潭、沿海皆可採捕；搖繒必需五六人駕龍艚船，帶小艍子船，捕魚外海。縺於冬、春二時，在外海捕塗魠等大魚用之。……罜者，網上有蕩，能浮水面，下繫網袋無數，每袋各掛鉛墜沉入水底。魚入袋中，輒蔽不能出。大罜置諸外海，小罜置諸內港。箔者，乘潮將滿，插在海坪，雜羅水族，水汐則取之，無一遺者。」[47]

　　樑頭牌銀徵自船二百一十隻，計樑頭一萬三千六百三十七擔，每擔徵銀一錢一分。但課徵此稅之船隻，不含澎湖船隻及省鎮渡船在內，後二項船隻餉稅另行課徵。《臺灣外紀》卷十七永曆二十八年十二月下亦有：「又令各縣照臺灣事例，……船計丈尺而納餉，名曰樑頭。」[48]《靖海志》卷四、《海上見聞錄定本》卷二、《海紀輯要》卷二、《閩海紀要》卷之下、《閩海紀略》卷下[49]、邵廷寀撰《東南紀事》卷十二[50]俱有類似樑頭牌稅之記載。則樑頭牌稅之開徵，在鄭經西征以前即已行之。

　　所謂樑頭，據《臺海使槎錄》卷二〈赤崁筆談・武備〉所載修造哨船工料於扛罩下註云：「艙口直木。此木自官廳口起至大桅兜止，所罩艙之撐蓋，俱扛於此，故名；隔艙板木，乃橫木也，在大桅處名含檀，又曰梁頭，在各艙則名堵經。」[51]樑頭牌銀，即計樑頭大小徵銀。而所課徵者究係何種船隻？蔣毓英《臺灣府志》卷之七〈賦稅・水稅〉[52]及尹士俍《臺灣志略》上卷〈錢糧科則〉[53]等均言明係「採捕小船」。《諸

[47] 同註45，頁九〇。
[48] 同註18。
[49] 同註19。
[50] （清）邵廷采：《東南紀事》，《臺灣文獻叢刊》（臺北：臺灣銀行，民國五十年一月），頁一五一。
[51] 同註9，頁三五。
[52] 同註11，頁一六一。
[53] 同註45，頁二九。

羅縣志》卷六〈賦役志‧餉稅‧陸餉水餉雜稅考〉云：「水餉者，樵採捕魚之船，以所載計其擔數而徵餉，謂之樵頭；」[54]該文將贌港稱爲港餉，與塭餉及樵頭並列爲水餉。

至採捕烏魚給旗九十四枝，每枝徵銀一兩五錢，年共徵一百四十一兩。季麒光〈覆議二十四年餉稅文〉云：「此係外來之船，秋冬二季入港採捕，仍照原額徵收。」入清後，此稅由鳳山縣徵收。

《臺海使槎錄》卷一〈赤崁筆談‧賦餉（糴運）〉有云：「烏魚於冬至前後盛出，由諸邑鹿仔港先出，次及安平鎮大港，後至瑯嶠海腳，於石罅處放子，仍回北路。或云自黃河來。冬至前所捕之魚名曰正頭烏，則肥；冬至後所捕之魚，名曰倒頭烏，則瘦。漁人有自廈門、彭湖伺其來時赴臺採捕。鳳山雜餉：給烏魚旗四十九枝，（按：此據《臺灣文獻叢刊》本，係「九十四枝」之誤。范咸《重修臺灣府志》卷五〈賦役〉二、余文儀《續修臺灣府志》卷之五〈賦役〉二所引俱不誤）。旗用白布一幅，刊刷『烏魚旗』字樣，填寫漁戶姓名，縣印鈐蓋，插於船頭，帶網採捕。」[55]季氏〈覆議二十四年餉稅文〉說：「烏魚旗九十四枝，年徵銀一百四十一兩。此係外來之船，秋冬二季入港採捕。」[56]尹氏《臺灣志略》中卷〈出產水利〉云：「其捕魚器具，有罟、繒、縺、藏、罾、箔之目。……藏則專於隆冬以捕烏魚，故又名『討烏』。」[57]按荷據時期，捕捉烏魚須繳什一稅，屬所得形態，與明鄭晚期之定額徵銀有別。

明鄭水餉、雜稅之徵，最受清人詬病。季氏〈覆議二十四年餉稅文〉即云：「港既有稅矣，又開罟罾罧網之徵、樵頭之徵、烏魚給旗之徵，是一採捕而分數徵也。」[58]高拱乾《臺灣府志》卷之五〈賦役志‧總論〉亦云：「臺、鳳、諸三縣，罾繒罟網有稅，漁船樵頭有稅，二十一港又有港稅，均循舊例，重複征輸，亦有不可不爲酌減去留者。」[59]《諸羅

---

[54] 同註17，頁九二。

[55] 同註9，頁二二。

[56] 同註5，頁一六七。

[57] 同註45，頁九〇。

[58] 同註5，頁一六六。

[59] 同註11，頁七九〇。

縣志》卷六〈賦役志・餉稅〉云：「水餉、雜稅之徵，多屬鄭氏竊踞時苛政。而最重者，莫如船港諸稅。夫船出入於港，而罛罾縺罺繾蠔，則取魚蝦、牡蠣於港者也。乃既稅其船，又稅其罛罾縺罺繾蠔，且稅其港，蓋一港而三其稅焉。嗟此蟹舍蛋蛋，有不望洋而興歎、相戒而裹足者哉？」[60]所謂「一採捕而分數徵」、「重複徵輸」、「一港而三其稅」，可見清人多以明鄭水餉、雜稅為重覆課徵，究實似不盡然：港餉係由贌商抽稅於港內捕魚之眾，而總輸於官，雖有「民入港取一魚一蝦，無敢不經贌港之手。任其強橫，莫得持其短也；官責其餉，亦莫議其短也」[61]之現象，但港餉負擔與所得有比例之關係，故為所得形態的租稅；樑頭牌餉係以漁船為租稅客體的財產稅：罛罾縺罺繾蠔等項，係以採補器具為租稅客體的另一項財產稅。是故，看似「一港而三其稅」，實係分就三種不同的稅源課徵，並非真正的重複課稅；至於烏魚旗一項，因「係外來之船，秋冬二季入港採捕」所課徵者，即季氏亦主張「仍照原額徵收」，況捕烏之利豐厚，且課稅主體不同於前三項，自亦非重複課稅，如稅負合理，尤不應視為苛雜之徵。

　　（六）牛磨：此一稅目乃明鄭在臺所創行，晚期凡二十七首，每首年徵銀二十四兩，共六百四十八兩。入清以後，實在二十五首，內臺灣縣二十四首，諸羅縣一首。

　　《諸羅縣志》卷六〈賦役志・餉悅・陸餉水餉雜稅考〉云：「牛磨以粉麥為麵者也；皆有餉。」[62]謝金鑾《續修臺灣縣志》卷二〈政志・雜餉〉云：「牛磨，麵徵也。」[63]季氏〈覆議二十四年餉稅文〉云：「查內地牛磨無輸稅之例。」[64]《臺海使槎錄》卷一〈赤崁筆談・賦餉（糴運）〉云：「臺邑額載厝餉、磨餉二項，俱始於偽鄭。」[65]

60　同註17，頁九九。

61　同註17，頁一〇〇。

62　同註17，頁九二。

63　（清）謝金鑾纂：《續修臺灣縣志》，《臺灣叢書》第一輯《臺灣方志彙編》第四冊（臺北陽明山：國防研究院、中華學術院，民國五十七年十月，初版），頁七四。

64　同註3，頁一六七。

65　同註9，頁二一。

本稅目係向設置牛磨磨製麵粉者課徵之財產稅，計首徵銀，此種計課方式雖然簡便，但未必公平合理，而且稅率似頗高，每首年徵時銀二十四兩，故入清後稅率大幅調降了三分之二，實徵紋銀五兩六錢（即時銀八兩）。

（七）蔗車：明鄭晚期糖廍蔗車共一百張，年徵銀一千九百七十六兩。稅率不詳，如以餉額被張數除，平均每張年徵一十九兩七錢六分。

《諸羅縣志》卷六〈賦役志・餉稅・陸餉水餉雜稅考〉云：「蔗車以煮糖……者也；皆有餉。」[66]《續修臺灣縣志》卷二〈政志・雜餉〉云：「蔗車，糖徵也。」[67]《臺海使槎錄》卷三〈赤崁筆談・物產〉云：「每廍用十二牛，日夜硤蔗；另四牛載蔗到廍，又二牛負蔗尾以飼牛。一牛配園四甲或三甲餘。每園四甲，現插蔗二甲，留空二甲，遞年更易栽種。廍中人工：糖師二人、火工二人（煮蔗汁者）、車工二人（將蔗入石車硤汁）、牛婆二人（鞭牛硤蔗）、剝蔗七人（園中砍蔗，去尾，去籜）、採蔗尾一人（採以飼牛）、看牛一人（看守各牛）、工價逐月六、七十金。」[68]

本稅目係對糖廍經營者之稅課，無論該糖廍業者是否蔗園所有人，計課方式不得而知，主要似是向糖廍業者課徵的營業稅，或非財產稅，其詳待考；因餉額不能被蔗車張數整除，除非同為一張而有不同的稅率，否則似非計張徵銀。入清以後，蔗車稅負亦調降近六成，與牛磨同為每一單位（張）實徵紋銀五兩六錢，則係計張徵銀。似乎明鄭晚期本稅目的稅負亦屬偏高。

（八）載鹽出港：明鄭時代將鹽載往澎湖各嶼販賣，因而徵收此稅，晚期年徵銀二百兩。此項乃劣稅，蓋納稅人雖係載運商人，然經轉嫁後，必歸宿於澎湖當地居民；臺灣本島居民食鹽則無此稅負，顯然厚此薄彼，有失公平。

季氏〈覆議二十四年餉稅文〉云：「載鹽出港：偽額年徵銀二百兩。

---

[66] 同註17，頁九二。

[67] 同註63。

[68] 同註9，頁五七。

查偽時將鹽載往澎湖各嶼販賣，因而徵稅。今澎湖之人多回內地，即有一、二遺黎，皆食內地之鹽，並無載運到澎湖。此項銀兩，無可議徵。」[69]

本稅目之開徵，推測係沿襲荷據時期成規，而未及予以停徵者。蓋荷據時期，僅臺灣本島爲荷人所侵據，澎湖則隨臺灣本島之進入荷據時期而光復[70]，並未如臺灣本島般淪陷，因此對由大員運往澎湖之鹽予以課稅。明鄭時代沿襲未改，遂有本稅目之存在。荷據時期課徵此稅猶有可說，明鄭時代仍見此稅，則無正當性可言。因爲鹽埕已有稅，再課徵此稅，澎民勢必食用來自臺灣含有鹽埕及載鹽出港兩稅之鹽，是「一隻牛剝兩層皮」甚明也。入清後，本稅目停徵。不過季麒光議豁的理由，是說澎湖一、二遺黎皆食內地之鹽，臺鹽並無再載運到澎湖。但縱令仍是「將鹽載往澎湖各嶼販賣」，本稅目亦應停徵，將額徵數悉行豁除。

（九）澎湖人丁園地船網等項：當臺灣南部進入荷據時期，澎湖已告光復，而無與臺灣相同之荷據時期[71]。明鄭晚期，澎湖業置安撫司，其地賦課係單獨辦理，相當不同於臺灣本島所行者，季麒光〈覆議二十四年餉稅文〉乃爲列有此一專目，下含人丁、園地、網泊、船隻四項：

1.人丁：明鄭晚期，澎湖居民內人丁九百三十三丁，每丁年徵銀一兩二錢，共徵銀一千一百十九兩六錢。

2.園地：地種米五百零四石七斗六升，每石徵銀六錢，共徵銀三百零二兩八錢五分六釐。

3.網泊：共大小網泊八十張口，分別大小課徵，年徵銀二百零八兩四錢。所謂大小網泊，包括大網（每張年徵銀五兩）、泊網（每張年徵銀一兩八錢）、大滬（每口年徵銀一兩二錢）、小滬（每口年徵銀六錢），但各種之數量不得而知。

4.船隻：季麒光〈覆議二十四年餉稅文〉但云：「船隻一百一十一

---

[69] 同註3，頁一六七。

[70] 同註1，〈明鄭時代澎湖之防務〉，頁七九～八六。並可參考拙搞〈試論荷據時期之臺灣不含澎湖〉。

[71] 同前註。

隻，年徵銀七十三兩八錢。」而參照蔣毓英纂及高拱乾纂兩種《臺灣府志》，尚可計得此項含尖艚十二隻，每隻年徵銀一兩二錢，共徵銀一十四兩四錢；杉板頭船九十九隻，每隻年徵銀六錢，共徵銀五十九兩四錢。入清後，損失一十四隻，實在尖艚五隻、杉板頭船九十二隻。

　　本稅目所含四項和上一稅目載鹽出港的存在，具體地呈現明鄭時代臺灣本島與澎湖間租稅「異制」的事實，雄辯地證明了澎湖「無與臺灣相同之荷據時期」，因非本稿範圍，不多贅[72]。本稅目所含四項之所以合併而單列一個稅目，則是因各該項在臺灣本島與澎湖之稅率乃至計課方式，皆多所不同。分述如下：

　　人丁方面：臺灣本島係將民丁區分為佃丁鋪戶、難民、閒散民丁三類，每類分別課徵不同稅率的丁銀；而在澎湖，既不是依照永曆二十八年以前「臺灣事例」的不分主客，計口算丁，人月納銀五分，即年徵銀六錢；也不是上述區分三類民丁適用不同稅率，而是每丁年徵銀一兩二錢，這適為「臺灣事例」的兩倍，比本島最高的閒散民丁九錢八分猶高出二成二以上。當時緣何如此重稅澎湖居民，尚待繼續探索。

　　園地方面：臺灣本島的田賦，主要是官佃田園及文武官田園的分則計甲徵粟；而在澎湖所施行者，則為按「地種」計石徵銀，與本島所行者迥異，此除歷史的原因外，相當程度是澎湖的自然環境與農業生產情況使然。尹士俍《臺灣志略》上卷〈錢糧科則〉在「澎湖地種」下註云：「澎地瘠薄，上年種植之處，下年不堪種植，每年輪換迭種，故地不以甲畝計，而止計種數徵輸，每種一石，折納銀四錢二分。」[73]故入清之後仍沿用之，且稅率實際亦無變動，僅將每石徵銀數折算成紋銀四錢二分而已。

　　網泊方面：季氏〈覆議二十四年餉稅文〉云：「大小網泊八十張，年徵銀二百零八兩四錢。」[74]並無課稅標的之項目、單位數及稅率。蔣毓英《臺灣府志》卷之七〈賦稅・雜稅〉於臺灣府下及臺灣縣下均僅言：

---

[72] 同前註。

[73] 同註45，頁二八。

[74] 同註3，頁一六八。

「大小網泊滬三十八張口，每張口徵銀不等，共額徵銀六十一兩六錢。」[75]所幸，高拱乾《臺灣府志》卷之五〈賦役志・雜稅〉臺灣縣下註有大網、泊網、大滬、小滬每張口之稅率，試爲換算成時銀，皆可整除，所得應即明鄭晚期各該項目之稅率，如前文所列示者。其中最高者爲大網每張年徵銀五兩，以視臺灣本島開徵之罟、䍈等項稅率，似減輕不少。本島最高之罟每張年徵一十六兩八錢，其次則 䍀、網、縺、繒、蠔，稅率同爲每條年徵銀八兩四錢，而䍈每張年僅徵銀六兩。此是否因考慮平衡臺、澎兩地人丁銀負擔之輕重及兩地漁具之漁獲量不同使然，待查。澎湖網泊之徵，係分別大小異其稅額，臺灣本島則按不同漁具之類別而異率，設其中同類而大小不同仍按相同稅率課徵，則不若澎湖採行「分別大小」之法公平。又，關於澎湖之大網與滬，尹氏《臺灣志略》中卷〈出產水利〉有如下說明：「澎湖有大網，口闊尾尖，即北地之䍀也。每口用大杉木二枝堅豎港口長流之所，名曰『網桁』，以網掛於桁上，凡有魚蝦之屬盡藏其中。潮退舉起，解網尾出之。又有滬，用石塊圍築海坪之中，水滿，魚藏其內；水汐，則捕之。」[76]

　　船隻方面：臺灣本島之採捕小船，係計樑頭擔數徵銀，每擔徵銀一錢一分；而在澎湖所施行者，並非計樑頭擔數徵銀，而是區分船種，尖艚每隻年徵銀一兩二錢，杉板頭船每隻年徵銀六錢。緣何如此？稅負孰重孰輕？亦有待繼續探索。

　　（十）：僧道：據季麒光〈覆議二十四年餉稅文〉：明鄭晚期僧道四十五名，僧每名年徵度牒銀二兩，道士每名年徵五兩，年共徵度牒銀二百兩。但經予核算，則知以上四個數字似有一個以上有誤。如按季氏所記僧道名額及每名年徵度牒銀，求一最接近年徵二百兩之僧道名額，爲僧八名，道士三十七名，年共徵銀二百零一兩。事實如何，則待考也。

　　季氏同上文有云：「今奉部文內開：盛京和尙、道士，禮部題給度牒，應將臺灣僧道牒文換給，免其每年徵餉。」[77]入清以後，本稅目停

[75] 同註11，頁一六五、一六六。

[76] 同註45，頁九〇。

[77] 同註3，頁一六八。

徵。

（十一）載貨入港：此項即明鄭之進口關稅，年徵銀一萬三千兩。鄭氏之時，清廷實施「遷界」，海禁森嚴，外國洋船多來臺灣，故明鄭晚期額徵如上數。明鄭進口稅課徵，早在荷據中對於由臺赴廈之商船，曾委由何廷斌（一作何斌，即力勸並引導鄭延平復臺者）在臺代徵，以迄於被荷人發覺。永曆二十四年（康熙九年）七月二十七日（一六七〇年九月十日）簽訂之〈鄭英通商協議條款〉中，鄭方向英人要求事項中有：「對於一切進口之貨物，於售出後，收繳百分之三關稅；出口貨物則概可免稅。」[78]二十六年（康熙十一年）閏八月二十三日（一六七二年十月十三日）明鄭與英國東印度公司正式締訂之協議約款大綱復有：「公司應繳納所輸入售出之貨物款項百分之三之關稅，但為國王（指鄭經）所購進之貨物不需繳納稅項，輸入貨物無法售出而要裝運出境時亦免繳稅項。同樣公司得將所購進之貨物自由運出而不需繳稅。」[79]但此項僅就售出貨物依售價課徵百分之三之進口稅，實際執行情形不詳。

季麒光〈覆議二十四年餉稅文〉云：「載貨入港：偽額年徵一萬三千兩。查當時內地海禁森嚴，外番洋船多入臺灣，故有是額。今富商大賈盡歸內地，且奉旨開洋，外番船隻概向閩、粵大澳，臺灣港道紆迴，並無船隻入港，此項額銀，實無可徵。合請豁除。」[80]入清以後，本稅目豁除。

（十二）街市店厝：明鄭晚期此項共有街市瓦店、草屋合計六千二百七十間半，每間年徵六錢二分，共徵三千八百八十七兩七錢一分。本稅目亦屬明鄭創徵者，《閩海紀要》卷之下永曆三十五年（康熙二十年，一六八一）十月後有：「鄭克塽稅鄉社民居間架。——東寧府治居民，原有稅間架之科，惟鄉村茅舍無稅。至是，工官楊賢建議徵之。百姓患焉，自毀其居，十去其三。事終不行。」[81]《海紀輯要》卷三所記內容

---

[78] 賴永祥：〈臺灣鄭氏與英國的通商關係史〉，《臺灣文獻》第十六卷第二期（民國五十四年六月），頁四。

[79] 同前註，頁七。

[80] 同註3，頁一六八。

[81] 同註19，《閩海紀要》，頁七二。

相同[82]，《臺灣外紀》卷二十五同月下亦記云：「工官楊賢條陳：『生財裕餉：凡所有村落民舍，計周圍丈量，以滴水外，每間每丈寬闊徵銀五分。』克塽允啓，令李景、張日曜清查徵比。百姓患之，毀其居室甚眾。」[83]本稅目名爲「街市店厝」，自不含「村落民舍」，蓋即因抗稅嚴重，鄭克塽稅鄉社民居間架之事終至「不行」故也。

　　季麒光〈覆議二十四年餉稅文〉云：「查房屋向無徵稅之例，前因軍興旁午，暫爾舉行，今臺灣人民星散，傾壞甚多。……」[84]依季氏所言，街市店厝是因軍興開徵的臨時特別稅捐，不按店厝價值，草厝、瓦厝同一稅率，按間數課稅，顯然不及楊賢所建議之計周圍丈量，每間每丈寬闊徵銀五分之法之公平合理。入清以後，如季氏所請，瓦厝稅率調降十分之三，草厝稅率調降十分之五，即清代瓦厝稅負爲草厝之一點四倍，蓋有見於明鄭晚期每間街市店厝一律年徵六錢二分之不公平與不合理。

　　（十三）鎮省渡船：本稅目係對行駛臺江之渡船所課徵者，當時鄭克塽及文武皆住安平鎮，與隔臺江對岸之今臺南市區往來絡繹，故對渡船稅之。按荷據時期即有渡船稅，唯鎮省渡船開徵於何年，史料無徵。明鄭晚期，渡船計三十四隻，年徵銀四百兩，稅率不詳，但知非「照樑頭按擔輸納」。

　　季麒光〈覆議二十四年餉稅文〉云：「鎮省渡船三十四隻，年徵銀四百兩。查鄭克塽及僞文武皆住安平鎮，往來絡繹，故有是餉。今止住營兵，稅從何來？遵將現在破壞舊船二十三隻，令民修葺，改照樑頭按擔輸納。計載樑頭九百八十九擔，每擔徵銀一錢一分，共徵銀一百零八兩七錢九分。渡餉名目，合請豁除。」[85]考蔣毓英《臺灣府志》卷之七〈賦稅・水稅〉於臺灣府下及鳳山縣下均載有：「安平鎮渡船三十四隻，計載樑頭九百八十九擔，每擔徵銀七分七釐，額徵銀七十六兩一錢五分

[82] 同註19，《海紀輯要》，頁七三。
[83] 同註18，頁三九三。
[84] 同註3，頁一六八。
[85] 同註3，頁一六九。

三釐。」[86]可見季氏建議改採計載樑頭按擔輸納，及每擔稅率均被採納，唯船隻數季文稱「現在破壞舊船二十三隻，令民修葺」，而蔣志則云「安平鎮渡船三十四隻」，船隻數不符，但擔數、稅率、額徵銀兩皆相符。

四、明鄭臺灣租稅所受荷據時期的影響

茲將明鄭時代臺灣租稅所受荷據時期臺灣租稅的影響，分別論列於後。

（一）稻粟：據前引《諸羅雜識》所載，明鄭時代官佃田園與荷據時期王田官租「輸租之法」無異，不但每甲所徵粟石相同，並沿用後者的地積單位「甲」。

據《巴達維亞城日記》崇禎十七年十一月（一六四四年十二月）所載，荷人在臺曾開徵稻作稅，稅率先爲二十分之一，崇禎十七年提高爲十分之一。[87]既以二十分之一與十分之一爲稅率，似應係就收穫量徵收實物或按時價徵收，但亦曾採包稅制。

據《巴達維亞城日記》崇禎十七年十一月記載，又可知當時接近臺窩灣之五個村落：新港（在今臺南市新市區）、大目降（在今臺南市新化區）、目加溜灣（在今臺南市安定區）、蕭壠（在今臺南市佳里區）、麻豆（在今臺南市麻豆區）五個村落附近有漢人耕種之田園，每年一甲（Kaa）即約一摩爾亨或五十尋平方之地，應繳納二勒阿爾（按：一譯里爾），依此現在每年可收七百勒阿爾，而以後可見其增加。[88]則面積爲三百五十甲。此等田園每年一甲應繳納二里爾，既有此稅，應不能再有稻作稅之課徵。而此稅及稻作稅，似是荷人在實施區分田園並按則徵收實物之官租以前所採行者。

前引《諸羅雜識》所云：荷據時期「以受種十畝之地名爲一甲，分

---

[86] 同註11，頁一六一、一六二～一六三。

[87] （日）村上直次郎日譯、郭輝譯：《巴達維亞城日記》（臺中：臺灣省文獻委員會，民國七十八年六月，再版），第二冊，頁四三一、四二四。

[88] 同前註，頁四三九。同註14，頁四〇三，一六四五年四月二十九日有關於該新港等五村社之後續記載。

別上、中、下則徵粟」，而「其陂塘堤圳修築之費、耕牛農具籽種，皆紅夷資給，故名曰王田」；及明鄭時代，「向之王田皆爲官田，耕田之人皆爲官佃，輸租之法一如其舊，即僞冊所謂官佃田園也」。季氏〈覆議二十四年餉稅文〉亦云：「僞鄭自給牛種，佃丁輸稅於官，即紅彝之王田，僞冊所謂官佃田園也」。依據季麒光的說法，顯然明鄭的稻粟之徵，特別是官佃田園部分，是沿用荷據時期王田官租的成規，兩者「輸租之法」無異，且地積單位「甲」亦同。

（二）人丁：荷據時期近似於人丁的稅目爲人頭稅。德國學者里斯（Ludwig Riess 一八一六～一九二九）著《臺灣島史》云：「次之，還有統稅（Regalien），其中主要是向中國人徵收的人頭稅（Kopfgeld）。這種稅當初只有 3,100Realen[89]，後來因爲福建地方的騷擾不安以及滿洲人征服了中國的緣故，中國人逃到臺灣來的人數增加得很快，在 1623～1644 的二十年之間，據說增加了 25,000 家。由人頭稅所得的總收入、在該世紀中葉達到以前的十一倍、即 33,700Realen。」[90]此稅「凡臺灣居民，七歲以上，不分男女，不論身分，每人每月均須納稅」[91]。稅率初爲每人每月四分之一里爾，於崇禎十三年七月十六日（一六四〇年九月一日）開始課徵[92]，其後稅率曾調高一倍，改爲二分之一里爾[93]。人頭稅開徵之頭六個月共收入三千八百九十里爾，因此此後十二個月間稅額估計爲一萬二千里爾，而令人包辦，蓋漢人人數有所增加也[94]。《巴達

---

[89] 3,100Realen 原作「了100Realen」，見臺灣銀行經濟研究室編：《臺灣經濟史三集》，《臺灣研究叢刊》（臺北市：臺灣銀行，民國四十五年四月），頁一九。

[90] （德）里斯著、周學普譯：《臺灣島史》，見臺灣銀行經濟研究室編：《臺灣經濟史三集》，《臺灣研究叢刊》（臺北市：臺灣銀行，民國四十五年四月），頁一九。

[91] 周憲文：〈荷據時代臺灣之掠奪經濟〉，見臺灣銀行經濟研究室編：《臺灣經濟史四集》，《臺灣研究叢刊》（臺北市：臺灣銀行，民國四十五年），頁六四。

[92] 《巴達維亞城日記》崇禎十三年十、十一月（一六四〇年十二月）云：「對中國人每人徵收四分之一勒阿爾之稅金，自八月一日著手進行，因有少數反對及陳情，改由九月一日實施，由此發現臺窩灣（大員）、新港及平地之中國人，計有三千五百六十人，依此徵稅將來可減輕築城費之支出也。」見註87，頁二四三。

[93] 同註6，頁九六。

[94] 同註87，頁三一二～三一三。而頁二三三〈序說〉云：「（崇禎十四年，一六四一年）由於番社教化事業之進展，牧師及學校教員需要增加人員，又就學兒童補助金，亦逐漸增加，經費一味膨脹。為儘量減輕此巨額開支起見，對於由中國入境者每人課徵人頭稅一勒阿爾，……」

維亞城日記》翌年十月（一六四一年十一月）有云：「決定改善臺灣人
頭稅、關稅等收入制度，中國人以鍋一口課徵二士德回耳（按：一譯斯
泰法），代替其一成之稅，而估計為十士德回耳……」[95]其詳待考。《巴
達維亞城日記》崇禎十七年十二月（一六四五年一月）所載[96]，漢人曾
因不滿荷人人頭稅之苛徵，乃居住於帆船而申請水上執照以逃避人頭稅
負擔，因人數甚多稅收減少，荷人乃規定按帆船大小，每載貨一萬斤以
申請四人之比例為限，其餘仍應每月繳納人頭稅。《巴達維亞城日記》
隆武元年十、十一月（順治二年，一六四五年十二月）又載云：「徵稅
擬暫照現行辦法繼續，認為貧窮之中國人亦堪勝之。長官又以住民之負
擔尚輕，乃下令在從城至住宅地之砂地開鑿闊二十八呎之道路，並完成
魯‧美耳君著手之北方及東方堤防，及填築增高平原而以土墊地為一隻
手之厚度，以謀市民等之方便。為完成此等工程，中國人除普通之人頭
稅以外，每個月應多納二士德回耳……。」[97]按二十斯泰法為一盾，而
里爾與盾之兌換率：崇禎四年（一六三一）一里爾折合二點六盾，十四
年（一六四一）一里爾約折合二點五盾[98]；上項特別捐每個月二斯泰法，
約當二分之一里爾人頭稅百分八。

　　顯然，明鄭時代人丁未受荷據時期人頭稅之影響，不論西征以前之
「臺灣事例」，抑或晚期按佃丁鋪戶、難民、閒散民丁三種不同稅率課
徵，皆與荷據時期存在著課稅主體、計課方式等之差異。

　　此處所記，稱為人頭稅，而謂由中國入境者每人課徵一里爾，是否入境時之行為稅，不得而
　　知；其時去人頭稅開徵不遠，倘此確係人頭稅，則每人課徵一里爾，如係全年稅額似過低，
　　如係一個月稅額則過高，俟考。

[95] 同註87，頁三二八。

[96] 同註87，頁四四九。

[97] 同註87，頁四六七～四六八。

[98] 《巴達維亞城日記》崇禎四年三月（一六三一年四月）云：「在臺窩灣（安平）之現金及商
　　品折算現地市價如左：一、勒阿爾貨幣三六、〇〇〇勒阿爾，右幣換算為九三、六〇〇古丁。」
　　故一里爾折合二點六盾。見註87，第一冊，頁六八。
　　全上書，第二冊〈序說〉云：「對於由中國入境者每人課徵人頭稅一勒阿爾，又課徵進出口
　　稅一成，徵收豬隻專賣、漁業、『阿拉克』酒釀造、市場等稅，其額在西元一六四一年（崇
　　禎十四年）計達一萬三千九百五十勒阿爾即三萬四千八百古丁。」故一里爾約合二點四九五
　　盾。又云：「此外又新設鹿之狩獵稅，在西元一六三八年（崇禎十一年）得稅收約計一千九
　　百九十八勒阿爾半即五千古丁。」一里爾折合二點五〇二盾。均見註87，頁二三三。

（三）社港：社港餉稅之徵收，由贌商包輸於官，始自荷據時期，經明鄭時代之沿用，入清以後此項稅目猶存，而徵收方法則異於前。明鄭時代本稅目之課徵所受荷據時期之影響甚大。各種相關中文文獻所載荷據時期贌社之法，及其對明鄭時代之影響，已徵引於前文；茲不復贅。

社港贌餉之開徵，始於崇禎十七年，曹永和先生云：「在明崇禎十七年（清順治元年，一六四四），荷蘭人爲欲驅逐對荷蘭人抱有惡意的漢人，且爲滿足土人的需要起見，就創立蓄產交易的制度（即所謂贌社制），並謀由此以增加收入。同年此項收入達二、一四〇里爾。」[99]《巴達維亞城日記》崇禎十七年十一月（一六四四年十二月）載云：

「爲增加公司收入，及實現地方議會時對各村落頭人之諾言起見，決定在主要各村落、笨港（Ponckan）河及南部全體，在一定條件之下，令中國人或荷蘭人（非公司使用人）之最高標價者包攬商業。

大武壠（Tevorangh）	一四〇勒阿爾
哆囉嘓（Dorcke）	一四〇勒阿爾
諸羅山（Tirosen）	二八五勒阿爾
大利堡（Dalivo）〔按：即他里霧〕	一一五勒阿爾
華武壠（Vavorlangh）	三〇〇勒阿爾
南部一帶	八〇〇勒阿爾
笨港河（半年份）	二二〇勒阿爾
多列那布（Dolenap）與北淡水間之新港津（Sincangin）及其他商業以帆船四艘組織經商者每航行一次	一四〇勒阿爾
以上合計	二、一四〇勒阿爾

「上列金額先收半數，其餘半數於包辦期滿時繳納。以此成分至五

---

[99] 曹永和：《臺灣早期歷史研究》，《臺灣研究叢刊》（臺北：聯經出版事業公司，民國六十八年七月，初版），頁四二。

月將有更多村落發標包辦，而上列金額將見倍增。」[100]

曹永和先生又云：「自一六四〇年（明崇禎十三年）開始，荷蘭人對歸順各社的番產交易，採包稅的贌社制度，該年獲收入一、六〇〇real。荷蘭人於每年四月招標，得標者必須先付半數的現金，而其餘額須於一年後付清。荷蘭人即給予在各社從事貿易的權利，而由此獲得其鹿皮的供給。從這種贌社的制度，荷蘭人每年可獲得數千real。一六四五年贌社的招標額總數達四、七七一real。嗣後，由於轄區之擴展及贌社制度之調整，結果收入更為增加。在一六四六年贌社總投標額為九、七三〇real，翌一六四七年（明永曆元年、清順治四年）是一二、九八五real；一六四八年是二〇、九〇〇real；一六五〇年達六一、五八〇real。由於鹿脯價格慘跌，一六五一年（明永曆五年、清順治八年）之投標額降為三五、三八五real。由這些數字，我們可以明瞭番產交易在荷蘭人歲收中之重要性。」[101]曹先生此文社港贌餉開辦年分與另文微有出入。又此段文中所列，不僅社港贌餉。以一六四五年四、七七一里爾為例，其中包括非社非港者，如「Lamey 島〔小琉球島〕」、「福爾摩沙南區全部」、「在市鎮裡的屠豬」[102]；一六四六年之社港贌餉見《熱蘭遮城日記》隆武二年（順治三年）二月二十八日（一六四六年四月十三日），不但有「小琉球島」、「這市鎮裡的屠豬」，且納入所謂南路種地八社等[103]；一六四七年之社港贌餉《熱蘭遮城日記》永曆元年（順治四年）三月初四、五日（一六四七年四月八、九日），亦納入南路種地八社，及「在這市鎮與赤崁屠宰豬」、「小琉球島，贌六年，每年 150（里爾）」等[104]。

荷據時期，荷人除社港發贌外，亦有多種其他租稅發贌，除上述稻作稅、屠宰稅外，尚有「用各種魚網和其他捕魚器具捕魚」之稅等[105]，亦採用招標承辦租稅之課徵方式，及至明鄭晚期繼續沿用者，僅社港一

---

[100] 同註87，頁四二三～四二五。

[101] 同註1，曹永和文，頁八二～八三。

[102] 同註14，頁四〇二。

[103] 同註14，頁五二一。

[104] 同註14，頁六二〇～六二二。

[105] 同註14，頁六二二。此外，酒類產銷及生牛酪稅亦曾發贌，鹽的什一稅亦發贌。

個稅目。《熱蘭遮城日記》明弘光元年（順治二年）四月初三日（一六四五年四月二十八日）載云：「中午過後不久，長官為要舉行上述贌社拍賣大會，親自帶領議員們去那市鎮通常的地方，等到也有很多中國人來到那裡以後，就把上述一部分村社（按照通告的條件）確實拍賣，贌租一年。其他一些村社（為了好意的考量）由他閣下〔長官〕提供給幾個主要的中國人使他們獲取益處。」[106]同書永曆元年三月初五日載云：「虎尾瓏（Favorlangh）和貓兒干（Bazjekan），這兩處只是要試贌，看看將來約值多少錢，叫價 1,240 里爾，該贌商如果轉讓給別人，這夜就可賺 400 里爾了，不過因長官 Caron 已經答應一個人以 400 里爾贌給他，所以這項為明年試辦的贌租，公司得到……。」[107]以此例而言，當時臺灣長官至少對個別社港發贌底價及發贌對象之決定似有頗大之權限。

　　（四）狩獵稅：此稅係對獵鹿漢人所課徵。依荷蘭人之規定，漢人需繳款領得狩獵執照，方准獵鹿。用罟（一稱罠）獵鹿者月繳一里爾，設陷阱者月繳十五里爾始能領取執照。初時規定設陷阱者狩獵期為六個月，至崇禎十一年（一六三八年十月）起，改以兩個月為限，且只核准二十四個陷阱，以防止鹿之減少。十三年，牧師 Junius 以船舶缺乏致積存千張鹿皮未能輸往日本，及連年濫捕鹿類大減，且避免漢人遭致原住民之殺害，請准當局禁獵一年。十四年荷人因漢人一再要求，乃開放捕鹿，唯僅准用罟而不許設阱，並課以百分之十之出口稅，而准許漢人將鹿皮與鹿肉運銷我國大陸。弘光元年（順治二年）二月（一六四五年三月），荷人無法湊足五萬張鹿皮，臺灣長官卡侖（Francois Caron）乃限制每三年僅允許獵鹿兩年，第三年即停獵[108]。日人中村孝志撰〈十七世紀臺灣鹿皮之出產及其對日貿易〉云：「此外，據說亦有因貧困而無力繳納執照費的中國人，因不願向高利貸（月利五至六分）的本國人借款而來向 Junius 乞求通融的，他們提出願於獵期終了時每一百張大小鹿皮

---

[106] 同註 14，頁四〇二。

[107] 同註 14，頁六二一。

[108] （日）中村孝志：〈十七世紀臺灣鹿皮之出產及其對日貿易〉，《荷蘭時代臺灣史研究上卷：概說・產業》，《臺灣文化系列》（臺北板橋：稻鄉出版社，民國八十六年十二月，初版），頁九七～一〇二。

繳稅一百 real 的條件；Junius 想到照此辦法，獵鹿方面的稅金每年或可增收八百至一千 real，而可使此項稅收增加至年入四千 real，依此方法所徵得的款項，將大有貢獻於原住民的教化事業。因此長官即依照他們所提到的條件而予以准許。」[109]

本稅目不見於明鄭晚期，究係何時停徵，不得而知，但清代自始無此稅之開徵則甚明確。

（五）關稅：天啓五年，即荷人入據臺灣之翌年，即對輸出入商品之漢人與日本人實施課徵進出口貨價款十分之一之關稅[110]。唯日人抗繳，荷人恐因此影響其臺灣與日本間之貿易，交涉後許以免稅。曾為荷人所俘而拘留於臺灣之葡萄牙商人安布羅西奧·貝洛索（Ambrosio Veloso），於崇禎五年所撰呈葡國印度總督之報告書中，有謂：「在新鮮的河流的對岸，有很好的土地，其上有很多牲畜的群，有若干馬，有很多耕地和菜園，有很多可屠殺的鹿，並出產 azafrán（saffron 草）。另外在該島上可得到的利益，是在和中國人的貿易中抽取稅金（tributos）。」[111]而荷據時期歷年關稅徵收情形，僅《巴達維亞城日記》崇禎十年三、四月（一六三七年四月）載云：「為儘量減輕公司重大負擔起見，長官決定自一月末日（崇禎十年正月初六日，西元一六三七年一月三十一日）起，對於鹿肉、大鹿皮、山羊皮之輸出，課稅十分之一，由此年年可徵收相當巨款。」[112]同書崇禎十四年二、三月（一六四一年四月）云：「長官杜拉第紐斯於一月二十二日報告臺灣情形如下：……中國商人……準備相當大型帆船二艘，申請許可其一艘開往東京，一艘開往柬埔寨，而對於進出口繳納定例稅金十分之一，又以不將公司經辦之貨品輸送該地，或從該地持歸為條件。……一艘繳納稅金十分之一即二百八十八勒阿爾，已於一月十九日開往柬埔寨。另一艘正趕準備出港。」[113]又云：「長官包耳士·杜拉第紐斯以三月十七日文件報告……令數人包辦一年

---

[109] 同前註，頁一○○。
[110] 同註99，頁四一。
[111] 同註99，頁一七六～一七七。
[112] 同註87，第一冊，頁二一三。
[113] 同註87，頁二九八～二九九。

間稅額如下……進出口貨即鹿肉、中國啤酒壺賣價十分之一稅：六五〇勒阿爾……」[114]同年十一月（一六四一年十二月）云：「決定改善臺灣人頭稅、關稅等收入制度」[115]，其詳待考。又弘光元年二月（一六四五年三月）載：「囒布勘（Lampcam）（村上原註：似爲浪白澳）之大官亦下令從中國開出重量各七百啤哥魯之帆船二艘正航雞籠及淡水從事硫磺貿易，不在臺窩灣靠港逕回中國，爲此申請航行執照二份。因此決定只限准許一次，條件爲：在航船到達地點依慣例繳納輸入貨物十分之一稅，又輸出之生硫磺每一萬斤應繳納二十勒阿爾，一切不得在該地作其他商業行爲。」[116]輸出之生硫磺按每一萬斤課二十里爾徵稅，似非十分之一稅，其詳待考。

　　明鄭時代之關稅，延平在開臺之前，曾委何廷斌在臺代爲徵收關稅，其後遭人舉發，終於導致廷斌潛逃廈門之事[117]。明鄭晚期則僅有名爲「載貨入港」之進口關稅，未見有出口關稅之課徵。

　　（六）漁業稅：此處所謂漁業稅，不包括贌港，而主要爲准許捕撈烏魚等之什一稅。漁獲什一稅之開徵，在崇禎三年以前[118]，可能據臺未幾即施行。其時自大陸前來從事漁撈之船隻，須先向荷人領取執照，再赴各漁場作業，捕魚之後返大員向東印度公司收稅處稅務員繳納什一稅，而後回航大陸。崇禎三年五月二十六日（一六三〇年七月六日）大員商館評議會決議：每日以小舢板船（Cleijne chiampans）在其地海峽內外捕魚之漢人，須向公司繳納漁獲物之什一稅，既不方便，且時有逃漏之虞，故當彼等要求改繳月稅金以代什一稅，長官普特曼斯（按：一譯布督曼士）及評議會詳加考慮後，允予每一舢板船月發執照一紙，而每次領取執照須繳納一里爾，如是則免徵什一稅。但僅限到碼頭之舢板船得以如此辦理；其北風期中以戎克（joncxk）船、艋舺（wanckan）

---

[114] 同註87，頁三〇九、三一二～三一三。

[115] 同註87，頁三二八。

[116] 同註87，頁四五四。文中「啤哥魯」即擔（Picol）之音譯，一個單位合一百斤。

[117] 楊彥杰：《荷據時代臺灣史》，《臺灣歷史研究叢書》（南昌：江西人民出版社，一九九二年九月，第一版第一刷），頁二六六～二七一。

[118] 同註99，頁二三六～二三七。

船等向大員以南或以北出發捕魚之收入，則仍徵收什一稅[119]。此項月繳一里爾執照費爲什一稅之例外情形。戎克等漁船捕魚後返大員繳納什一稅，見諸《熱蘭遮城日誌》者不少，茲不縷引。

　　當時主要漁期在東北季風期，最盛者爲陽曆每年十二月至翌年二月間之烏魚漁業。據《熱蘭遮城日誌》，永曆十一年（順治十四年）十一月（一六五七年十二月）至十二年（順治十五年）正月（一六五八年二月），烏魚汛期烏魚產量三十九萬八千餘尾，烏魚卵三萬兩千餘斤[120]。曹永和先生因謂：「每年的產量，容有增減，惟平均每年當約有烏魚三十萬尾、烏魚卵三萬斤以上。」[121]又謂：「一般地說，其時到臺灣的漁船，每年約已增加到三百至四百艘。在一六三七年十月二十四日的大員商館的決議錄中，雖是文字有脫落處，然載明每年有戎克船三百至四百艘，每艘載有漁人十五、二十至二十五人，從大陸沿岸開來從事捕魚。」[122]「漁業受氣象及其他自然條件的支配甚爲顯著，且漁場亦有豐凶，故我人對於當時的漁獲量很難作一確實的估計。如根據上例，假定每一漁船平均約可漁獲三十擔（Picol），而漁船如爲三百至四百艘，則大陸沿岸漁民每年在臺灣約計可獲魚一百至一百二十萬斤。」[123]又謂：「漁業稅在荷蘭人爲一重要稅目……一六四二年（崇禎十五年），荷蘭人驅逐北部西班牙的勢力時，有西班牙神父基樂士（Quirós de la Madre de Dios）成爲荷蘭人的俘虜，居於熱蘭遮城，在其一六四三年七月二十六日發出的書信中，嘗說到中國非常缺魚，大陸內地爲要獲取水產，每年約要付出一〇、〇〇〇皮索（Pesos）。中國漁民所捕的魚，假定每年以一百萬至一百二十萬斤計，則什一稅的所獲達十萬至十二萬斤；由是可知中國人在臺灣近海所從事的漁業，在荷蘭人的財政上，貢獻不可謂小。」[124]明鄭晚期，採捕烏魚旗漁船須領有烏魚旗，每枝年徵銀一兩五錢。

---

[119] 同前註。
[120] 同註 99，頁二五三。
[121] 同前註。
[122] 同註 99，頁二三三。
[123] 同註 99，頁二三四～二三五。
[124] 同註 99，頁二三八～二三九。

此外，同屬漁業稅之罟、罾等漁具，在荷據時期係以發贌包稅方式向持以捕魚者徵稅。《熱蘭遮城日誌》永曆元年三月初五日（一六四七年四月九日）載云：「這地區的一般漁場，用各種魚網和其他捕魚器具捕魚，也將於近日中贌售給出價最高的人，有關告示將於近日中在這市鎮與赤崁貼出。」[125]可見明鄭時代罟罾罛網縺繒蠔等項稅目的開徵係承襲荷據時期，雖然並未沿用荷人採行的發贌包稅方式課徵此稅。但清人所謂之「一採捕而分數徵」則荷據時期即已如是。

（七）鹽稅：荷據時期荷人先對鹽收取什一稅，後亦發贌。《熱蘭遮城日誌》隆武元年九月十九日（一六四五年十一月六日）載云：「今天把……從現在起一年之間要收取的鹽的什一稅也以每擔 8 condrin 贌售了。」[126]據譯註者江樹生先生所加註語：「condrin，亦作 condrijn、condorin、condarin，一種錢幣單位，幣值為百分之一兩，中文稱為『分』。」[127]荷據時期臺灣之鹽多自大陸沿海輸入，故其時鹽稅之徵，與明鄭時代的鹽埕之徵性質截然不同。

（八）房屋交易稅：荷據時期荷人對熱蘭遮市鎮課徵房屋交易稅。《熱蘭遮城日誌》崇禎十一年四月十八日（一六三八年五月三十一日）載云：「今天用中文和荷蘭文貼出公告，通告所有的人，從今以後，在熱蘭遮市鎮裡的房子買賣時，買方與賣方都要繳納什一稅給公司，因為公司花了極大的開支（用於熱蘭遮城堡的建造與其他工程，來確保這個共和國），應予取來補償一點。」[128]同書崇禎十二年十一月二十八日（一六三九年十二月二十二日）載云：「……並決議，將於近日向在熱蘭遮市鎮裡擁有房屋的中國人募捐，用以分擔公司在此地建造城堡的龐大費用。」[129]可見當時房屋交易須向當局辦理過戶，荷人從而向買主與賣主分別徵收什一稅；唯此稅課徵地區僅限於熱蘭遮市鎮，因欲「分擔」城

---

[125] 同註 14，頁六二二。

[126] 同註 14，頁四八五。

[127] 同前註。

[128] 江樹生譯註：《熱蘭遮城日誌》第一冊（臺南：臺南市政府，民國八十九年一月），頁三九四。

[129] 同前註，頁四六三。

堡及其他工程建造費用而開徵。是否各項工程竣工後，此稅亦如後文之渡船稅般即予停徵，不得而知。此稅與明鄭晚期之街市店厝之徵，雖同為有關房屋之租稅，但除此之外，截然不同。明鄭之街市店厝，係按年課徵之財產稅，不分瓦厝、草厝，一律每間年徵六錢二分，且施行範圍包括清初之臺灣縣及鳳山縣[130]，不以熱蘭遮市鎮為限；至荷據時期之房屋交易稅，係行為年課徵之行為稅，有交易行為始課，其課徵係買賣雙方分別繳納什一稅，施行範圍僅限於熱蘭遮市鎮內。

　　（九）渡船稅：《巴達維亞城日記》崇禎十七年（一六四四年十二月）載云：「對於載運米、鹽及圈套赴獵場之三板船一艘，課徵一勒阿爾」[131]；《熱蘭遮城日誌》弘光元年（順治二年）閏六月二日（一六四五年七月二十四日）載云：「為要紓解在這市鎮周圍建造護岸的沈重開支，議會也決議，將通告大眾，以後每一艘舢舨（無論是屬於戎克船的或單獨使用的），每個月都必須繳納 10 個 stuyvers（音譯為士德回耳、斯泰法）〔即 50 cent，即半荷盾〕，這項徵收，於公司收足該項經費時，將終止徵收。」[132]據《巴達維亞城日記》同年十、十一月（一六四五年十二月）所載[133]，崇禎十七年對於「載運米、鹽及圈套赴獵場」之舢舨船，每艘課徵一里爾者為渡船稅，此係載運生活必需品及狩獵用圈套等赴獵場之渡船，非針對行駛臺江、渡載人員往來之渡船所課徵，亦非計載樑頭擔數課徵，故與明鄭晚期鎮省渡船稅目，亦頗不相同。唯荷人之渡船稅，曾否給予明鄭課徵鎮省渡船以某種啓發，則不得而知。另《熱蘭遮城日誌》及《巴達維亞城日記》所記弘光元年對於「航行臺灣內陸及沿海」之舢舨船，每月課徵十個 stuyvers，則屬臨時特別捐性質。

　　荷據時期所開徵之稅目，自不止以上九項，其與明鄭晚期租稅全然無關者，自不必在此贅述。

---

[130]　同註 11，頁一五七～一六〇。

[131]　同註 87，頁四三一。

[132]　同註 14，頁四三七。

[133]　同註 87，頁四六七～四六八。

五、明鄭對清代臺灣租稅的影響

　　明鄭時代臺灣的租稅，與臺灣歷史發展之相關甚高，不但深受荷據時期的影響，更給予清代臺灣租稅以極大的影響。探討清代特別是入清之初臺灣的租稅，與探討明鄭晚期臺灣的租稅一樣，亦需仰賴前述〈康熙中諸羅縣知縣季麒光覆議二十四餉稅文〉，透過此文，乃能清楚看出清代臺灣賦役史或財政史或清代臺灣方志上相關的清初「舊額」是如何從明鄭晚期的所謂「偽額」演變而成，這也就清楚看出明鄭晚期租稅所給予清代臺灣租稅的決定性影響。

　　茲將拙纂《重修臺灣省通志》卷四《經濟志·財稅篇》〈臺灣府歲入額徵簡明分析（清初「舊額」）〉迄錄如次：

臺灣府歲入額徵簡明分析（清初「舊額」）

單位：有●者石（粟），無者兩（紋銀）

項目	臺灣縣	鳳山縣	諸羅縣	臺灣府合計
田賦				
●田園	39,641.557	29,018.122	23,468.357	92,128.037
澎湖地種	64.788			64.788
丁賦				
民丁	4,343.5	1,664.096	1,998.724	8,006.32
●南部八社「番民」徵米		折 9,290.6		折 9,290.6
鹽餉	756.143	1.680		2,436.143
陸稅				
街市店厝	1,204.263	61.931		1,266.195
三十八社徵銀		179.222	7,709.536	7,888.759
牛磨	134.4		5.6	140
蔗車	156.8	39.2	123.2	319.2

水稅				
採捕小船	591.052	387.926	72.226	1,051.204
尖艚杉板頭船	42.84			42.84
安平鎮渡船		76.153		76.153
港潭二十一所	645.624	218.03	390.196	1,253.851
採捕罟罾罟泊縺縺蠔	206.64	267.12	114.24	588
大小網泊滬	61.6			61.6
採捕烏魚旗		98.7		98.7
總計 1 栗，單位石●	39,641.557	38,308.722	23,468.357	101,418.637
2 紋銀，單位兩	8,207.65	4,672.378	10,413.722	23,293.753

附註：

一、因尾數割捨，細數與總數間有些微出入。

二、項目按田賦、丁賦、鹽餉、陸稅、水稅列出。

三、本表可與前文依明鄭晚期稅目所錄者比較。南路八社種地「番民」徵米折粟，明鄭時代列諸稻粟（即田賦），清代視為丁賦，此二者微異之處。

四、澎湖人丁園地船網等項，清代不單獨列為一項，清初澎湖尚未置廳，隸屬臺灣縣，其稅課分別納入臺灣縣之田賦（澎湖種地）、丁賦（人丁）、水稅（尖艚杉板頭船、大小網泊滬）。

資料來源：（清）蔣毓英，《臺灣府志》，卷之七。

　　此表所列稅目次序，與前文明鄭晚期所列者不盡相同，試以此表為準，依季麒光〈覆議二十四年餉稅文〉，將各稅目「舊額」之由來，分述如後：

　　（一）田賦：此即明鄭時代之稻粟，明鄭晚期稻粟含兩部分，一為官佃田園及文武官田園，一為南路八社土民徵米折粟；入清以後，將後

者改列丁賦，而澎湖地種移列田賦下，仍爲兩部分，一爲田園，一爲澎湖地種。

1.田園：入清以後，明鄭之官兵、難民、官屬宗黨內渡去臺，「人散地荒」，所有官佃田園與文武官田園悉成爲民業，清人乃酌減舊額，按則勻徵田賦，此即《諸羅雜識》所謂：「既以僞產歸之於民，而復減其額以便輸將」[134]。清初三縣底定存冊「舊額」各則田園面積如下：[135]

單位：甲

地區　等則	臺灣縣	鳳山縣	諸羅縣	臺灣府合計
上則田	857.217	1,804.387	17.204	2,678.809
中則田	787.593	187.226	927.175	1,901.995
下則田	2,240.833	686.883	26.055	2,953.772
上則園	205.352	738.511	1,621.529	2,565.402
中則園	1,367.828	229.215	1,750.247	3,347.291
下則園	3,202.997	1,401.984	501.610	5,006.593

清初科則每甲年徵粟石如下：

上則田	八石八斗	上則園	五石
中則田	七石四斗	中則園	四石
下則田	五石五斗	下則園	二石四斗

高拱乾《臺灣府志》，卷之五〈賦役志・田賦〉所載臺灣府「舊額田園實徵粟共九萬二千一百二十八石零三升七合九勺四抄八撮一圭」[136]，可以上列各則田園甲數與科則稅率相乘計得，亦即季麒光〈覆議二十四年餉稅文〉所云：「據三縣實在現耕田園一萬八千四百五十四甲二分六釐。……以上共徵粟九萬二千一百二十八石二升七合九勺四抄八撮

---

[134] 同註9，頁二○。

[135] 據（清）高拱乾《臺灣府志》卷之五〈賦役志・土田〉編列。見註11，《臺灣府志三種》，頁六四五～六七五。其中臺灣縣下則園係「三、一○二・九九七」甲之誤。

[136] 同註11，《臺灣府志三種》，頁六八四。蔣志亦全，仝書頁一五○。

一圭。」[137]以清初科則與明鄭晚期文武官田園科則相比較,顯然入清之初,各等田園之科則均較明鄭晚期有所調高。

　　2.澎湖地種:季氏〈覆議二十四年餉稅文〉云:「(明鄭晚期)地種米五百零四石七斗六升,每石徵銀六錢,共徵銀三百零二兩八錢五分六釐。(入清)除拋荒三百五十石五斗二合四勺,實在一百五十四石二斗五升七合六勺。照原額徵銀六錢,共銀九十二兩五錢五分四釐五毫六絲。」[138]清初「舊額」六四‧七八八兩,即為季氏所列九二‧五五四五六兩,依紋銀與時銀之換算率換算而成,是澎湖地種乃「照原額徵銀」,並未調整稅率。

　　(二)丁賦:此即明鄭時代之人丁,但清代尚包括原列稻粟之南路馬卡道族八社土民徵米折粟。

　　1.民丁:季氏〈覆議二十四年餉稅文〉云:「今現在人丁,自應遵照黃冊,不分色目。但黃冊之丁有一戶納一丁者,有父子兄弟共納一丁者,有增置田產加納丁銀者。臺灣則見丁開報。佃民穀賤,納一丁已去四石之粟;鋪戶利輕,納一丁已去一月之食。請援寬典,照原徵中則之例,每丁納銀六錢八分。計實在人丁一萬六千二百七十四丁,共徵銀一萬一千六十六兩三錢二分。」但入清後,將澎湖人丁(「偽額」九三三丁,底定存冊五四六丁,無「續招徠」人丁,故「舊額」同)五四六丁計入臺灣縣(時澎湖隸屬臺灣縣),適用相同稅率,故清初全臺灣府合計一六、八二〇丁,每丁徵銀四錢七分六釐(即季氏所議之六錢八分依換算率換算而成),共徵八、〇〇六‧三二兩。季氏「照原徵中則之例」之徵,於臺灣本島之佃丁鋪每丁年增徵三錢,閒散民丁每丁年減輕三錢,於澎湖民丁則一律每丁年減徵五錢二分,稅率較明鄭晚期調降百分之四十三點三三之多,使孑遺澎湖民丁得與本島民丁適用相同之丁賦稅率。

　　2.南路八社土民徵米折粟:據季氏〈覆議二十四年餉稅文〉所載,明鄭晚期南路馬卡道族八社土民共四、三四五口,稅率依其區分而不

[137] 同註3,頁一六五。
[138] 同註3,頁一六八。

同，計徵米五、九三三‧八石，折粟一一、八六七‧六石。入清之後，季氏所請獲准，豁免其中「老疾男女小番」七五三口所徵之米七三五‧三石，折粟一、四七○‧六石，及「壯番婦」一、八四四口每口一‧三石中的○‧三石，計米五五三‧二石，折粟一、一○六‧四石，故清初「舊額」爲三、五九二口，徵米四、六四五‧三石，折粟九、二九○‧六石。是入清後，「教冊公廨番」、「壯番」、「少壯番」三項之稅率，完全沿用明鄭晚期者。

（三）鹽餉：本稅目明鄭晚期稱爲「鹽埕」，年徵時銀三、四八○‧二○五兩。季氏〈覆議二十四年餉稅文〉云：「卑縣等招商認稅，發本僱募鹽丁，修築廢埕，以足原額，共徵銀三千四百八十兩二錢五釐。」其清初「舊額」二、四三六‧一四三兩，僅係將時銀換算爲紋銀而已。

（四）陸稅：其下包括街市店厝、三十八社徵銀、牛磨、蔗車四項。

1.街市店厝：明鄭晚期「僞額」共六、二七○‧五間，瓦店、草屋，一律每間年徵○‧六二兩，共徵三、八八七‧七一兩。入清以後，季氏〈覆議二十四年餉稅文〉云：「今臺灣人民星散，傾壞甚多。現在瓦店草屋，尤非內地可比，斷難照每間六錢二分之例。今酌議瓦厝請減十分之三，草厝請減十分之五，……又除倒壞一千五百六十五間半，……實在瓦厝二千八百二十五間，草店厝一千八百八十間，共徵銀一千八百八兩八錢五分。……」[139]清初「舊額」一、二六六‧一九五兩，便是時銀一、八○八‧八五兩換算而成的紋銀兩數，

其共計如下：

瓦厝 2,825（間）×0.62 兩×（1-0.3）×0.7=858.235 兩

草厝 1,880（間）×0.62 兩×（1-0.5）×0.7=407.96 兩

兩項加計，即得上數。

2.三十八社徵銀：此即明鄭晚期社港項下之贌社，「僞額」爲一六、二二八‧八兩，其各社之課徵額見前文所列。季氏〈覆議二十四年餉稅文〉云：「今議各社贌餉請減十分之三，竹塹一社請減十分之四，共請

---

[139] 同前註。

減銀四千九百五十八兩四錢二分四釐。實徵銀一萬一千二百六十九兩六錢五分六釐。」清初「舊額」七、八八八・七五九兩，便是時銀一一、二六九・六五六兩換算而成的紋銀兩數。可見入清之後，雖仍由贌社者承辦，但已將荷據時期及明鄭時代「年無定額」的贌社餉稅即社餉，改為各社固定年徵額，並將明鄭晚期「偽額」各社概減十分之三，唯竹塹社減十分之四。

　　3.牛磨：明鄭晚期「偽額」二十七首，每首年徵二十四兩，共六四八兩。入清後，「實在二十五首，共徵銀二百兩」。清初「舊額」一四〇兩，便是時銀二〇〇兩換算而成的紋銀兩數。牛磨為明鄭創徵之新稅，稅率似亦不低，故入清之後大幅調降了三分之二。

　　4.蔗車：明鄭晚期「偽額」一〇〇張，稅率不詳，年共徵一、九七六兩。入清後，「實在五十七張，計徵銀四百五十六兩」[140]。清初「舊額」三一九・二兩，便是時銀四五六兩換算的紋銀兩數。清代稅率每張年徵紋銀五兩六錢（即時銀八兩），與牛磨同。可見明鄭晚期本稅目之稅率似屬偏高。

　　（五）水稅：其下包括採捕小船、尖艚杉板頭船、安平鎮渡船、港潭二十一所、採捕罟繒罛泊縺繰蠔、大小網泊滬、採捕烏魚旗。採捕小船即明鄭晚期罟罾罛網縺繰蠔等項下之樑頭牌，尖艚杉板頭船即明鄭晚期澎湖人丁園地船網等項下之船隻，安平鎮渡船即明鄭晚期之鎮省渡船，港潭二十一所即明鄭晚期社港項下之贌港，大小網泊滬即明鄭晚期澎湖人丁園地船網等項下之大小網泊，採捕烏魚旗即明鄭晚期罟罾罛網縺繰蠔等項下之烏魚旗。

　　1.採捕小船：明鄭晚期船二一〇隻，載樑頭一三、六三七擔，每擔年徵〇・一一兩，共徵一、五〇〇・〇七兩。入清後，季氏〈覆議二十四年餉稅文〉云：「今除損壞、回籍船一百一十隻，計樑頭六千八百一十三擔，無徵銀七百四十九兩四錢三分外，卑縣等到任後，新收船四百八十六隻，計樑頭六千八百二十八擔，徵銀七百五十一兩八分。現在大

---

[140] 同註3，頁一六七。

小船五百八十六隻，載檞頭一萬三千六百五十二擔，每擔仍徵銀一錢一分，……共徵銀一千五百零一兩七錢二分。」[141]清初「舊額」一、〇五一‧二〇四兩，便是時銀一、五〇一‧七二兩換算而成的紋銀兩數。清代採捕小船計檞頭擔數，每擔年徵紋銀七分七釐（即時銀一錢一分），皆沿用明鄭晚期成法。

2.尖艚杉板頭船：明鄭晚期澎湖共有船隻一一一隻，其中尖艚一十二隻，每隻年徵一兩二錢，共徵一四‧四兩；杉板頭船九十九隻，每隻年徵六錢，共徵五九‧四兩，合計七三‧八兩。季氏〈覆議二十四年餉稅文〉云：「（入清後）除損失一十四隻，實在大小船九十七隻。照原額徵銀一兩二錢至六錢不等，共徵銀六十一兩二錢。」[142]清初「舊額」大小船九十七隻，尖艚五隻、杉板頭船九十二隻，而徵四二‧八四兩，便是時銀六一‧二兩換算而成的紋銀兩數。是則清代澎湖尖艚及杉板頭船之課徵及稅率，皆沿用明鄭晚期成法。

3.安平鎮渡船：此即明鄭晚期之鎮省渡船，當時共有三十四隻，年徵銀四〇〇兩。入清後，季氏〈覆議二十四年餉稅文〉云：「遵將現在破壞舊船二十三隻，令民修茸，改照檞頭按擔輸納。計載檞頭九百八十九擔，每擔徵銀一錢一分，共徵銀一百零八兩七錢九分。渡餉名目，合請豁除。」清初「舊額」七六‧一五三兩，便是時銀一〇八‧七九兩換算而成的紋銀兩數。明鄭晚期鎮省渡船稅率不詳，入清後「改照檞頭按擔輸納」，則與明鄭晚期自不相同。

4.港潭二十一所：此即明鄭晚期社港項下之贌港，「偽額」為三、〇六〇兩，其各港之課徵額亦見前文所列。季氏〈覆議二十四年餉稅文〉云：「（入清後）自贌商散亡，漁戶無力修濬，任其崩漲。卑縣念餉稅所關，除鹿耳門樓仔角……等六港無人承贌，缺額銀五百零一兩一錢二分，其餘各港，亦呈減十分之三，共請減銀七百六十七兩六錢六分四釐。實在二十一所，共徵銀一千七百九十一兩二錢一分六釐。」清初「舊額」一、二五三‧八五一兩，便是時銀一、七九一‧二一六兩換算而成的紋

---

[141] 同前註。

[142] 同註3，頁一六八。

銀兩數。猶之社餉然，入清之後，雖仍由贌港者承辦，但亦將荷據時期及明鄭時代「年無定額」的港餉，改爲各港固定年徵額，除無人承贌的六港缺額外，其餘各港較「僞額」概減十分之三。

5.採捕罟繒䍉泊縺縺墭：明鄭晚期共有罟、繒等項八十四張條，其各種漁具之張條數及稅率如前文所列，年共徵八四〇兩。清初「舊額」，與明鄭晚期相同，僅各種漁具之稅率及合計年徵額，由時銀換成紋銀，年徵紋銀五八八兩。

6.大小網泊滬：此即明鄭晚期澎湖人丁園地船網等項下之大小網泊，「僞額」共八十張口，各種漁具之張口數及稅率如前文所列，年共徵二〇八‧四兩。入清之初，「除損失四十二張外，實在三十八張。照例分別大小，共銀八十八兩，」清初「舊額」六一‧六兩，便是時銀八十八兩換算而成的紋銀兩數。此項各種漁具之稅率，俱沿用明鄭晚期採行者。

7.採捕烏魚旗：明鄭晚期共九十四枝，每枝年徵銀一‧五兩，年共徵銀一四一兩。入清之初，「仍照原額徵收」[143]，「舊額」九八‧七兩，便是時銀一四一兩換算而成的紋銀兩數。

明鄭晚期臺灣之租稅，除以上各項入清之初繼續開徵者外，另有三種稅目清代予以停徵：（一）載鹽出港：本稅目本即不應開徵者，季麒光認爲：「今澎湖之人多回內地，即有一、二遺黎，皆食內地之鹽，並無載運到澎湖。此項銀兩，無可議徵。」實則縱使澎地居民眾多，載鹽量鉅，此項收入甚爲可觀，依照稅負公平原則，仍當予以豁除。（二）僧道：季氏說：「僞額四十五名，年徵度牒銀二百兩；僧每名牒銀二兩，道士每名牒銀五兩。今奉部文內開：盛京和尚、道士，禮部題給度牒，應將臺灣僧道牒文換給，免其每年徵餉。」（三）載貨入港：季氏云：「僞額年徵一萬三千兩。……今富商大賈盡歸內地，且奉旨開洋，外番船隻概向閩、粵大澳，臺灣港道紆迴，並無船隻入港。此項額銀，實無可徵。合請豁除。」

---

[143] 同註3，頁一六七。

六、結論

就明鄭晚期臺灣各項稅課觀察，可歸納下列數端：（一）田園租賦，徵收實物，爲等級課徵之從量土地稅，大體尚屬合理，稅率亦未過重。對南路八社土民分等計口徵米折粟部分稍重，其「老疾男女小番」餉稅以豁免爲宜。（二）人丁，年徵銀一萬八千三百二十兩，居餉銀第二位。（三）港社贌餉共徵銀一萬九千二百八十八兩零，高居餉銀首位。此項係由官府與贌商協議稅額，其課徵交贌商就稅源執行，而贌商之威福與額外剝削在所難免。（四）鹽餉一項徵銀三千四百八十兩零，既不從量亦不從價，而按鹽埕面積徵課，似不甚合理。（五）水餉之徵，項目雖多，然係就不同課稅客體課徵之財產稅，並未構成實質重複課稅。（六）牛磨每首年徵銀二十四兩，稅率似覺過高。（七）澎湖各項租稅計課方式多異乎本島所行者，主要係因「荷據時期之臺灣不含澎湖」使然；其人丁銀一律每丁徵銀一兩二錢，猶重於本島最高一級之九錢八分。（八）僧道有稅以及臺灣本島人丁銀重稅「閒散民丁」，似有寓懲於徵之意義。（九）進口稅徵銀一萬三千兩，其餉額居第三位。

合併觀察荷據、明鄭及清初臺灣的租稅，可看出：明鄭晚期臺灣的租稅深受荷據時期的影響，更給予清代臺灣租稅以極大的影響。總括而言：明鄭時代所受荷據的最重要影響有三：（一）沿用荷據時期地積單位「甲」，其影響甚至及於今日；另外，是官佃田園與荷據時期王田官租「輸租之法」的無異。（二）贌社贌港包稅辦法的沿用，此中贌商，特別是社商的角色及其對平埔族社會的影響，應是探討臺灣原漢關係史問題時的重要內容之一。（三）明鄭租稅最受清人詬病的水餉、雜稅「一採捕而分數徵」之現象，自荷據時期即已如是，換言之，亦係沿用荷據時期之制度也。至明鄭時代對於清代，特別是清初臺灣租稅的最重要影響有五：（一）地積單位「甲」及澎湖地種課徵方式及稅率均被沿用。（二）明鄭晚期向本島難民的「原徵中則之例」被採用爲丁賦的統一稅率，南路八社土民徵米折粟，「教冊公廨番」、「壯番」、「少壯番」三項稅率亦被沿用。（三）社港贌餉，歷荷據及明鄭，本皆「年無定額」，入清後改

爲固定年徵額，但均仍由贌商承辦。（四）清人一面訴病明鄭水餉、雜稅「一採捕而分數徵」，一面基本上仍予沿用，成換湯不換藥之局。（五）明鄭創徵之街市店厝、牛磨二稅目，入清後皆被繼續採行；而明鄭另課徵之載鹽出港、僧道牒銀、載貨入港三稅目，入清後則予以停徵。當明鄭敗亡，臺灣歸清，其間，「官兵去之，難民去之，鄭氏之官屬宗黨去之，人散地荒。計口銷鹽，舟船貨物俱不足於當日（明鄭晚期）之數。一切繒罾墢置者有之，店厝傾圮者有之，車磨廢棄者有之。土番之社港，亦無舊商而綜理之矣。」[144]當然，清初各縣之縣官亦努力於人丁之招徠，鹽田廢埕之修築，採捕小船之新收，並從而核實各稅目之課稅客體單位數，各稅目之稅率則或請准沿用明鄭晚期者或予調降，亦有依實際情況予以停徵者。並將明鄭晚期單列一稅目澎湖人丁園船網四項分別納入田賦、丁賦及水稅中，而取消此一稅目。蓋澎湖與本島同時成爲清之版圖，劃歸臺灣縣，並無施行「異制」之必要。如是，再經過一道時銀與紋銀的換算手續，明鄭晚期臺灣的租稅，即清代臺灣方志等文獻所稱臺灣賦役史上的「僞額」，便演變成爲清初的「舊額」。從而可以看出：明鄭晚期臺灣之租稅，與臺灣歷史發展的相關甚高，以及其在臺灣賦役史上對荷據時期及清代的承先啓後的地位。

〔附記〕本篇最初發表於《臺灣銀行季刊》第十八卷第三期（民國五十六年九月），並經收入臺灣銀行經濟研究室編印：《臺灣經濟史十一集》，《臺灣研究叢刊》（臺北：臺灣銀行，民國六十三年十二月），及拙著《臺灣史管窺初輯》，《浩瀚文庫》（臺北：浩瀚出版社，民國六十四年五月，初版）。民國九十二年增訂後發表於《文史薈刊》復刊第六輯（二〇〇三年十二月），此次略加刪訂，收入本書。

---

144 同註3，頁一五八。

謝浩「臺灣最早郡志是『明鄭故物』說」述評

——兼述陳烓章《皇清新修臺灣府志》引起的推想

一、前言

　　今人謝浩（一九二五～二〇〇四），後半生從事文獻工作，鑽研不輟，每有獨到見解，因其基底厚實，投入專致，經常深思冥索，用能創獲特豐。三十多年前，謝氏於清代臺灣方志史有一項頗有價值之學說，即「臺灣最早郡志是『明鄭故物』說」。謝氏對此說深具自信，於撰文中再三道及，惜其說似迄未受重視，真正瞭解者亦復寥寥。此說之外，謝氏晚年更以「陳烓章即陳廷章說」破解「陳烓章」之啞謎，亦為撥開雲霧見天日之一大發明，非特足可補強其前項「明鄭故物」說，對於重建臺灣於明鄭降清至清代最初首任各級官員蒞任止之歷史，亦有所助益。八年半以前，筆者特公開代為預告：「（上略）關於上述《皇清新修臺灣府志》，謝浩有重大創獲，將出專文詳加論述。」[1]所指即此，惜其文卒未寫成；今茲在天上，如憶念及此，想仍有遺憾也。關於「陳烓章即陳廷章說」，謝氏則除在與朋侶晤敘間偶一提及外，並未形諸文字。

　　頃悉《臺灣文獻》將出「方志專輯」，觸動前情，爰自告奮勇，趕成此稿試投，除介述及試評謝氏之「清初臺灣方志『明鄭故物』說」外，兼述「陳烓章即陳廷章說」，及陳烓章《皇清新修臺灣府志》引起的推想，以就教於師友同工，並紀念這位文獻前輩逝世三周年。

---

[1] 鄭喜夫：〈論蔣毓英《臺灣府志》關於明鄭時代之記載〉，載業師 王明蓀教授主編：《海峽兩岸地方史志、地方博物館學術研討會論文集》（南投：臺灣省文獻委員會，民國八十八年六月），頁一一九。

二、謝浩其人

　　讀其文，最好能知其人；述評謝浩的「明鄭故物」說，先行簡介一下謝氏其人，或許並非全無意義。謝氏既逝，其女孟人電請撰一短文介紹乃父生平，該文經邱勝安先生些許增易，是即訃聞所附〈謝浩先生事略〉。訃聞寄發不多，筆者亦不敢掠美，茲仍以原稿及原題〈謝浩先生簡介〉移錄如後：

　　〈謝浩先生簡介〉

　　謝浩（一九二五～二〇〇四）先生，字樂山；湖南衡陽人。幼即聰穎過常兒，勤奮好學，事親至孝。及長，投筆從戎，編入裝甲兵部隊，表現優異，深獲裝甲兵蔣司令緯國（一九一六～一九九七）將軍器重。退伍後，追隨陽明山管理局潘局長其武（一九〇五～一九七二），任勞任怨，局務頗得其助力云。公餘之暇，盡以臨池習書及博覽群籍，於字最擅楷書，於學尤精南明史、清史、臺灣史、科舉制度史，造詣之深，識者共相心折。先後受延攬為臺北市文獻委員會編纂、高雄市文獻委員會執行秘書、臺灣省文獻委員會委員，以迄於屆齡退休。畢生勤讀不輟，治學嚴謹，所著學術論文，率能發人所未發，閱者咸為傾倒。其結集成書者，有《南明暨清領臺灣史考辨》及《科舉論叢》二種，甚為學界所重。曾榮獲菲華中正文化學術獎，殊屬不易，實至名歸也。顧性孤芳自賞，少所許可，落落寡合，亦不善治家。晚歲體衰，疾病纏身，以民國九十三年十二月十五日，壽終臺北陽明醫院，享壽八十歲。夫人王思嘉女士前卒；女孟人，肄業佛光人文社會學院哲學系，敏慧堅毅，遠大可期，丁此變故，必能在艱彌厲，困心橫慮，愈思振奮，以慰先生在天之靈。

　　　　　　※　　　　　　　　　※　　　　　　　　　※

　　謝氏事蹟除上文所述者外，尚曾服務於臺灣省政府秘書處，深受省政府秘書長唐縱（一九〇五～一九八一）之器重。其所負責編纂之志書，計有《臺北市志》卷三《政制志·戶政篇》及卷四《社會志·宗教篇》；

而在擔任高雄市文獻委員會執行秘書時，策畫創辦《高雄文獻》季刊，迄仍繼續發行中。

三、「臺灣最早郡志是『明鄭故物』說」之內容

　　謝浩之「臺灣最早郡志是『明鄭故物』說」，其內容自以謝氏自撰說明最具權威，以下先序時徵引謝氏相關諸文之說明，而後再為進一步之析述。

　　（一）〈湘籍分巡臺灣道劉良璧事功述略〉云：「要知高志，既非如陳夢林所說，是季麒光的初稿；更非高拱乾的創修，總而言之，那是明鄭的故物……是劫自明鄭遺老的故物……換句話說……由於原稿是竄改明鄭文獻的產品，所以算不得是清人創修的臺灣府志。」[2]

　　（二）〈劉良璧與臺灣府志〉云：「要知高志既非如陳夢林所說是季麒光的『初稿』，更不是清人的創修，直截了當的講，它應該是明鄭的『故物』。」「高志……由於原稿是竄改明鄭文獻的產物，所以算不得是清人『創修』的臺灣府志。」[3]

　　（三）〈「高志」義例及其史料運用價值的評鑑〉云：「（上略）足見蔣志初刻之前已先有舊志，而這部舊志不是採自《先王實錄》便是奪自『遺民膡稿』。以此筆者才說它是『明鄭故物』。」「其（高志）成書基礎，實應建立在明鄭故物之上，所謂明鄭故物的正確涵義，則是泛指明鄭在臺所修但已被清初宦臺官吏攫為己有或假藉政治理由而徹底毀去惟仍有部分史事足資確證其曾經存在的一切明鄭官書而言。譬如鄭經時代纂輯的（延平）《先王實錄》；鄭克塽降清時的《存冊》等等，皆為不可動搖的鐵證。儘管清初宦臺官吏無所不用其極地毀去了那些明鄭官書，但他們所修的《臺灣府志》，仍然可以明顯的見出是明鄭官書的孳

---

[2] 原載《湖南文獻》第三卷第一期（總號第九期，民國六十四年一月），頁三九。此處節引之文，錄自作者未刊稿〈再論蔣毓英的臺灣府志〉，頁一～二。

[3] 謝浩《南明暨清領臺灣史考辨》（臺北：著者自刊，民國六十五年六月，初版），頁二二七、二四五。此文即〈湘籍分巡臺灣道劉良璧事功述略〉增補改題所成。

生，而清初官吏的此一惡劣行為，並非單純的剽竊材料，而是有計畫的滅國滅史。」[4]

（四）最後，在大約作於民國七十七年之未完稿〈再論蔣毓英的臺灣府志〉，文中有一節之標題為〈最早郡志是明鄭故物〉，其內容大要，一為引錄〈劉良璧與臺灣府志〉文中一段話，表示不同意「季麒光纂修郡志稿」之說，認為「只能說季氏有『手抄本的郡志』或者勉強說得過去。」[5]二為引錄高志等〈藝文志〉所載首任臺灣鎮總兵楊文魁〈臺灣紀略碑文〉文中：「至於民間一切賦稅，略照偽籍損因，民番似多拮据。」之「偽籍」，及「外所未盡，閱載郡誌，似不必贅。」之「郡誌」[6]，以為係兩項「鐵般的證據」，並謂：「『偽籍』是什麼呢？簡單的說，就是『明鄭時期的各種文獻』，而此處所指的『偽籍』，則係專指『方志』一類的文獻。（中略）筆者仍禁不住要問：「不是『明鄭故物』又是什麼呢？」繼則辨「郡誌」與「郡誌稿」或「郡誌草稿」之斷然不致亦不可「混而不分」。且以為該「最早郡志」的存在是康熙「二十三年至二十六年」。

以上所列，是謝氏本人對其「臺灣最早郡志是『明鄭故物』說」歷次說明與補充、發展之摘要。

孰為入清以後最早的臺灣郡志？長期爭議不斷。在蔣毓英《臺灣府志》「出土」以前，高拱乾《臺灣府志》一直被目為島上首部方志，但也久受質疑與挑戰：周鍾瑄《諸羅縣志》卷三〈秩官志・列傳〉云：「（季麒光）在任踰年，首創臺灣郡志，綜其山川、風物、戶口、土田、阨塞；未及終編，以憂去。三十五年，副使高拱乾因其稿纂而成之。人知臺郡志自拱乾始，而不知始於麒光也。」[7]此其一；《重纂福建通志》卷八十二〈經籍〉有一則曰：「國朝《臺灣府志稿》，王喜撰。《府志・選舉表》

---

[4] 文載漢學研究資料及服務中心《漢學研究》第三卷第二期《方志學國際研討會論文專號》第一冊（總號第六期，民國七十四年十二月），頁二七六、二八七。

[5] 同註2，頁二四〇。

[6] （清）高拱乾：《臺灣府志》第三冊，《臺灣文獻叢刊》（臺北：臺灣銀行，民國四十九年二月），頁二六七。

[7] （清）周鍾瑄：《諸羅縣志》，《臺灣叢書》，（臺北陽明山：國防研究院、中華學術院，民國五十七年十月，初版），頁四九～五〇。按季麒光參與蔣毓英《臺灣府志》之編纂工作，如所撰〈臺灣志書前序〉及〈臺灣志序〉二文足據，則曾「竣事」非「未及終編」也。

註：喜善著作，自撰《臺灣志》，後之修志者多探焉。喜，康熙初貢生；楊志作喜寧。」[8]方豪（一九一〇～一九八〇）稱此為「臺灣第一部志稿」，此其二；《福建通志》卷二三九〈國朝文苑傳・邵武府邵武縣〉施鴻傳云：「會臺灣新定，大吏檄修郡志。鴻以知府張一魁薦，應聘往。既畢，即以邵武府志屬之。稿成而一魁去，未及刻。」[9]《重纂邵武府志》卷之二一〈人物・文苑・邵武縣〉所載相同，唯「檄修郡志」作「檄修通志」，似以前者為是。而繼張一魁為邵武府知府之王知人係於康熙二十五年到任，則施鴻之應聘來臺纂修府志，當為二十三、四年事，亦有資格為「第一部臺灣府志」，此其三；另外尚有一部陳姃章《皇清新修臺灣府志》，其序經收入《古今圖書集成・理學彙編・經籍典・地志部彙考十》[10]，為更「可靠無疑」者（詳後文）。

　　以上諸志書或志稿，除高拱乾《臺灣府志》已可不計外，其今茲可得而覯者僅蔣毓英《臺灣府志》一種，以季麒光所創郡志稿成書者即此蔣志，餘皆久軼，雖無由憑空臆斷其彼此間之關係，然而似不能排除其中有兩種實係一書，或其中一種以另一種為其藍本或所取材最主要之志料來源之可能，其理甚明，無待詞贅。

　　謝浩於其〈「高志」義例及其史料運用價值的評鑑〉文中有「自筆

---

[8] 方豪：〈清初臺灣士人與地方志〉，收入《方豪六十自定稿》，上冊（臺北：著者自刊，民國五十八年六月），頁六二四。按方氏此文第二節題為〈王喜撰「臺灣志」考〉，該節開宗明義指出：「王喜是今臺南人，參加過『高志』的修志工作，並且著有《臺灣志》，『高志』採用它的材料很多。可是他竟是參加臺灣修志工作的臺灣人中第一個被埋沒的！本節我要考定這部《臺灣志》是臺灣士人的第一部著作，也是臺灣第一部志稿。但《臺灣府志》先後共修五次，（第六次張聯元修待查）卻從無一人提及這一部志稿和它的撰人。」（頁六二二）是方氏且目王喜《臺灣志》為「臺灣第一部志稿」。方氏於正文引用《重纂邵武府志・經籍》記載後，云：「喜又名喜寧，不見於任何臺灣文獻。」似頗重視，其實此應係誤以魯鼎梅《臺灣縣志》卷十一〈人物・文學〉之「王喜，寧南坊人」為「王喜寧，南坊人」所致。又方氏稱《臺灣府志》共修五次，因其時蔣志尚未被發現，而所謂「第六次張聯元修」者，係《台州府志》之誤。

[9] 引自鄭喜夫：〈季麒光在臺事蹟及遺作彙輯〉，《臺灣文獻》第二十八卷第三期（民國六十六年九月），頁二一。

[10] （清）陳夢雷：《古今圖書集成》原第五九〇冊之四八葉前，臺北鼎文書局一〇一冊本（民國六十五年二月，初版），第七十二冊，頁二一一。

者的明鄭故物說而言」之語[11]，在其未完稿的〈再論蔣毓英的臺灣府志〉有一節標題爲〈最早郡志是明鄭故物〉，故此項清代臺灣方志史之見解或主張，當可稱之爲「臺灣最早郡志是『明鄭故物』說」。然而謝氏雖曾對「明鄭故物」親自界定其「正確涵義」，無如其界定似未一貫（詳後文），馴致其「臺灣最早郡志是『明鄭故物』說」，如依其對「明鄭故物」之說明，似可分成兩種不同意涵之說：一是「臺灣最早郡志爲『明鄭故物』說」，一是「臺灣最早郡志建基『明鄭故物』說」；兩者皆有謝氏之言足據，前者如前引（一）之「要知高志……那是明鄭的故物……是劫自明鄭遺老的故物」，（二）「要知高志……它應該是『明鄭』的故物」，以及（二）之「高志……原稿是竄改明鄭文獻的產物」，（三）之「不是採自《先王實錄》便是奪自『遺民賸稿』」，（四）之「最早郡志是明鄭故物」；後者如前引（三）之「其（高志）成書基礎，實應建立在明鄭故物之上。」由前者「臺灣最早郡志爲『明鄭故物』說」，字面文義雖然聱聽，然而近乎「文字遊戲」；緣何臺灣最早郡志（譬如季麒光所創之蔣志）竟然又是「明鄭故物」（「明鄭官書」）？恐難令人信服。由後者「臺灣最早郡志建基『明鄭故物』說」，則一般修志，廣徵前代官書檔案，無地不然，若清初臺灣，政府易手伊始，自更不能不建基「明鄭故物」，此亦事理之當然，平淡無奇，何能引人注意？

　　蓋改朝易代之際，政治、社會各方面驟起重大變動，僅就方志而言，即已如葛藤糾纏，且今多散佚無存，要亦不難理解者。謝浩有鑒於此，思欲釐清各志或志稿彼此間關係，苟能如是，何者爲首部臺灣郡志之問題，自然無形中連帶解決。而唯有最早出之郡志或志稿，始能稱爲首部臺灣郡志，蓋此清代臺灣最早之郡志或志稿，一方面最接近明鄭覆亡之時，所遺存之「明鄭故物」最多；一方面所能用以採訪、纂輯之時間最爲迫促，且入清後之志料最少，其需仰賴「明鄭故物」爲志料最切。因此，清代臺灣最早的郡志或志稿，始有可能並且必然建基於「明鄭故物」；謝氏逕稱「最早郡志是明鄭故物」即以此也。

---

[11] 同註4，頁二八七。

其實，關於「明鄭故物」，已有謝氏自爲界定的「正確涵義」，而謝氏創爲此說，其最重要的初心應係在揭發並痛責其發現的：清初臺灣官吏將「明鄭在臺所修」各種官書「攫爲己有或假藉政治理由而徹底毀去」的「惡劣所爲」之修志史實。

四、「臺灣最早郡志是『明鄭故物』說」試評

謝浩「臺灣最早郡志是『明鄭故物』說」之最初提出，去今忽忽三十餘載矣。如前所述，此說如依字面可作二解：一是作「臺灣最早郡志爲『明鄭故物』說」解，此較難令人信服，姑置不論；另一是作「臺灣最早郡志建基『明鄭故物』說」解，則一般而言，易代之初，編纂方志，取材前代文獻以實志料，成書基礎建立在前代「故物」之上，稀鬆平常，直常識耳，何必浪費筆墨至再至三？然而，由於謝氏這項探討，以及延伸所及，亦有深具價值者。但也如同一般的學說，謝氏此說，優缺點（含立說方式之檢討）兼而有之。請分別論列如下。

（一）缺點方面

1、「明鄭故物」的界定似未一貫：「明鄭故物」應爲此「明鄭故物」說的「靈魂概念」，不能不有一以貫之的定義。但謝氏則一面界定「明鄭故物的正確涵義」簡言之是「一切明鄭官書」，一面又以爲「最早郡志是明鄭故物」，除非能證明是「盜竊方志」（詳後文）另當別論外，豈「最早郡志」因建基於「明鄭故物」即係「明鄭官書」？此種說法，無疑未盡妥適，很難被接受，充其量至多說到：「最早郡志吸收了相當程度的明鄭故物之成分。」則尚可被接受。

2、立說宗旨晦而不明：謝氏立此「臺灣最早郡志是『明鄭故物』說」，迄未表述其立說宗旨何在？而一般修志時，廣泛取材前代官書檔案等，殆爲通例，所謂「稀鬆平常，直常識耳」，然則了無新義，何貴乎有此一說？又如何能引起重視？此說之另一解則難令人信服，無待贅

言，已如前述。

　　3、立說方式之失當：謝氏之立此「臺灣最早郡志是『明鄭故物』說」，既非以專文出之，亦非出自相近問題之論著中，而是先後見諸〈湘籍分巡臺灣道劉良璧事功述略〉、〈劉良璧與臺灣府志〉、〈「高志」義例及其史料運用價值的評鑑〉及〈再論蔣毓英的臺灣府志〉各篇，望「題」思義，似乎無法讓人聯想此一「明鄭故物」說。其循關鍵字（詞）檢索獲閱上述諸文者，恐「意」別有所在；而另一方面，對此「明鄭故物」說感興趣者，則恐又不得其門而入。此非立說方式之失當而何？

　　謝氏「明鄭故物」說由於有上述缺點，所以迄仍未受到應有的重視，似也不令人感覺意外。

（二）優點或貢獻方面

　　1、突顯「明鄭故物」在清初臺灣方志志料中的地位：即使認爲「明鄭故物」說內容稀鬆平常，無甚高論，當亦不能不肯定此說有突顯「明鄭故物」之重要性的優點或貢獻。由於明鄭在臺灣爲時僅短短二十二年，目下傳世的「明鄭故物」少之又少，往往使人「以今概昔」，想當然地以爲入清之初亦復如是，從而低估了「明鄭故物」在清初臺灣方志志料中的地位，謝氏「明鄭故物」說恰可對治此症。

　　2、引發對「明鄭故物」的深入探討：由於「明鄭故物」在清初臺灣方志志料中的地位獲得突顯與重視，乃引起深入探討「明鄭故物」的動機。以謝氏本人研究楊英《先王實錄》爲例：經過深入研究後，竟發現著名的權威歷史學家朱希祖先生之改《先王實錄》書名爲《延平王戶官楊英從征實錄》「已失其義」，並從書中「爲輯造《先王實錄》事」之語，認爲《實錄》內容當包括吏、禮、兵、刑、工等五官書，又謂「《先王實錄》對於明鄭在臺曾經修史一事，縱未見過楊英『爲輯造《先王實錄》事』之語，亦可肯定其爲明鄭官書，而《從征實錄》則不然；即使讀其書者，也每每不知其書就是明鄭官書的一部份。」[12]實爲又一言人

---

12 同註4，頁二七三。

所未言，所不能言之發明。

3、促成「知臺灣府臣陳烻章」啞謎之破解：關於這位「知臺灣府臣陳烻章」及其《皇清新修臺灣府志》，後文再作探討，茲不贅，此處僅說明謝氏之所以能立其「陳烻章即陳廷章說」而破解「陳烻章」啞謎者，應歸功於「臺灣最早郡志是『明鄭故物』說」之貢獻。吾師　陳捷先教授曾云：「總之，陳烻章的序是臺灣方志史上的一大懸案，只有留待高人他日考究了。」並以這一段話結束其所撰〈臺灣古方志的拓荒者〉一文[13]，可知此一破解之何等不易。謝氏因「臺灣最早郡志是『明鄭故物』說」時縈腦際，朝夕在念，用能立其「陳烻章即陳廷章說」，不愧吾陳老師筆下之「高人」，令人嘆服！設無「臺灣最早郡志是『明鄭故物』說」之時時縈懷、念念在茲，謝氏恐亦難以破解此一難倒所有清代臺灣方志史研究者之啞謎。總之，此啞謎之破解，不獨補強「臺灣最早郡志是『明鄭故物』說」，更有助於明鄭晚期及入清之初之臺灣史研究與重建，此可視爲「臺灣最早郡志是『明鄭故物』說」之又一貢獻。

五、「知臺灣府臣陳烻章」啞謎之破解

前述《古今圖書集成·理學彙編·經籍典·地志部彙考十》收有「知臺灣府臣陳烻章」所撰《皇清新修臺灣府志》之序，全文如下：

> 昔大禹之疏九河也，隨山刊木，而敷萬國；任土作貢，輿地始著。周職方氏復有式賦之制，載籍益詳。酈道元注《水經》，郭璞注《山海》，凡華裔之山川源流，備載簡篇。由茲以降，蒐羅修輯，代不乏人，而郡乘邑譜，幾充棟焉。然皆按圖稽跡，以示夫地靈人傑耳。若遐荒渤溟之區，匪惟稗乘弗錄，即泛槎周覽，猶如望洋，又安能登諸負版哉。臺灣在閩海東南巨浸中，古圖經所不載。明中官鄭和開洋通泊，維舟其地，而雞籠、淡水始得其名。聞諸故老云：和召土番不至，遺一鈴於其家，以狗視之，復識云：「三

---

[13] 陳捷先老師：《清代臺灣方志研究》，《臺灣研究叢書》（臺北：臺灣學生書局，民國八十五年八月，初版），頁九四。

百年後，許爾成人。」萬曆末，西洋紅毛番攘踞為國，通商貿易，遂成閭閻。皇清受命，四海合一，有明故臣鄭成功，避跡海外，率師攻破紅毛，取其國為都，以奉明朔，傳及三世，歷將二紀。歲在癸亥，當今上御極之二十二年，治教休明，仁風遠播，遣將命師，宣沛德音，灣國世孫鄭克塽舉國內附。今更新化理，適符鄭和三百年後之讖。夫以開闢未有之國，一旦歸入職方，自非皇威遐暢，豈能若是？即有苗之格、重譯之朝，未足方諸駿烈也。烇章濱海鯫生，欣逢盛治，願扶杖而觀德化，謹搦管而書見聞，稍為輯略詮次，以裨采風考覽，非敢謂文獻足徵，抑亦資繪素之端云爾。謹列其目如左[14]。

此序作者陳烇章及所撰《皇清新修臺灣府志》序，有數點殊值注意者：

（一）「知臺灣府臣陳烇章」應非陳烇章本人之落款自稱，而是《古今圖書集成》編輯人員所為統一書法；蓋本卷所收江西、福建、湖廣共三十種府志，凡序文成於知府者，姓名上一律書作「知某某府臣」；而除本志外，各志皆冠有「皇清重修」字樣，因皆重修府志故，惟本志冠「皇清新修」，既符實際，自無不妥，然苟非原有，則宜刪除；而本卷開頭目錄所列，在各府志名稱前有一行頂格大書「皇清重修」，次行起各志名稱上不再冠以此四字，此在其他府志尚無不可，本志亦如是處理，未見另標「新修」字樣或作相關說明，書作：「《臺灣郡志》：臣陳烇序。」志名有「府志」與「郡志」之微異，陳烇章之名更脫一「章」字。而烇章於序文中自稱：「烇章濱海鯫生，欣逢盛治，願扶杖而觀德化，謹搦管而書見聞，……」則應非清代之臺灣府知府，故可以判定「知臺灣府臣陳烇章」云云非其本人所落款自稱。

（二）陳烇章序文稱呼明鄭，曰「有明故臣鄭成功」，曰「灣國世孫鄭克塽」，且謂成功「避跡海外，率師攻破紅毛，取其國為都，以奉明朔，傳及三世，歷將二紀」，謂克塽「舉國內附」。

（三）陳烇章序文稱克塽內附後：「今更新化理……夫以開闢未有

之國，一旦歸入職方……烶章濱海鰄生，欣逢盛治，願扶杖而觀德化，謹搦管而書見聞，稍爲輯略詮次，以裨采風考覽。」

按謝浩之「陳烶章即陳廷章說」，僅晚年於言談間偶然提到陳烶章就是陳廷章，別無任何說明，更未形諸文字，與對其「臺灣最早郡志是『明鄭故物』說」之於撰文中再三提及者迥異。猶記初聞謝氏之「陳烶章即陳廷章說」，筆者即衷心拜服，深信爲不刊之說，理由如下：

（一）但看陳烶章與陳廷章兩個名字，只消在原來「陳廷章」之「廷」字增加「火」字偏旁，即成爲「陳烶章」，兩個名字字形、字音皆甚相近，無論是否入清後改名，其異名同人之可能性甚高，至少不能排除此種可能性。

（二）陳烶章之名僅見於此，陳廷章之名則見於多種明鄭文獻，如夏琳《閩海紀要》、《海紀輯要》、《閩海紀略》、江日昇《臺灣外記》等書。永曆二十八年（一六七四），嗣王鄭經西征，在克復漳州、泉州二府以後，兵將日多一日，兵餉轉運不繼，是年十二月乃設官就地徵餉。其中包括置監司分管鹽場，泉、漳、潮、惠四郡各設鹽政，泉州鹽政即由陳廷章出任[15]。永曆三十二年（一六七八）七月，「時陳廷章新守泉州，啓陳時弊：一曰畫一政令，二曰停籍鄉兵，三曰禁飭召募，四曰請改餉司。皆切中時弊，雖許察覈舉行，然已不可問矣。」[16]八月，劉國軒自泉州退師，廷章是否隨軍撤退去職，抑轉進屬縣，不得而知，但至遲三十四年（一六八〇）必已撤回臺灣。廷章既有泉州鹽政及泉州知府之經歷，不無可能當鄭克塽降清時，彼適在承天府府尹任上，推測因此在明鄭降清後迄清代臺灣最初首任各級官員蒞任止，廷章遂受清方委託留臺執行原有工作；或雖非末代承天府府尹，而在青黃不接之過渡時期受清方委託在臺擔任類似知府之工作，迨及清廷採納施琅留臺建議，進而決定在臺設臺灣府及臺、鳳、諸三縣，廷章（烶章）遂纂輯前述《皇清新修臺灣府志》進呈有關當局。當編輯《古今圖書集成》而收錄陳烶章所撰序文時，編輯人員不察，依其他府志之例，在陳烶章姓名之上冠以「知

---

[15]（清）夏琳：《閩海紀要》，《臺南文化》第五卷第四期（民國四十六年五月），頁一八四。
[16] 同前註，頁一九〇。

臺灣府臣」字樣。

（三）由於陳烻章即是陳廷章，歷任泉州鹽政及泉州知府，甚且尙可能爲末代承天府府尹，雖然修志作序時明鄭已降清，彼與藩府之情誼猶存，不忍以敵視惡稱相加，而曰「有明故臣鄭成功」及「灣國世孫鄭克塽」。筆者甚至懷疑「有明故臣鄭成功」已經清人削改處理，原文或許有「延平王」字樣，《古今圖書集成》所引《府志》之「王居之」及蔣志〈王忠孝列傳〉之「上諸王札」（皆詳後文）可旁參；「世孫」之上，原文亦可能有「延平王」三字，縱無之，既稱爲「世孫」，即是「延平王世孫」，亦隱然有此三字。對藩府如是稱呼，書中其他可知也。此書之「從人間蒸發」，遂成難逃之命運，無足爲奇也[17]。

以上三點之外，謝氏亦許尙有更直接、更可信之史料或理由以證成其「陳烻章即陳廷章說」，筆者則以爲即使僅此三點，「陳烻章即陳廷章說」當已確立不移。

六、陳烻章《皇清新修臺灣府志》引起的推想

（一）陳烻章《皇清新修臺灣府志》之一鱗半爪

當陳烻章《皇清新修臺灣府志》宿命地「從人間蒸發」後，仍能得知陳烻章及此府志者，全賴《古今圖書集成》之收錄其序。以筆者所知，最先公開介紹此序者爲　陳捷先老師，功不可沒也。除此序外，《皇清新修臺灣府志》尙有一鱗半爪之可尋否？

《古今圖書集成·方輿彙編·職方典》第一一〇九卷〈臺灣府部·臺灣府城池考〉引《府志》云：

> 臺灣府城：紅毛建，城甚小，有層如臺，猶中國人家土堡，一為安平鎮，王居之；一為赤嵌城，承天府居之。方廣不過百十丈，

---

[17] 陳捷先老師以為從「有明故臣鄭成功」字樣，似可推知陳烻章序必作成於康熙三十九年之後。見註13，頁九三。

而堅牢特勝。上淡水寨垣低小，僅司鎖鑰耳[18]。

　　此段文字，最先係謝浩所檢出，謝氏並解說曰：「按此記載，不僅不明言王居安平，且以史筆述承天府，而取材則明指『府志』，然與高志截然不同，是又非蔣志莫屬也。抑有進者，觀此文語氣，顯係出自明人手筆，清初官吏或不以爲意，或者偶爾疏忽，至未察及，筆者疑係王喜原文。」[19]按《古今圖書集成》已明指取材「《府志》」，自必爲清初所修《臺灣府志》，考《古今圖書集成》該卷所引《府志》絕大多數出自高拱乾《臺灣府志》[20]，而此段引文既不見於高志，亦不見於蔣志（按謝氏作上引解說時，尚未得見蔣志，故推測所稱「府志」爲「非蔣志莫屬」），筆者曾指出：「文中『王居之』、『承天府居之』二句，顯而易見乃出自明鄭作者之手，故無疑爲『明鄭故物』。吾人又確知：清初在蔣志之外另有一部《皇清新修臺灣府志》（按：「皇清」二字或非原書所有，如是則可刪略），《古今圖書集成》〈臺灣府部〉〔此處〕所引《府志》實有可能即是此《皇清新修臺灣府志》。」[21]以目前所知而言，〈臺灣府部〉此項引文所出之《府志》，如無其他特殊狀況出現，幾近可以判定爲出自《皇清新修臺灣府志》。謝氏「疑係王喜原文」，其說可存，因與出自陳玼章《府志》不相衝突也。

　　類此之例，筆者在蔣毓英《臺灣府志》亦曾舉出兩則：一是蔣志卷之七〈祀典・旗纛之祭〉云：「僞時不置旗纛廟，只於霜降日令各鎮率營官、軍兵，皆頂盔披鎧，倍極壯觀，俱到一崑身張幕祭獻。……」[22]筆者曾指出：自「倍極壯觀」四字觀之，亦應出明鄭時人手筆[23]，此亦極有可能取財自陳玼章《皇清新修臺灣府志》。另一是蔣志卷之九〈人物・

---

[18] 同註10，原第一四七冊三二葉後，臺北鼎文書局一〇一冊本，第十九冊，頁六四。

[19] 同註4，頁三〇九。

[20] 同註1，謝氏亦云：「按職方〔典〕所載府志，經取以校對高志，幾盡抄其原文。」見註4，頁三〇八。

[21] 同註1。

[22] (清)蔣毓英：《臺灣府志》，《臺灣歷史文獻叢刊》（南投：臺灣省文獻委員會，民國八十二年六月），頁一〇三。

[23] 同註1，頁一三〇。

縉紳流寓〉之〈王忠孝列傳〉有云：「平生喜寫作，有《四居錄》及表章、上諸王札並詞賦，嗣當搜羅編輯，以傳後世。」[24]筆者亦曾指出：由文中「上諸王札」句，及宣示「嗣當搜羅編輯，以傳後世」之發心觀之，此傳大抵採據明鄭時人所撰者居多，原傳亦一「明鄭故物」也[25]；同樣，此傳亦極有可能取材《皇清新修臺灣府志》。

　　以上所列，似皆有可能為陳烇章《皇清新修臺灣府志》內容之一鱗半爪，加上序文之獲存至今，此志自不容抹煞。

（二）清代臺灣最早之方志

　　如果前面的探討，沒有離譜之錯誤，則由於謝浩「陳烇章即陳廷章說」之提出，使「陳烇章」啞謎宣告破解，於是經由一些「推想」，逐漸積累，吾人對於清初臺灣郡志的瞭解因之愈見增多，則此亦是謝氏「臺灣最早郡志是『明鄭故物』說」之一項貢獻。

　　時至今日，關於孰為清代臺灣最早之郡志（不含未成書之志稿），似已不必繼續聚訟不已，而可判定即是陳烇章《皇清新修臺灣府志》。理由有三：1.陳烇章被《古今圖書集成》編輯人員冠以「知臺灣府臣」的頭銜，如他確曾行用此名義，其「知府」名義必然只能行用在首任知府蔣毓英任命之前，就這一點而言，則蔣毓英《臺灣府志》之清代臺灣最早之方志之地位必須退讓與陳烇章《皇清新修臺灣府志》。2.陳烇章序文所稱「今更新化理」及「烇章濱海鮆生，欣逢盛治」等語（見前），似非身任「知府」者之口氣，然可證明其時在明鄭降清後清人入臺之初。3.蔣志充滿「政治性語言」，處處指斥明鄭為「偽鄭」，幾於無鄭不「偽」，如稱「偽延平王鄭成功」、「偽時」、「偽鄭輔政公」、「偽遺房屋」、「偽藩」、「偽額」等，不一而足，繼起之志，率仿效而行，似無例外；陳烇章《皇清新修臺灣府志》獨異是，對明鄭藩府稱為「有明故臣鄭成功」、「灣國世孫鄭克塽」，雖緣烇章（廷章）曾於世藩經時為郡泉州，亦可能於世

[24] 同註22，頁一二〇。
[25] 同註1，頁一二二。

孫克塽時曾任承天府府尹，舊日情誼猶存，不忍遽以惡稱施諸故主，然此亦必在蔣志未出前始有可能，否則，身家性命安全之考量理當凌駕一切情誼、道德之上，恐亦不太可能爲此。以上三點，可證明陳姃章之府志早於蔣志。而謝氏所考：「足見蔣志初刻之前已先有舊志」（見前）亦可採信。陳姃章《皇清新修臺灣府志》既然大抵即是清代臺灣最早之郡志，毫無疑問地，其書中必定大量運用明鄭時代檔案官書等以爲志料，此又可相當程度補強謝氏之「臺灣最早郡志是『明鄭故物』說」。

（三）是否臺灣第一部「盜竊方志」？

陳姃章《皇清新修臺灣府志》大抵即是清代臺灣最早之郡志，但是否同時也是臺灣第一部「盜竊方志」呢？筆者在〈論蔣毓英《臺灣府志》關於明鄭時代之記載〉一文中曾如是說：「《古今圖書集成》〈臺灣府部〉所引《府志》實有可能即是此《皇清新修臺灣府志》，而此《皇清新修臺灣府志》或不排除逕以『明鄭故物』改頭換面而成；若果如此，則不啻爲永曆二十九年明鄭漳州府寧洋縣知縣金基『增修』《重修寧洋縣誌》故事之臺灣版。如其不然，此志亦必曾採據大量明鄭時代所成志料，蓋可斷言。」[26]

關於「盜竊方志」，筆者曾說過：「『盜竊方志』，係筆者杜撰之名詞，用以指稱幾乎完成剽竊舊志且隻字不提該舊志之新志，如永曆《重修寧洋縣誌》即爲蕭亮修康熙《寧洋縣誌》之『盜竊方志』。此種事例，並非僅此一件。」[27]依照這一定義，成立「盜竊方志」必須具備三個條件，缺一不可：1.必須有新、舊兩志，有「盜竊方志」（新志），即必須有被盜竊之舊志。2.「盜竊方志」必須「幾乎完全剽竊舊志」，如作一定程度的增補延續即非是。3.必須幾乎完全不提舊志，使人即使讀畢新志，

[26] 同註1。

[27] 鄭喜夫：〈關於永曆《重修寧洋縣誌》——今知首部明鄭「纂修」之大陸方志〉，《臺灣文獻》第五十二卷第四期（民國九十年十二月），頁三〇六，註七。此註目永曆《重修寧洋縣誌》爲「盜竊方志」，其實金基在〈重修寧洋縣志序〉中提及：「適從眢井拾得舊志，蓋前令蕭亮所作也，其版帙遺失十有二、三矣……」尚非完全「隻字不提該舊志」。

仍未必知有該舊志之存在或兩志有如是關係者。探討一部方志是否「盜竊方志」，自亦應由以上三個方面逐一評估。

陳烇章《皇清新修臺灣府志》，由於歷史的原因與必然，似久已「從人間蒸發」，唯其曾經成書絕無可疑，且大抵是清代臺灣最早之郡志，其內容曾採據大量明鄭時代所成志料，其政治立場至少同情業已敗亡之明鄭故主。以上數端，是目前所知及可得而言者。逾乎此，限於資料之不足，無從臆言也。此志果為「盜竊方志」與否，經檢討如下：1.此志大抵是清代臺灣最早之郡志，倘此志而有「舊志」，必係明鄭時代所遺可知也，而明鄭時代之臺灣方志，誠然為聞所未聞者，惟徒以耳目所未經遽予臆斷必無是物，亦屬非是。試問往年能知有《先王實錄》另一抄本及楊英曾任天興州知州者乎？能知有《海上見聞錄（定本）》者乎？能知嗣王經曾署名「潛苑主人」並至少刊行其《東壁樓集》之《東集》八卷乎？能知有永曆《重修寧洋縣誌》者乎？然則，對於明鄭時代之臺灣方志，只能暫予保留。至 2.3. 兩點，均因 1. 及此志刻已不得而見，對其是否「幾乎完全剽竊舊志」及是否幾乎「隻字不提該舊志」，皆未能查知，故無從懸斷此志是否在「盜竊方志」之列。然而，無論如何，陳烇章《皇清新修臺灣府志》既然大抵即是清代臺灣最早之方志，而其內容曾採據大量明鄭時代所成志料，似已足以補強謝氏「臺灣最早郡志是『明鄭故物』說」而有餘。

七、結語

謝浩「臺灣最早郡志是『明鄭故物』說」，可作二解：一是「臺灣最早郡志是『明鄭故物』說」，一是「臺灣最早郡志建基『明鄭故物』說」。其說優缺點兼有，缺點為：一、「明鄭故物」之界定似未一貫，二、立說宗旨晦而不明，三、立說方式之失當；優點或貢獻則為：一、突顯「明鄭故物」在清初臺灣方志志料中的地位，二、引發對「明鄭故物」的深入探討，三、促成「知臺灣府臣陳烇章」啞謎之破解。

謝氏「陳烇章即陳廷章說」破解「陳烇章」之謎，乃是不刊的論。

陳梃章《皇清新修臺灣府志》大抵為清代臺灣最早之方志，至是否臺灣第一部「盜竊方志」則無從懸斷，然似已足以補強謝氏「臺灣最早郡志是『明鄭故物』說」而有餘。

〔附記〕本篇原載《臺灣文獻》第五十八卷第二期（民國九十六年六月出版），頁一～一八。 題目及文中之「臺灣最早郡志是『明鄭故物』說」，原作「清初臺灣方志『明鄭故物』說」，本《論集》最後一校時改為今名。

《東寧政事集》之蔡機功史料

　　首任諸羅縣知縣季麒光（一六三五～一七○二），著述宏富，其《蓉洲詩文稿》，清康熙三十三年（一六九四）刻本，即包含4種：《蓉洲詩稿》7卷（分訂2冊，不載收入《有堂初集》者）、《蓉洲文稿》4卷之外，附《三國史論》不分卷及《東寧政事集》不分卷。其中最為清初臺灣文獻所萃者，自非《東寧政事集》莫屬。而誠如大陸學者李祖基先生所云：「作為臺灣早期的歷史文獻，季麒光的著述流傳並不廣」，筆者於民國六十六年所作〈季麒光在臺事蹟及遺作彙輯〉（載《臺灣文獻》第二十八卷第三期），因尚未獲睹《東寧政事集》原書，故不僅將書中所收之〈覆議「康熙」二十四年餉稅文〉等10篇逐一列出，而復列《東寧政事集》於後，不知前者盡屬後者之篇名也，且亦不確知《東寧政事集》的係季麒光所撰，雖認為「幾可斷言其無容置疑」，仍保守地以為獲見此書之前，「存疑可已」。

　　近年以來，《東寧政事集》至少曾兩度重印。一為二○○四年大陸九州出版社、廈門大學出版社聯合出版之《臺灣文獻匯刊》第四輯第二冊所收者，係影印抄自前述康熙三十三年刻本之鈔本；一為二○○六年香港人民出版社出版之李祖基點校本，亦係以康熙三十三年刻本（上海圖書館所藏）為底本，而與《蓉洲詩文稿選輯》合訂一冊。自是以後，欲一窺《東寧政事集》之全貌，已非難事。

　　《臺灣文獻匯刊》本編者於書前對《東寧政事集》之內容有相當精審之簡短介紹：「茲集收錄了季麒光任諸羅令數年間的種種往來公文（按：書中皆屬「發文」），包括告稟、告示、信函、審判批語等。舉凡政治、經濟、軍事、教育、民族關係，均在這些公文中得以體現，既保留了當時臺灣土地人民、田賦地丁鹽課、各種雜稅的具體資料，也對鄭氏時期的官佃之制、通洋興販，高山族的贌社之制、鹿皮生產，以及拐賣、賭博、結拜、蔭佃等社會風氣，有所涉及。」足見此集「瓌寶山積」，堪稱探討明鄭晚期及入清之初臺灣社會、經濟情況必讀之典籍也。證以集中所見之蔡機功（「功」作「公」）史料，即知上言之不虛也。

蔡機功者，「臺灣最早的抗清事件」——「林盛、蔡機功之役」之
代表性人物也。以往，關於此役之資料，僅見於清初李欽文撰〈平臺記〉
所云：「（康熙）二十三年，有密謀不軌者，（施琅所委留鎮臺灣之興化
總兵吳英）擒其首林盛，誅之。……時有康福、洪碧二賊驍勇過人，公
（吳英）赦其罪，密令打探賊踪。十月十九夜，福密報賊首蔡機功招集
二千餘猛，哨聚小岡山內，分給劄付，各標營兵俱有與謀。公遣家人同
往，果領總兵劄付回來。隨於二十九日，督導官兵並土番二千餘人，直
搗其穴。十一月初一日，賊眾出山迎敵，官兵及土番前後夾攻，賊大敗，
梟賊首五百餘級。餘黨四散，陸續就擒，臺地用以安寧。」此外則似唯
同治重纂《福建通志臺灣府》及《光緒臺灣通志稿》之〈楊文魁〉傳語
及。楊文魁為首任臺灣總兵，前者云：「時有鄭氏餘黨蔡機公者，匿島
中，煽餘氛為民害，至是感服文魁威德，來就撫。」後者除「煽餘氛為
民害」句省作「謀為變」外，餘文義相同。民國五十五年，筆者曾據〈平
臺記〉及《光緒臺灣通志稿》之〈楊文魁〉傳草成〈臺灣最早的抗清事
件〉一文（載《臺灣風物》第十六卷第五期）。近讀李先生點校本《東
寧政事集》，赫然見有蔡機功史料若干件，對於探討「林盛、蔡機功之
役」，乃至清初臺灣抗清事件歷史圖像之全貌，皆有所助益，爰亟為錄
介，貢諸文獻同工之前，並乞教正。

茲先移錄《東寧政事集》（李祖基點校本）所見蔡機功史料主要之
三件如下：

（一）〈條議招緝蔡機公等文〉（全文）：

「議得蔡機公、胡國材、何紀等自去年撲勦以後，亡命深山，釜
底游魂耳，但內地之賊嘯聚一方，無論憑山阻水，可以調兵四集，
合圍會勦。今機公等潛入外番，既非我所轄之地，其徑窄，其路
雜，非深茅蔓塞，即怪石崎嶇；南北相距，連崗疊嶂，形若灣（彎）
弓，在外則有二千餘里之遙，在內借途番社，不過幾日之程，呼
吸可通。我兵進勦，勢既難分，而入南則走北，入北則走南。勞
師無濟，且攀緣崖壁，側身入險，又非弓馬技擊之宜，必須撥用

土番以為應援，庶可穿林越嶺，偵探相接。祇因各社承贌餉銀，番民皆有額徵之課，難於調遣。故卑縣審度情形，而未敢輕議也。奈餘孽未剪，無賴游民借此煽動，自以兔窟猶存，復謀鼠竊，鷹眼未化，欲逞螳當。幸恃防緝森嚴，得以消患於未萌。然機公一日不除，臺灣一日不安。此總鎮楊移商之法，分明功罪。而憲臺檄行下縣公同商確（榷），則設賞以鼓其來歸之意，設罰以絕其窺伺之邪，不勞民，不動眾，使之腹心離潰，誠善法也。

「卑縣末儒下吏，何敢仰參至計。昔秦攻齊，令於軍中曰：『有能得齊王頭者，千金賞，萬戶侯。』雖機公黃乳豎子，非一國生王可比，然不有重賞，誰樂用命？合無飭諭地方士民及汛防弁兵、土番通事人等，有能擒獻蔡機公到官，願為官者，授于（以）何箚；不願為官者，給以何賞。有能擒獻何紀、胡國材等頭目到官，願為官者，授以何箚；不願為官者，給以何賞。有能招出蔡機公、何紀、胡國材合夥投誠，則當從優授箚、從重給賞，數千里之中未必無效力之人也。如蔡機公捧接憲諭，不待招擒，自先率黨歸順，或當待以不死，或當給以官職，此則憲行所未及，卑縣不敢擅議。如係民番拿獲，弁兵奪功者，請照冒詐賊級報功之條，以故殺例論罪。賞罰既明，何難責效？至給賞銀兩，在各憲總為地方起見，應於在臺文武各官商酌量捐。如捐不及數，當就三縣之民，設法勸輸。蓋機公既絕禍患，百姓得安衽席，無難共濟耳。倘有藏匿不解，知情不首，顯係通賊。鄰佑十家，雖未必同謀，如不重懲，誰肯查緝？蓋立法嚴使民知畏而無犯也。若夫謹防汛、嚴稽察，以絕其接濟之糧，斷其應援之兵械，固為根本之要務，但臺灣艸路，出入不由一道，安能處處而查之？況贌社者，招有捕鹿之人；贌港者，招有捕魚之人，俱就沿山沿海搭蓋艸寮，以為棲身之所，時去時來，時多時少，雖為賦稅所從出，實亦奸宄所由滋。今既不能請免社港之餉，莫若責令社港商人報明夥伴人數，查實來歷，開報姓名，給牌照驗。所用器物照號給發。若係貿易之人，必有肩擔，在里責之練總，在社責之夥長，就歇宿處所嚴加查察，此亦防微杜漸之一法，而仰佐未盡事宜之萬一也。」（頁一九八～一九九）

（二）〈再陳臺灣事宜文〉（節錄）：

1、「一曰民兵之難辨也。臺灣之兵多係漳、泉之人，漳、泉之人多係投誠之兵。親戚故舊，尚在臺灣，故往來絡繹，鹿耳門之報冊可查也。但此輩之來，既無田產，復無生計，不托身於營盤，而潛踪於艸地。似民非民，似兵非兵，里保無從間，坊甲無從查，聚飲聚賭，穿壁踰牆。無賴子弟，倚藉引援，稱哥呼弟。不入戶，不歸農，招朋引類，保無奸慝從中煽惑，始而為賊，繼而為盜，卒乃啟爭長禍，如胡國材、何紀等者乎？……」（頁一八一）

2、「一曰蔭占之未清也。……將軍以下，復取偽文武遺業，或托招佃之名，或借墾荒之號，另設管事，照舊收租。……且田為有主之田，丁即為有主之丁，不具結，不受比，不辦公務，名曰『蔭田（佃）』，使貧苦無主之丁，獨供差遣。夫蔭丁，有形之患也。蓋免一丁而以一丁供兩丁之役，弱為強肉，……固宜深慎。占田，無形之患也。小民終歲勤劬，輸將恐後，以其所餘，為衣食吉凶之用。今既竭力於公，私家無餘積。……萬一煢煢佃丁，無所抵償，重洋孤島，何以為恃？此蔭占之弊，初若無甚輕重，而關於國計民生為甚大，則籌之不可不早也。」（頁一八二～一八三）

（三）〈蔭丁漏糧文〉（節錄）：

「偽鄭歸誠之後，所存煢煢佃丁不過十之二三。卑縣等以丁餉虧懸，多方招徠，因而冊有續增之丁口，野有新墾之田園，庶使披荊帶棘之區，有負丰（未）授廛之戶。乃何以按冊有丁，按戶則無丁，家甲之牌，視同故紙，不具結，不應役，甚至拖欠丁糧。揆厥所由，皆因新附之民，自將軍以下就所有之田即為佃丁另立管事，督墾收租，不受節制於縣官，所轄佃丁不辦公務，名曰『蔭佃』。使荒瘠之田，貧苦之丁，無主可投者，獨當差遣。卑縣等目擊心傷，有監門之圖不能繪，而徒切長沙之痛哭者，臺灣佃丁與民丁之分也。夫田糧丁賦皆縣官職掌，今身居民上，而法不行於管事，令不及於佃丁，上悞國課，下累貧民。況又借招墾為名，鳩集匪類，卑縣不得過而查之，亦無從問其入冊與否也。竊查叛

　　犯胡國材、何紀等，其初皆係管事，後竟共謀不軌。今蔡機公等
　　餘孽未殄，豈容若輩肆無顧忌，恐將來變生不測，……」（頁二
　　○五～二○六）

　　僅就上列《東寧政事集》所見主要之三件相關史料而言，其所助益
於吾人對「林盛、蔡機功之役」之掌握與瞭解者，至少有以下數端：

　　（一）清初臺灣抗清事件之社經背景：林盛、蔡機功之能鳩集二千
餘「猛」，策動「各標營兵俱有與謀」，哨聚山內，分給「總兵」等劄付，
固然相當程度倚賴明鄭降清後遺留於東寧之官卒與民人，而當時臺灣
「民兵之難辨」、「蔭占之未清」、「蔭丁漏糧」之社經背景，更足以促致
抗清事件之擴大與延續。史料（二）之 2.所云：「占田，無形之患也。……
萬一鯊鯊佃丁，無所抵償，重洋孤島，何以為恃？……」一段，蓋已委
婉指陳二者間之關連。此點可與後文（三）合參並觀。

　　（二）顯示胡國材、何紀為僅次蔡機功之領導人，並指明二人其初
皆係管事：史料（二）之 1.所云：「……保無奸慝從中煽惑，始而為賊，
繼而為盜，卒乃啟爭長禍，如胡國材、何紀等者乎？……」雖亦見於初
修之康熙《臺灣縣志》及同治重纂《福建通志臺灣府》，然僅此無從得
知渠等與蔡機功之關係。據史料（一）所云：「蔡機公、胡國材、何紀
等自去年撲勦以後，亡命深山，釜底游魂耳。」「有能擒獻蔡機公到
官，……有能擒獻何紀、胡國材等頭目到官……有能招出蔡機公、何紀、
胡國材合夥投誠，……」史料（三）所云：「叛犯胡國材、何紀等，其
初皆係管事，後竟共謀不軌。今蔡機公等餘孽未殄，……」則充分顯示
胡國材、何紀為僅次於蔡機功之領導人，且指明二人其初皆係管事。

　　（三）蔡機功未除，清人惴惴難安：「林盛、蔡機功之役」鳩集參
與人數之多，起事組織規模之大，在其後之臺灣抗清事件中殆不多見，
又時當入清之初，故蔡機功未除，清人惴惴難安。史料（一）云：「餘
孽未剪，無賴游民借此煽動，自以兔窟猶存，復謀鼠竊，鷹眼未化，欲
逞螳當。……機公一日不除，臺灣一日不安。」史料（三）云：「今蔡
機公等餘孽未殄，豈容若輩肆無顧忌，恐將來變生不測，……」皆是。

此點可與前文（一）合參並觀。

　　（四）「林盛、蔡機功之役」保存之檔案文書內容：尤其史料（一）係「林盛、蔡機功之役」保存至今之重要檔案文書內容，殊爲珍貴。本件內容呈現康熙二十四年（一六八五），因臺灣總兵楊文魁以會勦蔡機功等分明功罪之法移商，而分巡臺廈道周昌或臺灣府知府蔣毓英（？）則以設賞鼓其來歸、設罰絕其窺伺之旨檄行三縣公同商榷，由季麒光所上條議招緝之具體辦法。文中表示：審度情形，未敢輕議會勦，而認爲招緝誠乃善法。並提出：如蔡機功不待招擒，自先率黨歸順，「或當待以不死，或當給以官職，此則憲行所未及，卑縣不敢擅議」。又如係民「番」拿獲，弁兵竟敢奪功者，請以故殺例論罪。並議給賞銀兩之籌措、重懲以責查緝、責令社港贌商報明夥伴人數、查實來歷、開報姓名、給牌照驗、所用器物照號給發、貿易之人責之練總或夥長、就歇宿處所嚴加查察。其後，蔡機功出就楊文魁之撫，似應與季麒光此項周密之招緝條議文奏效有關，蓋可知也。

　　〔附記〕本篇原載《臺灣文獻別冊》第四十六期（民國一○二年九月），頁二～一一。

〈康熙臺灣輿圖〉內容年代新考

一、前言

　　近今學者所稱〈康熙臺灣輿圖〉者[1]，爲國立臺灣博物館（原臺灣省立博物館）所藏原題〈黃叔璥臺灣番社圖〉之彩繪絹本地圖[2]，而國立中央圖書館臺灣分館（今國立臺灣圖書館）亦有一幅「類似仿照」前圖「重新繪製」、「內容雷同」者[3]。臺灣省文獻委員會史蹟源流館（今國史館臺灣文獻館史蹟源流大樓）一樓「史前考古遺址、平埔族、原住民展示室」亦展示有仿繪之圖，稱爲〈臺灣番社圖〉，並有如下說明：

> 原圖藏於國立臺灣博物館，洪英聖提供原圖，本圖係仿繪。繪製年代及作者不詳。由伊能嘉矩等戰前日本之學者謂係「康熙六十一〔年〕黃叔璥繪臺灣番社圖」，今人則考係「康熙中葉清宮秘藏臺灣軍備圖」，本圖詳繪兵防、聚落、道路、建築、山脈等，深具寫實[4]。

夏黎明對於本圖之文字註記與寫景符號介述如下：

> 本圖爲清代最早的一幅藏於內廷之巨幅卷軸彩繪山水畫法臺灣地圖。圖上對於各級兵營的位置、數量、防區、配置，以及道路里程的旁註，最爲詳實；原住民聚落的描述，亦稱豐富。圖上的比例、方位和幾何特徵，正確性偏低。然而，由於筆工細緻，寫景逼真，圖上的許多「符號」反而忠實地反映了當時許多地理景觀，如市街與村落型態、民宅與城樓樣式、牛車與船隻等交通工

---

[1] 夏黎明：《清代臺灣地圖演變史》，《名山藏》（臺北中和：知書房出版社，一九九六年六月，初版），頁七一；洪英聖編著：《畫說康熙臺灣輿圖》，南投：行政院文化建設委員會中部辦公室，民國八十八年八月。

[2] 陳漢光、賴永祥編：《北臺古輿圖集》（臺北：臺北市文獻委員會，民國五十四年三月），頁六；夏黎明：《清代臺灣地圖演變史》，頁七一；洪英聖編著：《畫說康熙臺灣輿圖》，頁二九、三〇等。

[3] 洪英聖編著：《畫說康熙臺灣輿圖》，頁七、八、二四三～二六四。

[4] 民國八十九年六月十五日，筆者在該館抄錄所得。

具，以及道路上挑貨、駛牛車的行人、荒埔的鹿群和狩獵的人群等，十分特殊有趣[5]。

具見本圖之史料價值。本圖係日本據臺初期，明治三十五年（一九〇二）「臺灣總督府偶然購得」者[6]，山中樵曾詳述其經過如下：

> 此圖不是本島流傳下來的東西，而是總督府購自中國的物品，綜合藤田捨次郎、小川尚義、尾崎秀真三位先生所談的結論，這是明治三十三年（1900）義和團之亂，從北京內府外流之物，而被新竹鄭家（鄭用錫）的番頭目（某掌櫃、或會計人員）出示給總督府相關人員參閱，於明治三十五年（1902）由總督府洽購，其後為博物館所陳列至今的典藏品[7]。

鑒於此圖內容具有相當珍貴之史料價值，亟需解開其所屬年代之謎，自日據時期以來，學界進行相關探討者不乏其人，諸家中當以伊能嘉矩（一八六七～一九二五）、山中樵、陳漢光（一九二一～一九七三）、百吉、夏黎明、洪英聖尤為重要。近重讀本圖及相關資料，感於有關本圖內容所屬年代問題迄今仍有再行探討之空間，爰不揣譾陋，試草此稿，以就正於方家，敬乞不吝垂教。

二、前此研究成果述評

有關〈康熙臺灣輿圖〉內容之所屬年代，迄目前為止，前人及時賢之重要研究成果，概要述評如次。

（一）伊能嘉矩

明治三十五年，臺灣總督府購得〈康熙臺灣輿圖〉，未幾，伊能即

---

[5] 夏黎明：《清代臺灣地圖演變史》，頁七一。

[6] （日）伊能嘉矩：，《臺灣文化志（中譯本）》，中卷（臺中：臺灣省文獻委員會，民國八十年六月），頁二九〇。

[7] （日）山中樵，〈黃叔璥の臺灣番社圖に就て〉，《南方土俗》第一卷第三號（昭和六年九月）。洪英聖編著：《畫說康熙臺灣輿圖》將本文及中譯收為附錄，引自其書頁二八五。

摹寫此圖臺灣府治一帶，北起新港塘、新港西稍北之處，南至維新里，而東邊群山俱未畫入，題爲〈臺灣府古圖〉，作爲其同年出版之《臺灣志》卷一《沿革志》插圖之一，而其解說：「康熙末年中國人手繪之臺灣古圖」[8]，未提及黃叔璥名，山中將此解讀爲「伊能卻對於這幅圖是否爲黃叔璥所撰輯一事，抱著懷疑的態度」[9]。三十九年（一九〇六）一月出版之《臺灣慣習記事》第六卷第一號所載〈臺北の古今〉，則指摹寫同圖北端石門至八里分社一段（東邊群山亦未畫入），爲「依據康熙三十六年第一位試行探險臺灣內地的郁永河所撰寫的日記調製的部分臺灣地圖」。厥後，伊能在《臺灣文化志》第八篇〈修志始末〉第三章〈臺灣輿圖之測繪〉，以括註推測此圖即爲黃叔璥之番社圖，伊能之言曰：

> 《臺海使槎錄》所收〈番俗雜記〉載：呂謙恒作〈題同年黃玉圃番社圖〉詩曰：「（略）」又陸榮柜作〈題黃侍御番社圖〉詩曰：「（略）」又「（略）」乃可知在該書完成以前，已繪製有番社圖。然而該番社圖久已散佚不傳，至光緒二十八年即日明治三十五年，臺灣總督府偶然購得一幅筆寫之臺灣古圖。繪製臺灣山河疆域之形勢及街市番社之布置。而附繪有平埔番所在土俗尤爲珍貴，乃地形圖兼番社風俗圖。因所載地名與《臺海使槎錄》所載相符，故可認爲係同一年代同一人手筆。即以爲莫非從前逸佚之黃叔璥番社圖[10]。

按：伊能稱本圖「所載地名與《臺海使槎錄》所載相符，故可認爲係同一年代同一人手筆。即以爲莫非從前逸佚之黃叔璥番社圖」者，實不知作何解釋。本圖內容年代乃在康熙三十一年至四十三年之間，早於黃叔璥來爲巡臺御史僅十數年至三十年間耳，時間如此相近，縱令本圖與《臺海使槎錄》所載地名完全相符，亦尋常事耳，何況其實二者有不

---

[8] （日）伊能嘉矩：《臺灣志》，（日本東京：文學社，明治三十五年十一月），圖插於頁一一九之前，解說見〈沿革志插入圖解〉頁七～八。

[9] 同註7。

[10] 同註6。

少地名之寫法正不相同，例如：《臺海使槎錄》之放縤、大崑麓、水裏、吞霄[11]、八里坌、蛤仔爛、州仔尾、加六堂[12]、麻豆[13]、他里霧、斗六、馬芝遴[14]、加拔[15]、新港仔、中港仔[16]、麻少翁、雞柔、金包裏[17]、峯仔嶼[18]、阿猴[19]等，在〈康熙臺灣輿圖〉中俱有不同寫法，依次作放索、大崑洛、水里、吞宵、八里分、蛤仔灘、洲仔尾、加洛堂、蔴豆、他里務、斗六門、馬之遴、加友仔、新港、中港、蔴少翁、圭柔、金包里、蜂仔寺、呵猴等。以伊能之博學而謹嚴，竟認為本圖莫非即黃叔璥番社圖，豈受本圖外面「臺灣蕃社圖」及「康熙六十一年黃玉圃撰輯」二行落款文字誤導所致，抑別有他故？

（二）山中樵

山中撰有〈黃叔璥の臺灣番社圖に就て〉，載《南方土俗》第一卷第三號（昭和六年九月），文中「認為本圖的內容，與黃叔璥在臺當時的實際情況並不一致，而是黃氏來臺以前的情形[20]」，其理由有二：一是「本圖所畫的諸羅縣署的位置，是在康熙四十三年以前，縣治遷移到諸羅山之前的狀態，同時可說本圖的內容也都是康熙四十三年以前的事物」[21]；一是本圖海會寺附近之教場「創建年代為康熙三十八年，因此本圖可說是在康熙三十八年以後所繪製」[22]。山中在本文乃做出如下結論：

---

[11] （清）黃叔璥：《臺海使槎錄》，《臺灣文獻叢刊》（臺北：臺灣銀行，民國四十六年十一月），頁三三。自放縤至吞霄諸地名皆見此頁，以下仿此。

[12] 同前註，頁三四。

[13] 同註11，頁九四。

[14] 同註11，頁一〇三。

[15] 同註11，頁一一〇。

[16] 同註11，頁一二九。

[17] 同註11，頁一三五。

[18] 同註11，頁一三六。

[19] 同註11，頁一四三。

[20] 同註3，頁二八七。

[21] 同註3，頁二八八。

[22] 同前註。

從以上兩點來考察，本圖是在黃叔璥渡臺之前約二十年以前的康熙三十八年（一六九九）以後，到四十三年（一七〇四）之間所繪製。本圖各部如詳加考定，也許可獲得比現在所推論的五年之間更為縮短的年限，目前我並沒有多餘的時間可以進一步考定，感到相當遺憾[23]。

按：山中最先指出本圖內容所示為康熙四十三年諸羅縣歸治以前之事物，因而以上述年代為本圖「繪製」之下限。內容年代與繪製年代不能混為一談，但無論如何，此點為山中一大貢獻，在本圖內容年代之探討上極具意義。另，山中為自伊能以迄洪英聖之諸家中，唯一注意及海會寺附近之「教場」，並以其「創建年代」為康熙三十八年，而認係本圖「繪製」之上限，惜此點與史實不盡符合（詳下文）。雖然，山中對〈康熙臺灣輿圖〉內容年代問題之貢獻實有足多者。

（三）陳漢光

陳漢光在其發表於《臺灣文獻》第十一卷第四期（民國四十九年十二月）之〈臺灣板輪牛車之今昔〉一文，首先稱本圖為「康熙中葉繪的『臺灣輿圖』」[24]，且將本圖切割為（一）至（十一），以十一頁篇幅作為該文〈附圖一〉，將全幅〈康熙臺灣輿圖〉予以披露，此在當時堪稱大手筆[25]。其後，陳漢光在與賴永祥合編《北臺古輿圖集》稱本圖為〈康熙中葉臺灣輿圖〉，並作如下之〈解說〉：

本原圖藏於臺灣省立博物館，據云：係清內府所度，八國聯軍入京時被劫輾轉而來。圖彩繪絹本，橫五三六公分，縱六六公分，未記繪製年代及著者姓氏，為省藏最名貴之古圖。圖本無名，日本學者有作為康熙六十一年巡臺御史黃叔璥所撰，並名之曰〈黃

---

[23] 同前註。

[24] 陳漢光：〈臺灣板輪牛車之今昔〉，《臺灣文獻》第十一卷第四期（民國四十九年十二月），頁二一。

[25] 同前註，頁三二之後〈附圖一〉，凡十一頁，但未編頁碼。按該圖為另一仿寫之本，細加比對即知。

叔璥臺灣番社圖〉，亦有作為康熙末葉所成云云，蓋誤也。按是圖所載文字地物，均無康熙末葉所成或黃叔璥所纂形跡，僅見有康熙二十四年之文並康熙四十三年以前史事記載而已。茲舉數點以證之。

一、是圖北部空白中書有：「淡水、雞籠貳處，因地方窵遠未奉諭設汛守，於康熙貳拾肆年參月……。」按此以（以此？）可證為康熙二十四年以後所成。

二、是圖無府縣城。按此可證為康熙四十三年以前所成，蓋臺灣府縣城最早建成者，為諸羅縣之木柵城，係在康熙四十三年所建。

三、是圖所載諸羅縣位置尚在佳里興，而諸羅文廟亦在目加溜灣（即善化西保），按此更可補證為康熙四十三年以前所成，蓋諸羅縣係於康熙四十三年遷治諸羅山（今嘉義市），而諸羅文廟亦係同時遷諸羅山並於四十五年建大成殿。

此外，更就北部一地而言，是圖干豆門亦尚未有媽祖宮記載，蓋干豆門之媽祖宮係建於康熙五十一年，故本圖應非康熙末葉黃叔璥所修，而係康熙中葉所成無疑。至於是否可名為「蕃社圖」，查是圖多繪軍備及里程。雖少街莊而多蕃社，想係開拓初期所必然也，故暫以輿圖名之[26]。

　　陳漢光除以「諸羅縣」尚在「佳里興」，以及「諸羅文廟」尚在「目加溜灣」，證明本圖為康熙四十三年以前所成外，另指出本圖無府縣城，此點亦可作同上之證明；此外，又以本圖北部地方空白處之字樣，認為本圖乃康熙二十四年以後所成。雖然本圖為康熙四十三年以前所成一節，山中前已指出，以康熙二十四年為本圖上限亦失之過早，但無容置疑，陳漢光在研究本圖內容年代問題上有其一定程度之貢獻。

（四）百吉

　　民國五十年一月，臺灣銀行經濟研究室刊行清人六十七所著《番社采風圖》，編列為《臺灣文獻叢刊》第九〇種，將〈康熙臺灣輿圖〉收

---

26 陳漢光、賴永祥編：《北臺古輿圖集》，頁六。

為附錄之二，百吉（即夏德儀）在為本書所撰〈弁言〉關於本圖如是說：

> 黃叔璥對於各番社的衣食住行和婚喪習俗曾作有系統的記載。他
> 的〈番俗六考〉三卷和〈番俗雜記〉一卷已經刊在臺灣文獻叢刊
> 第四種《臺海使槎錄》中。現在又把省立臺北圖書館藏的〈黃叔
> 璥臺灣番社圖〉縮小影印，作為本書的附錄之二。原圖高一尺二
> 寸、長約一丈，是一幅紙本著色的番社地圖。此圖大概是黃叔璥
> 撰寫〈六考〉和〈雜記〉時繪製的，但因無法刊刻，所以不見於
> 《使槎錄》[27]。

按：百吉稱本圖為〈黃叔璥臺灣番社圖〉，並推測大概是黃叔璥撰
寫〈番俗六考〉及〈番俗雜記〉時繪製，蓋依國立中央圖書館臺灣分館
（今國立臺灣圖書館）藏本所題圖名〈黃叔璥臺灣番社圖〉，加以想當
然之發揮，而未遑參考山中及陳漢光之論文，以致倒退至伊能之時。此
點良為可惜。

（五）夏黎明

夏黎明關於本圖內容所屬年代，引介陳漢光所考，認為：「他（陳
漢光）推測可能是清康熙四十三年（公元一七〇四）之前所完成的臺灣
輿圖，因此把他（本圖）稱為〈康熙中葉臺灣輿圖〉。此論推翻了該圖
是黃叔璥的臺灣番社圖的說法。」[28]其後，在《清代臺灣地圖演變史》
書中，夏黎明介紹本圖，稱「應為康熙四十三年（一七〇四）以前完成」
[29]。

按：夏黎明頗為推重陳漢光之研究及其貢獻，但亦有所批評。然夏
黎明介紹本圖，但及下限，此若依其書之例猶有可言，如係認為本圖內

---

[27] （清）六十七：《番社采風圖考》，《臺灣文獻叢刊》（臺北：臺灣銀行，民國五十年一月），
〈弁言〉頁三。

[28] 洪英聖編著：《清〈康熙臺灣輿圖〉》，不著出版時地，頁三四。按此書即註三《畫說康熙
臺灣輿圖》之初稿。而引文據自夏黎明：《臺灣文獻書目解題》第二種《地圖類（一）》（臺
北：國立中央圖書館臺灣分館，民國八十一年三月），頁二三。

[29] 同註5。

容年代上限仍俟考，則似微覺保守矣。

（六）洪英聖

洪英聖乃首以專書研究〈康熙臺灣輿圖〉者，其對本圖內容年代問題，先於《清〈康熙臺灣輿圖〉》書中言：

〈康熙輿圖〉所記錄的年代之事，有日本學者認為在康熙中期，有的認為在康熙晚期，也有的認為在雍正時期所繪製。典藏該圖的臺灣省立博物館則採用康熙六十一年（公元〔一〕七二二），並指巡臺御使（史）黃叔璥所繪製。國家圖書館（國立中央圖書館）臺灣分館另有一幅內容幾乎完全一樣的輿圖，則註明為〈黃叔璥臺灣番社圖〉。……至於省立博物館的〈康熙輿圖〉繪製年代，以下三處文獻將推翻康熙六十一年或雍正年間所繪製的說法：

（一）〈輿圖〉卷軸左端記載施將軍（施琅）奏請臺灣駐軍議，於康熙二十四年三月奉諭於淡水、雞籠設汛。……（按：依本圖註記原文，係康熙二十四年三月，為〈謹陳臺灣善後末議等事〉乙案，奉施琅諭，檄行遣發巡防。）

（二）（略。按：本項以〈輿圖〉繪有淡水營，說明其年代下限可能為康熙五十年，但又云：「畫出駐紮營盤並不標（此字疑衍）表示已經成為額設的定點駐紮。」蓋謂圖上標示者不必代表淡水營之設置，故無下限為康熙五十年之問題。故本項可從略。）

（三）諸羅縣治原設佳里興（今臺南市佳里區），康熙四十三年之後遷移到打貓（今嘉義市）（按：「打貓」當作「諸羅山」或「諸羅山社」附近），本圖仍將縣治畫在原址，表示尚未遷移之前繪製。

（四）……本圖所有駐紮營盤都在海線，也沒有山豬毛社出入口的營盤，說明本圖不是雍正年間的布（部）署情況。

（五）康熙三十四年《臺灣府志》所附的輿圖，志書文字資料比本圖詳細。但是附圖卻簡陋粗略，雖時代相近，兩圖難以相提並論。

以上說明本圖所描述的年代，可能在康熙二十三至四十三年之間的臺灣西海岸為主的聚落與軍備概況。諸羅縣治由佳里興遷移到打猫（按：當作「諸羅山」或「諸羅山社」附近）的中央行政命令，可以作為本圖的歷史界限[30]。

其後，洪英聖在《畫說康熙臺灣輿圖》第六篇〈結語：本圖的史料價值與展望〉中列有六點「主要結論」，最前兩點係關於本圖內容所屬年代者：

一、《康熙臺灣輿圖》與康熙六十年巡臺御史黃叔璥的《臺灣番社圖》，如果本圖完成於康熙三十五至四十三年，則與康熙五十七年來臺的黃叔璥（按：黃叔璥為首任巡臺漢御史，康熙六十一年差，留一年。其抵臺在康熙六十一年六月。）應無關連，該圖自然非黃叔璥所繪製。
二、本《輿圖》所畫年代的上限與下限可能在康熙三十五年至四十三年之間[31]。

洪英聖對本圖鑽研至深，撰為專著，最是用心，有不少發現，言人所未言，而將本圖內容所屬年代定為康熙三十五年至四十三年之間。然《畫說康熙臺灣輿圖》解說斗六門「營盤」時，曾指出康熙三十年總兵王化行將原設西螺之營柵遷移至斗六門；在解說「海會寺」時，曾指出康熙二十九年（此引舊志記載，實際為三十年）臺廈道王效宗等改建北園別館為「海會寺」，「依此，本圖為康熙二十九年以後所繪製」；不知其康熙三十五之上限何自而出？

（七）小結

茲將以上諸家所考〈康熙臺灣輿圖〉內容年代綜列如次：
1.伊能嘉矩：本圖可認為與《臺海使槎錄》係同一年代同一人手筆，莫非即黃叔璥〈番社圖〉。

---

[30] 洪英聖：《清〈康熙臺灣輿圖〉》，頁三〇三～三〇四。
[31] 同註3，頁二四一。

2.山中樵：康熙三十八年至四十三年之間。但山中既明言上述爲「本圖的內容」之年代，後又與「繪製」年代相混，似即以爲本圖繪製於內容所屬之年代內。

3.陳漢光：康熙二十四至四十三年之間。其上限失之過早。

4.百吉：稱本圖爲〈黃叔璥臺灣番社圖〉，倒退至伊能之時。

5.夏黎明：康熙四十三年以前，未列明上限。

6.洪英聖：康熙三十五年至四十三年之間。且明言此爲本圖「所畫年代」。

參、本圖內容年代新考

近百年來，〈康熙臺灣輿圖〉歷經前輩學者及時賢多人之研究，其內容所屬年代已「大致不差」矣，但枝節之處，誠如山中樵所言：「本圖各部如詳加考定」，仍可有所得，惜乎未能如山中預期之「獲得比現在所推論的五年之間（按：指康熙三十八年至四十三年）更爲縮短的年限」，然要非無意義之舉。

〈康熙臺灣輿圖〉係採山水畫法繪製者。山水畫法最主要之平面控制基礎，是人類以「身體─主體」之角度鳥瞰周遭環境之感官經驗，輔以有限之道里資料；在符號上，多採逼真之「寫景式」符號[32]。圖上諸多符號「忠實地反映了當時許多地理景觀」，但「圖上的比例、方位和幾何特徵，正確性偏低」[33]。儘管如此，本圖內容除極少數之疑點[34]外，

---

[32] 同註5，頁四二。原書據自施添福：〈紅線與藍線：清乾隆中葉臺灣番界圖〉，《臺灣史田野研究通訊》第十九期（民國八十年），頁四九～五〇。

[33] 同註5。

[34] 例如本圖將「啞里山社：至牛稠溪肆拾里」之註記及相關寫景符號繪於今苗栗縣縣境，位在加至閣社（其址在今苗栗市境內）之南稍偏東，吞肖社（其址約在今通霄鎮境內）之北偏東。此「啞里山社」至牛稠溪四十里，不知是否即阿里山社，而繪於今苗栗縣境。本圖又在今嘉義縣境牛稠溪以東山區中註記曰：「內大山：至啞里社伍百里」，此「啞里社」似應即上述「啞里山社」。按：「內大山」即阿里山脈，阿里山社（即本圖所稱「啞里山社」或「啞里社」）似應在其附近，五百里是否五十里之訛？設里程不誤，則「啞里山社」繪於今苗栗縣境又差近矣。然無論如何，本圖在位於今苗栗縣之「啞里山社」註曰：「至牛稠溪肆拾里」應屬錯誤，蓋牛稠溪即今牛稠溪，乃朴子溪上游，在今嘉義縣境內。如註記無誤，則「啞里

大體仍可信。因而，依據圖上符號及註記之文字，進行其內容所屬年代之探討乃有其意義。茲依本圖由北而南，分項析述如下。

（一）已有斗六門「營盤」

本圖在柴里社以北、斗六門以南繪有「營盤」，而虎尾溪北畔有「西螺塘」。《諸羅縣志》卷七〈兵防志・水陸防汛〉之〈陸路防汛〉有云：

> 斗六門：在牛相觸虎尾溪之南，距縣治可六十里，北至半線九十里，扼南北投、水沙連諸番出入之路。營柵舊設於西螺，在虎尾溪北二十里，以水土不宜，康熙三十年總兵官王化行移營於此。輪防北路營把總一員，目兵八十五名。內分……西螺塘，目兵六名。……以上五汛、四塘，俱屬斗六門把總兼轄[35]。

顯然，本圖所示乃康熙三十年（一六九一）營柵自西螺移至斗六門，而設有西螺塘之後所為。可知本圖內容所屬年代之上限不能早於康熙三十年。洪英聖對斗六門「營盤」之解說，雖亦提及康熙三十年王化行移營斗六門事，而未及於其在探討本圖內容年代問題所具意義[36]。

（二）「諸羅縣」署、「北路營盤」及「諸羅文廟」俱不在「諸羅山社」附近，而分別在「佳里興」及「目加溜灣」，亦無城

本圖所示，「諸羅縣」署及「北路營盤」俱不在「諸羅山社」附近，而在「佳里興」。由於諸羅縣遷治事在康熙四十三年，因此，山中樵、陳漢光、夏黎明、洪英聖皆據以認為康熙四十三年係本圖內容所屬年代之下限。山中及陳漢光並指出「諸羅文廟」亦不在「諸羅山社」附近，

山社」位置有誤也。洪英聖因而認為「啞里山社」名較為罕見，是否屬泰雅部落待考（見註三，頁七四），又疑「啞里社」即該社，並謂五百里之里程，「只是清初表示距離的一個概念性指標，並非正確里程數。」（見註三，頁一三二）

[35] （清）周鍾瑄：《諸羅縣志》，《臺灣文獻叢刊》（臺北：臺灣銀行，民國五十一年十二月），頁一一七。

[36] 同註3，頁一二五。

而在「目加溜灣」。另，陳漢光又指出，諸羅縣與臺灣府及其餘之臺灣、
鳳山二縣俱無城。亦皆足以加強康熙四十三年爲本圖內容年代下限之論
證。由於此點在研究本圖內容年代問題上極其重要，殆爲顛撲不破之證
據，茲將周元文《重修臺灣府志》及周鍾瑄《諸羅縣志》關於康熙四十
三年諸羅縣奉文歸治及相關之城池、衙署、文廟、學宮及防汛之興建改
移記事，不厭其繁，徵引如下。

周元文《重修臺灣府志》卷二〈規制志·衙署〉之〈諸羅縣署〉有
云：

> 縣治　在諸羅山（原在佳里興。〔康熙〕四十三年，奉文移歸；
> 四十五年，署縣海防孫元衡建署。另有記）。
> 學署　在諸羅山。未建[37]。

〈鎭屬衙署〉有云：

> 北路參將署　原在開化里之佳里興。四十四年（按：係四十三年
> 之誤），奉文移歸諸羅山[38]。

〈規制志·學校〉有云：

> 諸羅縣學　原在善化里西保。茅茨數椽，年久傾壞。四十三年，
> 鳳山縣知縣宋永清署諸篆，以縣署奉文移歸諸羅山，就羅山擇地
> 議建。甫架樑，而知縣毛殿颺蒞任，事遂寢。四十五年，海防廳
> 孫元衡攝諸篆，合捐俸建大殿、欞星門[39]。

另，周鍾瑄《諸羅縣志》卷一〈封域志·建置〉云：

> （康熙）二十三年，設縣治於諸羅山（地爲鄭氏故營址），因以
> 命名，取諸山羅列之義也。縣隸臺灣府，地南自蔦松、新港，東
> 北至雞籠山後皆屬焉，極海而止（置縣後，以民少番多，距郡遼

---

[37] （清）周元文：《重修臺灣府志》，《臺灣文獻叢刊》（臺北：臺灣銀行，民國四十九年七
月），頁三二。
[38] 同前註。
[39] 同註37，頁三五。

遠，縣署、北路參將營皆在開化里佳里興，離縣治南八十里。四
十三年奉文：文武職官俱移歸諸羅山，縣治始定）[40]。

卷二〈規制志・城池〉云：

諸羅自康熙二十三年卜縣治於諸羅山，城未築。四十三年，奉文
歸治。署縣宋永清、署參將徐進才、儒學丁必捷至山，定縣治廣
狹周圍六百八十丈，環以木柵，設東西南北四門，為草樓以司啟
閉[41]。

〈規制志・衙署〉有：

諸羅縣署　原在佳里興（詳見〈建置〉）；歸治後，相土縣內之中。
四十五年，攝縣篆本府同知孫元衡建大堂，後川堂、前儀門[42]。
參將署　原在佳里興：歸汛後（詳見〈兵防〉），在縣治北門內。
前大堂，中川堂，後為私宅。康熙四十四年建。
守備署　在參將署箭廳之右。康熙四十四年建[43]。

卷四〈祀典志・文廟〉有：

諸羅自康熙二十五年設學，乃有釋奠之祭。時廟在善化里西保（即
目加溜灣），春、秋為篷廠以祭，弗克成禮。四十三年，縣治歸
諸羅山。四十五年冬，海防同知孫元衡攝縣，建大成殿（詳見〈學
校〉）。乃奉迎先師、四配、十哲、先賢、先儒入縣治新廟，舍菜
如上丁之儀；別奉啟聖公及從祀於義學以祭[44]。

卷五〈學校志・學宮〉有：

諸羅縣，初未有學。康熙二十五年，臺廈道周昌請於三縣各建儒
學，始為茅茨數椽於善化里之西保。……四十三年，鳳山知縣宋
永清署縣事，奉文移歸諸羅縣治，與諸生度地議建學宮；週城內

[40] 同註35，頁五。
[41] 同註35，頁二五。
[42] 同註35，頁二六。
[43] 同註35，頁二七。
[44] 同註35，頁五五。

外卜吉三處，聽諸生自擇其尤，定基於城之西門外。永清首捐百
金，合教諭丁必捷、貢廩諸生公捐並前縣毛鳳綸公費，計五百餘
金。甫架樑，而知縣毛殿颺蒞任……未數月，殿颺卒，事遂寢。
四十五年，海防同知孫元衡攝縣，乃興工建大成殿、欞星門。臺
廈道王敏政、知府衛台揆、北路參將張國、教諭孫襄各捐俸為助；
不足者，元衡肩為己任，成宋志也[45]。

卷七〈兵防志・水陸防汛〉之〈陸路防汛〉有：

北路營參將、守備，原駐縣治南八十里佳里興。隨防千總一員、
把總一員、分防目加溜灣把總一員、下加冬把總一員、斗六門把
總一員、半線千總一員。康熙四十三年奉文歸汛，參將、守備與
知縣同移歸縣治諸羅山，建立營柵。調目加溜灣把總歸治隨防，
以隨防千總分防佳里興，餘汛如故；調鎮標三營千、把總輪防目
加溜灣[46]。

綜上引文，可見康熙四十三年不僅奉文歸治，而且實際已歸治，因
此《諸羅縣志》卷四〈祀典志・文廟〉所云：「四十三年，縣治歸諸羅
山。」可謂最為明確。

此外，清初全臺之府、縣俱無城，本圖所見正是如此。按臺灣府及
各縣最先建城者即為康熙四十三年奉文歸治後之諸羅縣，已見前引《諸
羅縣志》卷二〈規制志・城池〉。其餘府、縣城之興築，在四十三年以
後，故從略。

（三）「大線頭」汛仍係水師汛

本圖在「北崑身」與「蚊港汛」間「水師中營界」、「水師左營界」
以西之「大線頭」汛下註記曰：「本汛東至蚊港汛水道壹更，西係大海，
南至鹿耳門汛水道參更，北至猴樹港汛水道貳更。」而在「蚊港汛」則
註記曰：「本汛東至竹仔橋水道貳拾里，西至大線頭汛水道壹更。」顯

---

[45] 同註35，頁六七〜六八。
[46] 同註35，頁一一五。

示當時「大線頭」汛仍係水師汛。

考《諸羅縣志》卷七〈兵防志・水陸防汛〉之〈陸路防汛〉有云：

> 大線頭，原係水師汛。有港，外包沙線，可停泊戰船。鄭氏舊築
> 礮臺於此，今圮。康熙四十三年，添設沿海官兵遊巡，查此處港
> 口沙線淹沒、壅塞水淺，將官兵船隻俱調歸蚊港汛；本汛撥歸北
> 路營[47]。

而〈水師防汛〉亦云：

> 四十三年，添設沿海官兵哨船遊巡，設礮臺、烟墩、望高樓於要
> 地。查大線頭近年港口沙壅，而青峯關、蚊港為縣治以南扼要之
> 地；將大線頭撥歸陸汛，水師官兵船隻調歸蚊港，添兵三十名，
> 共一百八十名[48]。

本圖所示之「大線頭」汛既仍係水師汛，未撥北路營陸汛，即意謂
本圖內容年代之下限不能晚於康熙四十三年，與上文第（二）項相符，
益加證明康熙四十三年確為本圖內容所屬年代之下限。

（四）已見「海會寺」

本圖在臺灣府治北方、「柴頭汛」之南有「海會寺」，此寺即位於今
臺南市北區之臺閩地區第二級古蹟「開元寺」。洪英聖嘗云：

> 海會寺於康熙二十九年（公元 1690），臺廈道王效宗、總鎮王化
> 行改建為寺，佛像莊嚴，……〈輿圖〉當時記錄的名稱已經改為
> 海會寺，依此，本圖為康熙二十九年以後所繪製[49]。

洪英聖之言，有府、縣志書之依據，其推斷亦屬合理。例如高拱乾
《臺灣府志》卷九〈外志・寺觀〉即載云：

> 海會寺　康熙二十九年建。在府治北六里許。舊為鄭氏別館；蕩

---

[47] 同註 35，頁一二〇。

[48] 同註 35，頁一二二。

[49] 同註 3，頁一五六～一五七。

平之後，總鎮王化行、臺廈道王效宗因其故趾建為寺宇。佛像最
勝，住僧雲集焉。碑記載〈藝文志〉[50]。

按引文末尾稱有碑記載〈藝文志〉，然以今見諸本高拱乾《臺灣府
志》[51]卷十〈藝文志・記〉俱無海會寺碑記，而見於王必昌《重修臺灣
縣志》及謝金鑾、鄭兼才《續修臺灣縣志》中，因前者無碑名，今據後
者卷七〈藝文・記〉節錄如下：

王化行〈始建海會寺記〉：……顧茲臺灣版圖新闢，……惟少一
梵剎，……附郭大橋頭有廢舍一所，宏敞幽寂，……僉曰：是三
寶地，……於是同人各捐俸資，補葺門楹，重整垣宇，裝塑佛像；
始於庚午（康熙二十九年，一六九○）八月七日，成於明年四月
八日，名曰：「海會寺」[52]。

是康熙二十九年乃海會寺「始建」之年，翌三十年始為建「成」之
歲，〈康熙臺灣輿圖〉見有「海會寺」，似當據以認為本圖所屬年代之上
限不能早於康熙三十年，猶之王化行〈始建海會寺記〉亦不能早於是年，
故民國四十四年「仿古復刻」該碑者所增「康熙廿九年四月八日　總鎮
王化行撰」字樣[53]，其年分顯屬錯誤[54]。

（五）「海會寺」南方之「教場」

---

[50] （清）高拱乾：《臺灣府志》，《臺灣文獻叢刊》（臺北：臺灣銀行，民國四十九年二月），
頁二一九。並據《臺灣府志三種》刻本影印本（北京：中華書局，一九八五年五月，第一版
第一刷），上冊・頁九四九。

[51] 除前註《臺灣文獻叢刊》本外，包括民國四十五年三月方氏慎思堂據日本內閣文庫藏本之影
印本、國防研究院與中華學術院合作之《臺灣叢書》第一輯《臺灣方志彙編》本（陽明山：
國防研究院出版部，民國五十七年十月，初版）《中國方志叢書》本（臺北：成文出版社，
民國七十二年三月，臺一版）、及《臺灣府志三種》本。

[52] （清）謝金鑾、鄭兼才：《續修臺灣縣志》，《臺灣文獻叢刊》（臺北：臺灣銀行，民國五
十一年六月），頁四七○。

[53] 何培夫主編：《臺灣地區現存碑碣圖誌・臺南市（下）篇》（臺北：國立中央圖書館臺灣分
館，民國八十一年六月，初版），頁四六五。

[54] 何培夫解說本碑有云：「仿刻原碑年代為康熙二十九年，實誤讀碑文所致，應係康熙三十年
（西元一六九一年）為正確立碑年代。」見同前註，頁五五九。

　　本圖在「海會寺」之南方、「中營界」與「左營界」之西有「教場」。
山中樵嘗言：

　　　　教場即演武場，在康熙的《福建通志》裡，可看到清領臺後，分
　　　　巡臺廈道周昌在西定坊建教場的記事，但其與我所說的海會寺附
　　　　近之教場並非同一物，我所說的教場其位置在大北門外。乾隆十
　　　　七年纂修的《重修臺灣縣志》記說：「鎮標三營、城守二軍教場
　　　　在大北門外，康熙三十八年總鎮張玉麒建演武廳，乾隆十六年總
　　　　鎮季（李）有用增建後堂。」由此顯見其創建年代為康熙三十八
　　　　年，因此本圖可說是在康熙三十八年以後所繪製[55]。

　　誠然在乾隆十七年（一七五二）《重修臺灣縣志》卷八〈武衛志・
教場〉及道光《續修臺灣縣志》卷四〈軍志・教場〉皆有山中所引之文
字；然而俱謂「教場」在大北門外，康熙三十八年（一六九九）乃建「演
武廳」，故張玉麒之記題為〈建教場演武廳記〉[56]，而李有用之記更以〈增
建演武廳後堂記〉為題，其文首曰：「臺郡城北演武場，舊有廳事，建
於康熙……」[57]，足以確證張玉麒所建者特「教場」之「演武廳」，亦非
「教場」即「演武廳」。因此，除非「教場」與「演武廳」確同為康熙
三十八年所建，否則山中之說即無據。

　　此「海會寺」南方之「教場」究係何年所置？舊志失載，山中提及
康熙《福建通志》載有分巡臺廈道周昌在西定坊建教場事，而蔣毓英《臺
灣府志》卷之六〈廟宇・坊亭〉亦載：「演武亭在西定坊，面臨平原，
習射以講武事。分巡道周昌捐俸建立。」[58]高拱乾《臺灣府志》之〈臺
灣府總圖〉在府治「臺廈道」署之東少南、「依仁里」之北正有「演武
亭」，疑即周昌所建之位於西定坊之演武亭。高拱乾《臺灣府志》卷四
〈武備志・教場〉則有云：「一在臺灣縣鎮北坊，為鎮營閱操之所。」[59]

[55] 同註3，頁二八八。
[56] 同註52，頁四七二。
[57] 同註52，頁四九七。
[58] （清）蔣毓英：《臺灣府志》，《臺灣歷史文獻叢刊》（南投：臺灣省文獻委員會，民國八
　　　十二年六月），頁七一。
[59] 同註50，頁一一一。

周元文《重修臺灣府志》卷四〈武備志‧教場〉亦然[60]，陳文達《臺灣縣志》卷之四〈武備志‧教場〉亦云：「一在鎮北坊，鎮營操閱之所。」[61]「鎮北坊」與「大北門外」之提法不盡相同，但以康熙三十三年（一六九四）纂修之高拱乾《臺灣府志》及五十九年（一七二○）纂修之陳文達《臺灣縣志》而皆僅見鎮北坊之教場，同無本圖所見之大北門外（海會寺以南）之「教場」，因適跨越本圖內容所屬年代之下限，且係「鎮營操閱之所」，故鎮北坊之教場應可認為即是本圖之「教場」。然則，此「教場」，在康熙三十三年即已有之，而山中以為「其創建年代為康熙三十八年」，顯係錯誤。由「教場」在康熙三十三年即已有之之事實，可以得知本圖內容年代上限至遲亦即康熙三十三年。

（六）龜山麓已有「觀音亭」

本圖在鳳山縣境龜山麓見有「觀音亭」，考王瑛曾《重修鳳山縣志》之鳳山縣城池圖在龜山麓亦有「觀音亭」[62]，陳文達《鳳山縣志》卷之十〈外志‧寺廟〉有：「觀音宮：一在興隆莊龜山下。……」[63]一稱「亭」，一稱「宮」，而皆即本圖之「觀音亭」也。《重修鳳山縣志》卷十一〈雜志‧名蹟〉〈（附）寺觀〉有關於此「觀音亭」之記載如下：

> 與（興）隆寺（即觀音宮），在縣城東北龜山麓。康熙三十□年建。寺後有石磴，屈曲數層，通天后宮。陟其巔，烟海晴波、平沙落雁，皆在目前，可供遠眺[64]。

按：是即今高雄市左營區新下街之興隆淨寺（今址係民國三十七年

---

[60] 同註37，頁一五一。

[61] （清）陳文達：《臺灣縣志》，《臺灣文獻叢刊》（臺北：臺灣銀行，民國五十年六月），頁一一四。

[62] （清）王瑛曾：《重修鳳山縣志》，《臺灣文獻叢刊》（臺北：臺灣銀行，民國五十一年十二月），卷首頁九。

[63] （清）陳文達：《鳳山縣志》，《臺灣文獻叢刊》（臺北：臺灣銀行，民國五十年十月），頁一六二。

[64] 同註63，頁二六七。《中國方志叢書》本（臺北：成文出版社，民國七十二年三月，臺一版）影印自國立中央圖書館臺灣分館藏原刻缺頁抄配本亦同。

遷建）[65]，該寺今存〈開山碑〉一方，無年月，何培夫著錄爲〈興隆寺產業示告碑記〉，而「疑爲雍正元年（西元一七二三年）以後」，此記首曰：

> 大清康熙己巳年（二十八年，一六八九），臨濟宗支僧勝芝、茂義、〔茂〕伽、普機分派於東寧，見龜山之秀麗形景而有奇；就處搭蓋草亭，登山伐木，烹茗濟渴行人。嗣募建寺宮，崇祀佛神，護官庇民，安行海舟[66]。

然則《重修鳳山縣志》謂「觀音亭」係「康熙三十□年建」與碑文並無不相容之處，「康熙三十□年」，如與上文第（五）項之「教場」同時加以考量，則僅能爲康熙三十一年至三十三年之間。如是，本圖內容年代之上限不能早於康熙三十一年矣。

（七）小結

茲將以上六項探討所得綜列如次：

1.由斗六門「營盤」，可知本圖內容所屬年代之上限不能早於康熙三十年。

2.由「諸羅縣」署、「北路營盤」及「諸羅文廟」俱不在「諸羅山社」附近，而分別在「佳里興」及「目加溜灣」，可知本圖內容所屬年代之下限不能晚於康熙四十三年。另，全臺府縣無城亦得相同結論。

3.由「大線頭」汛仍係水師汛，亦可知本圖內容年代之下限不能晚於康熙四十三年。

4.由已見「海會寺」，當認爲本圖內容年代之上限不能早於康熙三十年。

5.由「海會寺」南方之「教場」，可知本圖內容年代上限至遲爲康

---

[65] 高雄市文獻委員會：《高雄市文化資產採訪專輯》，（高雄：高雄市政府民政局，民國七十一年六月），頁四二~四三。

[66] 何培夫主編：《臺灣地區現存碑碣圖誌‧高雄市、高雄縣篇》，（臺北：國立中央圖書館臺灣分館，民國八十四年六月，初版），頁一七六~一七七。

熙三十三年。

　　6.鳳山縣龜山麓已有「觀音亭」，可知本圖內容年代上限不能早於康熙三十一年。

　　綜此六項，不難得出〈康熙臺灣輿圖〉內容所屬年代之上、下限，根據1.及4.其上限不能早於康熙三十年，然另根據6.，則本圖內容年代之上限應不能早於康熙三十一年（一六九二），根據5.上限至遲為康熙三十三年（一六九四），根據2.及3.，其下限不能晚於康熙四十三年（一七○四）。換言之，〈康熙臺灣輿圖〉內容所屬年代在康熙三十一年至四十三年之間。

肆、結語

　　〈康熙臺灣輿圖〉為一巨幅卷軸彩繪山水畫法所成之臺灣地圖，圖上有為數眾多之寫實符號與文字註記，具有相當珍貴之史料價值，近百年來曾有不少學者探討本圖內容所屬年代之問題，已獲有一定的成果。就本文加以述評之伊能嘉矩以次諸家所考而言，除伊能及百吉二人認為康熙末年外，此項年代之下限，山中樵、陳漢光、夏黎明、洪英聖俱作康熙四十三年，殆成定說；至其上限，則夏黎明不詳外，陳漢光作康熙二十四年為最早（亦過早），洪英聖作康熙三十五年次之，山中作康熙三十八年為最遲。本文以前輩及時賢所取得之成果為基礎，試再探討，考得下限亦為康熙四十三年，與諸家同，上限為康熙三十一年至三十三年間，則與諸家各有幾微出入。

　　有附帶一言者：本文所探討者為〈康熙臺灣輿圖〉圖上所示內容之所屬年代，所依據者為圖上地物及文字註記之有年代可考者；本文稱之為「內容年代」，蓋與「繪製年代」或「完成年代」有所不同也。猶之一部書之內容敘述人事所屬之年代，與該書之「撰寫年代」或「完成年代」有別者然。〈康熙臺灣輿圖〉內容年代，本文考為康熙三十一年至四十三年之間；一般而言，與其最初繪製完成之年代，似不致相距過久，然最初之「原圖」完成以後，如有必要且有機緣予以實現，復行摹寫或

仿製並非不可能，乃至「原圖」即不止一份，亦不無可能也。猶之一部書之定稿完成以後，繕正一份或若干份，及其後復行影抄或傳抄，實所常見。而其摹寫、仿製，或影抄、傳抄之年代，如無明確記錄或其他佐證，憑空揣測，殊難採信，其理至爲淺顯。〈康熙臺灣輿圖〉內容年代如上，但迄無證據可供認定今國立臺灣博物館藏本是否最初完成之「原圖」，因之，不能完全排除黃叔璥取得「原圖」或其摹寫本、仿製本命名曰〈臺灣番社圖〉之可能，由是以觀，伊能嘉矩「以爲莫非從前逸失之黃叔璥番社圖」，似亦非絕無可能者。然而，本圖內容年代既爲康熙三十一年至四十三年之間，如將〈黃叔璥臺灣番社圖〉解爲：黃叔璥來臺巡視後始著手蒐集「當時」全臺各地資料而繪製成圖，則屬錯誤之說，自無待言。

〔附記〕本篇原載《臺灣文獻》第五十二卷第一期（民國九十年三月出版），頁四七三～四八六。

尹士俍《臺灣志略》之體例與史料價值舉隅

一、前言

　　清代尹士俍纂《臺灣志略》一書，湮沒兩個世紀又半後，近年分別為兩岸學者所發現，並各撰文探討，是即臺灣許毓良先生及其〈雍正朝的臺灣——以尹士俍所著《臺灣志略》為中心的討論〉，與大陸李祖基先生及其〈論尹士俍《臺灣志略》的史料價值——以社會經濟史為例〉，而李先生之點校本亦已於今春出版[1]，不難廣為流傳。

　　二十一年前，筆者有鑑於尹氏《臺灣志略》之重要，對其「似久已告佚」，頗多感觸，爰於拙稿〈關於清代兩種《臺灣志略》〉[2]中，試為該書做輯佚之工作，並探討〈尹士俍略歷〉、〈歷來文獻對本書之著錄〉、〈本書內容之探索〉、〈臺灣方志等文獻對本書之援引〉。李先生在前揭論文及點校本〈前言〉中均提及該拙稿，並認為拙稿「對尹著《臺灣志略》的相關問題作了比較詳細的探討」。以此因緣，當《臺灣文獻》將同時刊載許、李二先生前揭大作前，敬承編輯先生雅命，趕成此文併同刊出；敬請不吝教正。

　　尹士俍《臺灣志略》一書，其實是當時官居分巡臺灣道之現任高層官員私修之「非典型」臺灣府志，故可以從方志學理來檢視其體例之方方面面；另本書之史料價值，許、李二先生前揭大作均已有十分精闢之討論，本稿僅就管見所及，舉出數端，願可稍資補充。故本稿主要分為〈體例〉與〈史料價值舉隅〉兩部分，而殿以結語。

---

[1] （清）尹士俍著，李祖基點校：《臺灣志略》，北京：九州出版社，二〇〇三年三月，第一版第一刷。並以（清）張嗣昌・尹士俍撰，李祖基點校：《巡臺錄・臺灣志略》（香港：香港人民出版社，二〇〇五年六月，第一版第一刷）校改部分文字。

[2] 鄭喜夫：〈關於清代兩種《臺灣志略》〉，《臺灣文獻》第三十三卷第一期（民國七十一年三月），頁一〇五～一一九。

二、《臺灣志略》之體例

尹士俍《臺灣志略》一書，爲私修之「非典型」臺灣府志。李祖基先生針對本書體例，在其前揭大文中曾說：「作爲一部私人編纂的志書，尹著《臺灣志略》與蔣毓英、高拱乾及周元文等官修的府志相比，在體例上有其自身的特色，且內容豐富、翔實，記載和保存不少其他臺灣方志中所沒有的資料，尤其是社會經濟史方面的資料，具有較高的價值。」而在其點校本〈前言〉則進一步指出：「作爲一部私人編纂的志書，尹著《臺灣志略》在體例上雖然不如前此蔣毓英、高拱乾等官修的府志那麼完備，但其內容基本上已涵蓋了臺灣府志的各個方面。」[3]究竟尹氏《臺灣志略》在體例上有何「其自身的特色」？爲何不如蔣志、高志「完備」？是否「其內容基本上已涵蓋了臺灣府志的各個方面」？茲分由以下幾個方面探討尹氏《臺灣志略》之體例，順便嘗試回答上述問題。

（一）體裁：地方志書依是否以體裁區分部類可分爲紀傳體（或仿史體）與非紀傳體（或非仿史體）兩類。紀傳體即仿紀傳體史書，按紀、志、表、傳，雜以考、錄、譜、略等體裁歸納各部類；非然者即是非紀傳體[4]。尹氏《臺灣志略》，全書三卷，其上卷與中卷各含十目，目名均爲四字，而下卷爲〈藝文題咏〉，其書無志、篇、章、節、項、目之專稱，更無紀、志、表、傳、考、錄、譜、略之體裁，故屬非紀傳體。按蔣毓英與高拱乾之《臺灣府志》亦均爲非紀傳體。而非紀傳體優於紀傳體，即今人黎錦熙（一八八九～一九七八）所謂「類不關文」與「文不拘體」[5]。

（二）層級：地方志書之結構形式（編纂體例）種類甚多，據方志學者研究歸納，可分爲以下十數種：1、平列分目體（又稱平列體、門目體、簡目體、多目無綱體、無綱並列體、平列志目體）；2、兩級分目

---

[3] 同註1，〈前言〉，頁五。

[4] 鄭喜夫：〈《地方志書纂修辦法》之探討（上）〉，《臺灣文獻》第五十三卷第一期（民國九十一年三月），頁二四三。

[5] 黎錦熙：《方志今議》，《人人文庫》（臺北：臺灣商務印書館，民國六十五年三月，臺一版），頁七～八。按：此本將撰者改署曰「本館編審部」。

體（又稱綱目體、分類體、分綱列目體、大志多編體）；3、三書體，此清人章學誠（一七三八～一八○一）所主張，分志、掌故、文徵三書；4、新三書體，此今人蔣夢麟（一八八六～一九六四）所主張，分省志為省史、年鑑、專門調查三書；5、三寶體（又稱三綱繫目體、總綱繫目體、三門或四門體、四綱體）；6、類書體；7、編年體（又稱全書編年體）；8、紀事本末體；9、擬經體，擬《春秋》筆法，仿經書體式；10、分期體（又稱古今對照體），前半敘古後半述今之體式；11、兩部體（州後附縣體即此體之一種），即先敘一境總轄事類後附分述各所屬事類之體式；12、政書體等[6]。從尹氏《臺灣志略》各卷分目及目名，可知其層級屬於平列分目體，與蔣毓英《臺灣府志》同，而與高拱乾《臺灣府志》之兩級分目體異。由於前者「是指志書中諸多類目並列平行而互不統攝的結構方式」[7]；而後者「是指全書內容先立若干大綱，每綱再分諸多細目，以綱統目的結構方式」[8]，有層次分明、結構嚴謹之長處，故優於前者。

（三）「缺項」及分目與目名問題：地方志書之分目，必須「橫不缺項」，而尹氏《臺灣志略》正存在有「缺項」之問題。蓋其上卷十目為：〈全郡形勢〉、〈疆域沿革〉、〈重洋海道〉、〈文員定制〉、〈武職營規〉、〈城垣臺寨〉、〈民番田園〉、〈錢糧科則〉、〈支放兵餉〉、〈收銷鹽課〉，中卷十目為：〈學校士習〉、〈民風土俗〉、〈番情習俗〉、〈氣候祥異〉、〈山川景物〉、〈路程港口〉、〈出產水利〉、〈寺廟舊蹟〉、〈雜緝遺事〉、〈外洋各島〉；而下卷則為〈藝文題咏〉一目。自上述目名，一望而知其缺少輿圖、大事記、職官、選舉、人物等部類，其他部類細目之缺者，至少有：倉廒、保甲、橋樑、水利（卷中〈出產水利〉目之〈水利〉內容為水產、漁業、船制，並非農田水利工程等）、坊表、郵傳、恤政、教場、存留經費、歲時、潮汐、墳墓、著述等。可見其內容亦必有相當程度之

---

[6] 或將紀傳體亦視為志書結構形式之一種，亦有歸入兩級分目體之一者，見王曉岩《方志體例古今談》（成都：巴蜀書社，一九八九年八月，第一版），頁七二～七三。筆者則認為紀傳體乃體裁類別之一，而非層級種類之一。同註4，頁二四五。

[7] 同前註，《方志體例古今談》，頁六九。

[8] 同註6，《方志體例古今談》，頁一○三。

遺漏。更因不立人物部類，使本書只能是「非典型」方志；而似亦唯其本書係私修方志，始有可能不立人物部類。又，尹氏《臺灣志略》各卷目名雖形式上同爲四字，但其中大多一目包含一個事類；然亦有包含兩個事類者，計包括上卷之〈城垣臺寨〉、中卷之〈民風土俗〉、〈氣候祥異〉、〈山川景物〉、〈路程港口〉、〈寺廟舊蹟〉各目皆是。而其一目一事類者之名雖均爲四字，有原需四字者，如中卷〈學校士習〉、〈番情習俗〉等目，亦有二字即可卻故爲足成四字者，如上卷〈全郡形勢〉（稱〈形勢〉更佳）、〈疆域沿革〉（稱〈沿革〉更佳）等目、中卷〈雜緝遺事〉（稱〈遺事〉即可）、〈外洋各島〉（稱〈外島〉即可）及下卷〈藝文題咏〉（稱〈文徵〉或〈藝文〉即可或更佳）各目。從知尹氏《臺灣志略》卷上及卷中之分目，爲同湊成十目有削趾適履之嫌，而一目含一個事類者，其目名亦間有畫蛇添足俾統爲四字之病，實不足取。而其立目及目名，應有可能多少受周于仁、胡格《澎湖志略》之影響。

　　（四）高度「頌揚休烈」問題：尹士俍以現任臺灣高層官員身分私修之「非典型」臺灣府志——《臺灣志略》，有一「自身的特色」，即書中充斥高度「頌揚休烈」之文字，此自與《臺灣志略》爲私修之「非典型」臺灣府志之屬性有關（若尹氏纂修官修正式之《臺灣府志》，或不至如《臺灣志略》所表現者），而亦與尹氏所處時代大環境有關，自然更與其本人之理念等有關。尹氏在〈臺灣志略序〉即自承：「頌揚休烈，臣子之職，亦司土之責也，有未敢以自委者。」[9]尹氏既認此爲「臣子之職，亦司土之責」，「未敢以自委」，則《臺灣志略》書中充斥高度「頌揚休烈」之歌功頌德文字，自無足爲奇。以下舉數例以槪其餘：上卷〈全郡形勢〉目云：「國朝奠安海疆，永固皇圖」[10]，〈疆域沿革〉目云：「千古化外之境，一旦入版圖，遂爲閩省一大郡，成磐石金湯之固矣。」[11]〈文員定制〉目云：「雍正十二年，制軍郝公（指閩浙總督郝玉麟）陛見奏請俞允：以年逾四十無子者，准其搬眷過臺。余於定例之始，先沐特恩，

---

[9] 同註 1，〈臺灣志略序〉，頁一。

[10] 同註 1，頁五。

[11] 同註 1，頁九。

皆仰荷皇仁憲德重念海疆，體恤臣工屬吏之至意焉。」[12]〈民番田園〉目云：「現今民番各安其業，田園免致拋荒，海疆富庶風淳，皆仰荷皇仁憲德于無既焉。」[13]〈錢糧科則〉目云：「臺之民番既樂供額之輕，易於輸將；有司得守成法之善，便於撫字。邊海敉寧，皆聖世之仁風膏雨所廣被者矣。」[14]中卷〈學校士習〉目云：「海外士子登進有階，靡不歡欣鼓舞，益勵進修。」[15]

（五）對徵引或參考資料之處理方式：尹氏於〈臺灣志略序〉開宗明義云：「臺灣民番錯處，地大物眾。島嶼之呈奇，風物之標異，光怪陸離，莫可名狀。而欲於前人紀載之外，為之備遺而補缺，俾後之問俗考風者，有所取衷，蓋亦難矣。」[16]既「備遺而補缺」，則糾謬而勘正，當亦順理成章，不在話下。前揭拙稿有云：「本書之內容，試就輯本而論，其中部分為尹氏所層奉、承轉及經辦之政令，及其親身見聞者，……；部分則係照錄或改寫原有方志及其他文獻者，其所引據方志等文獻有高拱乾纂修《臺灣府志》、郁永河撰《番境補遺》及《宇內形勢》、周鍾瑄修《諸羅縣志》、李丕煜修《鳳山縣志》、王禮修《臺灣縣志》，以及黃叔璥撰《臺海使槎錄》等書。」[17]該稿繼即列出輯本十九段出處可考者之出處。今讀李先生點校本，不計下卷〈藝文題咏〉，亦可補列尹氏《臺灣志略》所引據之兩種文獻：

1、郁永河《裨海紀遊》。舉一例為證：點校本上卷〈重洋海道〉目云：「廈居西北，臺處東南，由廈開船約三十里，小山矗起，界於中流，即為大旦門，海船必由此出洋。自乾趨巽，以西北風為順，舟用平篷最快便。遇南風，用斜篷至鎮海麥坑放洋。遇北風，亦用斜篷至遼羅（係金門支山）放洋。一望蒼茫，淼無涯際，所歷諸洋，水色不一，有紅水溝、黑水溝。紅溝不甚險，人頗泄視之。惟黑溝最險，自北流南，約廣

---

[12] 同註1，頁一五～一六。
[13] 同註1，頁二六。
[14] 同註1，頁三三。
[15] 同註1，頁四二。
[16] 同註1，〈臺灣志略序〉，頁一。
[17] 同註2，頁一一四。

百里，深不可測，色如墨，勢稍窳，故謂之『黑水溝』，亦有稱『黑水洋』者。湍流迅駛，時覺腥氣襲人，舟利乘風疾行，遲則怒浪夾擊。間有怪蛇繞舟游泳，舟師時以粗鍬投之。二溝在大洋中，與綠水終古不淆，蓋氣化凝聚，亦涇渭之類也。渡溝良久，遙望白波中一線若黛，即是澎湖。」[18]而《裨海紀遊》卷上有云：「（廈門登舟後）登舟望港口，……盡處有小山矗起中流，舟子言是大旦門，海舶出洋必由此。……二十一日，……已乘微風出大旦門。一望蒼茫，淼無涯涘，……凡自廈門往臺灣水道，當自乾趨巽，……（舟師）曰：『遼羅，是金門支山。』……渡紅水溝。……二十二日，平旦渡黑水溝。臺灣海道，惟黑水溝最險。自北流南，不知源出何所。海水正碧，溝水獨黑如墨，勢又稍窳，故謂之溝。廣約百里，湍流迅駛，時覺腥穢襲人。又有紅黑間道蛇及兩頭蛇繞船游泳，舟師以粗鍬投之，……紅水溝不甚險，人頗泄視之。然二溝俱在大洋中，……而與綠水終古不淆，理亦難明。渡溝良久，……舟師來告：『望見澎湖矣。』……祇覺天際微雲，一抹如線，……[19]」

2、周于仁、胡格《澎湖志略》。點校本尹氏《臺灣志略》中卷〈山川景物〉目所載：「一曰後窟潭澳（澎湖志稱『潭邊』）[20]、「……一曰青螺澳（按《澎湖志略》，俱在大山嶼，郡志、邑志皆未載）。」[21]、「總澎之澳五十有四，……洵天設之奇觀也（細按郡志澎湖圖，大山嶼之後有芝眉嶼、凌波嶼、蜉（筆者按：當作『蟳』）廣嶼、雞喜（筆者按：原圖作此，當作『善』）嶼；鎮海之後有萬丈潭；西嶼之旁有大貓皮澳、員門司澳、流吼塭澳（筆者按：高志圖似無此澳）；八罩之旁有鴛鴦堀澳；大山嶼之旁有火燒平嶼。而圖說未詳，邑志、澎湖志俱未載入）。」[22]其所謂「澎湖志」與《澎湖志略》俱即周、胡二氏之《澎湖志略》。

尹氏在其《臺灣志略》書中對所徵引或參考之方志等文獻，或照錄

---

[18] 同註1，頁一〇。

[19] （清）郁永河：《裨海紀遊》，《臺灣文獻叢刊》（臺北：臺灣銀行，民國四十八年四月），頁四～六。

[20] 同註1，頁七二。

[21] 同註1，頁七四。

[22] 同前註。

原文，或稍移先後，或略易字句，率未提及其書名或撰人，惟在補遺糾謬時始括註某志「未載」或「訛」、「誤」，如此對待前志似不甚公道。至其對黃叔璥及其相關著述竟隻字不提，則不知是否別有原因。

三、《臺灣志略》之史料價值舉隅

　　《臺灣志略》書中，出自尹氏層奉、承轉及經辦之政令，及親身見聞所得者，〈臺灣志略序〉中有云：「余於雍正七年巳（己）酉（一七二九）之冬蒞臺郡丞，惟恐有負海疆之任，而於全臺事宜並形勢、風俗時加諮詢，稍得其概。辛亥（九年，一七三一）夏，有委盤彰邑倉庫之役，途間探之父老，問之番黎，悉心焉志之，覺見聞增於疇昔。而彰之北以及郡南鳳邑，則猶未之及也。是冬，奉制軍劉公（福建總督劉世明）軍令，委同鎮標中營黃游戎（游擊黃貴）查驗臺、澎水陸軍實。即於嘉平（十二月）二日束裝就道，先赴北路各營汛閱操驗械。事竣返轅，忽值大甲西社番跳梁。壬子（十年，一七三二）春正，途次彰邑，接蒙前本道倪（象愷）檄委協同彰令辦理淡、彰一切軍需，復於仲春委署淡丞篆。距蒲月望後，自彰北沿至淡屬各番社群起附和，重煩剿撫。余往來軍營間，內山平埔，靡不遍歷。癸丑（十一年，一七三三）仲秋，蒙制軍郝公（閩浙總督郝玉麟）、撫軍趙公（福建巡撫趙國麟）題，奉聖恩，除授臺守。計駐北路者，年踰十月。後甲寅（十二年，一七三四）冬，往盤鳳邑倉庫，而南、北兩路之山形地勢、番俗民風皆親歷而目擊焉。」[23]及：「乙卯（十三年，一七三五）冬，臺守俸滿，蒙制軍郝公、撫軍盧公（福建巡撫盧焯）會奏，奉聖恩，除授臺道。今當瓜期將屆，憶自巳（己）酉以來共十年於茲，……時乾隆三年（一七三八）……」[24]可知尹氏所纂《臺灣志略》，不但引據方志等文獻，更有以其仕歷之便，及十年中往來南北兩路，「內山平埔，靡不遍歷」，「山形地勢、番俗民風皆親歷而目擊焉」所得者。因之，其書當然「具有較高的價值」（李先

---

[23] 同註1，〈臺灣志略序〉，頁一～二。
[24] 同註1，〈臺灣志略序〉，頁二。

生前揭大作語），惟書中亦偶有訛誤之處。茲將本書之史料價值，就管見所及，略舉數端以為補充。

　　（一）關於澎湖之記載：本書關於澎湖之記載不少，其史料價值亦高，分述如下。

　　1、「澎湖屬臺邑」：清初，澎湖置巡檢，屬臺灣縣。依一般所理解：「雍正五年二月，依福建總督高其倬奏請裁撤澎湖巡檢之議，改派糧捕通判駐澎湖，臺灣府又增一廳。」[25]「雍正朝的此一次行政區劃之調整，……臺灣縣之澎湖獨立成為一廳。」[26]而尹氏《臺灣志略》上卷〈錢糧科則〉目所云：「曰人丁（淡、澎兩廳、臺、鳳、諸、彰四縣同則）、……曰雜稅（分水餉、陸餉，兩廳四縣均有）、曰官莊（舊為各衙門莊地，今歸公帑，淡、澎兩屬無）……」[27]亦將澎湖列為一廳，惟同卷〈全郡形勢〉目則明明白白指出：「澎湖屬臺邑」[28]，以尹氏曾在臺先後署理臺灣府海防捕盜同知（俸滿實授）、委署淡水廳同知、陞任臺灣府知府、分巡臺灣道之經歷，此言之權威性無容置疑。同卷〈疆域沿革〉目但云：「（入清之初）改承天府為臺灣府，萬年州為臺灣、鳳山二縣，天興州為諸羅縣。迨雍正元年，再分諸羅虎尾溪以北設彰化縣，為一府四縣。雍正九年，又分彰化大甲溪以北隸淡防廳管轄。」[29]之所以不及雍正五年裁澎湖巡檢而改設澎湖通判事，原因即是尹氏之認知為「澎湖屬臺邑」，非「獨立成為一廳」。而「澎湖屬臺邑」，則由同卷〈文員定制〉目所云：「澎湖通判一員，管理錢穀，遇有刑名事件，仍歸臺邑審結，兼查往來海航，盤詰奸宄。」[30]可知也。得尹氏「澎湖屬臺邑」之印證，而時間上稍後於《臺灣志略》之劉良璧《重修福建臺灣府志》卷二〈建置沿革〉所云：「（康熙）二十三年，廷議設府一，曰臺灣，屬福建布政

[25] 張師勝彥：《清代臺灣廳縣制度之研究》（臺北：華世出版社，一九九三年三月，初版），頁一六。

[26] 同前註，頁一七。

[27] 同註1，頁二七。

[28] 同註1，頁三。

[29] 同註1，頁九。

[30] 同註1，頁一四。

使司。領縣三：附郭曰臺灣，外二縣曰鳳山、諸羅。雍正元年，巡察吳達禮、黃叔璥摺奏：割諸羅虎尾溪以北增設縣一；奉旨俞允，賜名曰彰化。今領縣四。」[31]及乾隆中葉胡建偉《澎湖紀略》卷之二〈地理紀・建置〉之止於：「康熙二十二年六月，靖海侯施琅率舟師由銅山直抵澎湖，並克臺郡，偽鄭投降。澎湖遂改隸臺郡臺灣縣屬焉。」[32]乃可索解；甚至直至乾隆三十二年四月，歲貢生呂崑玉等所呈〈隔洋赴考維艱、懇恩轉詳就澎童試造冊送道、俾貧寒得遂觀光等事〉乙案公牘中仍有云：「伏查澎湖原隸臺灣縣，……遵即咨移臺灣道議覆：澎湖地方係臺灣縣管轄，……移覆前來。本司（按係藩司）查澎湖地方係臺灣縣管轄，童生考試向歸縣籍。……」[33]但乾隆十二年之范咸《重修臺灣府志》卷一〈封域・建置〉則已見有：「雍正元年，增設縣一，曰彰化；並增設淡水廳。五年，增設澎湖廳。今（臺灣府）領四縣、二廳：臺灣縣、鳳山縣、諸羅縣、彰化縣、淡水廳、澎湖廳」[34]且將乾隆七年劉志之〈澎湖圖〉改名〈澎湖廳圖〉（圖上所註「澎糧廳」亦改稱「澎湖廳」），其〈建置〉提及增設澎湖廳外，范志卷一〈封域〉之〈山川〉、〈形勝〉，卷二〈規制〉之〈公署〉、〈倉庫〉，卷四〈賦役一〉之〈土田〉、〈租賦〉，卷五〈賦役二〉之〈戶口〉、〈水餉〉，卷六〈賦役三〉之〈存留經費〉、〈養廉〉（本目稱為「澎糧廳」，稱淡水廳為「淡防廳」），卷七〈典禮〉之〈祠祀〉，卷十三〈風俗一〉之〈習尚〉，卷十九〈雜記〉之〈樓堞〉、〈寺廟〉、〈墳墓〉各目，均有關於「澎湖廳」之記載，與臺灣縣等廳、縣並列，且在〈山川〉目各嶼、澳下，全部載有其在「廳治」某方位若干里，或「廳治」某方位水程若干里[35]。而在劉志上述各目關於澎湖之記載，多以「（附）澎湖」之標題，列於臺灣縣之後，亦有逕併入臺灣縣者，而

[31] （清）劉良璧《重修福建臺灣府志》，《臺灣文獻叢刊》（臺北：臺灣銀行，民國五十年三月），第一冊，頁四〇。

[32] （清）胡建偉《澎湖紀略》，《臺灣文獻叢刊》（臺北：臺灣銀行，民國五十年七月），第一冊，頁一四。

[33] 同前註，頁七六～七七。

[34] （清）范咸《重修臺灣府志》，《臺灣文獻叢刊》（臺北：臺灣銀行，民國五十年十一月），第一冊，頁四。

[35] 同前註，頁三四～四一。

〈山川〉目在臺灣縣之山有「（附）澎湖三十六嶼」，溪、港則有「（附）澎湖三十澳」，范志所見之「廳治」則均作「大山嶼」或其他寫法[36]。劉、范二志記載之不同，可否逕認爲有無澎湖廳建置之區別？在筆者看來，似乎不可。因爲即使是尹氏在《臺灣志略》明白指出：「澎湖屬臺邑」，但也同時出現「淡、澎兩廳」字樣。可見「澎湖屬臺邑」與澎湖廳之存在似不矛盾，既然已有澎湖廳，何以澎湖通判「遇有刑名事件，仍歸臺邑審結」？當然正是因爲「澎湖屬臺邑」之故。「清代制度規定，如果一塊地方由同知或通判來作主官專管，那麼這塊地方就稱爲『廳』。」[37]但在清代，「一塊地方由同知或通判來作主官專管」，亦有仍爲某縣一部分之例。如湖北江陵縣沙市地方，雖置通判，但仍爲江陵縣之一部分[38]。在澎湖之情形或許相似。乾隆中葉之《澎湖紀略》卷之三〈官師紀‧職事〉云：「澎湖職本通判，乃郡守之副；然分防專駐，有民人政事之責，則亦與州、縣無甚異焉。」[39]此所以有澎湖廳也；同目又云：「刑名之重者，則爲盜、命。……萬一遇此等事件，立即親往查勘相驗，錄供通報，仍遵例檄發臺灣縣招解、審擬定案，其餘鼠竊狗偷以及輕生短見命案，一詳立案完結者，則係本衙門辦理。」[40]直至光緒末林豪《澎湖廳志》卷六〈職官志‧官制〉仍於〈附考〉節錄之[41]，此又即「澎湖屬臺邑」之註腳。可知從雍正間改置澎湖通判起，因駐有通判，所以澎湖可以稱廳，但至少迄劉良璧纂《重修福建臺灣府志》時（尹氏著《臺灣志略》一書在此期間內），似仍處於「澎湖屬臺邑」之情形，澎湖尚非一般的散廳。此種情形厥後有無改變，使澎湖成爲一般的散廳，有待進一步的探索。

　　2、澎湖「地種」之由來：自明鄭時代以迄清代，澎湖之田賦稱「地

---

[36] 同註31，頁四七～五三。

[37] 程幸超：《中國地方行政制度史》（成都：四川人民出版社，一九九二年十一月，第一版第一刷），頁二七九。

[38] 同前註，頁三〇二，註三八。

[39] 同註32，頁五五。

[40] 同註32，頁五五～五六。

[41] 同註6，《方志體例古今談》，頁一六五。

種」，以石爲單位，每石年徵時銀六錢，入清後依「時銀一兩值紋銀七錢」之兌換率，折算成年徵紋銀四錢二分。其課徵方式與臺灣本島採行之區分田園等則，按則計甲徵實之法迥異[42]。何以澎湖田賦獨採「地種」按石徵銀之問題，歷來無解。惟尹氏《臺灣志略》上卷〈錢糧科則〉目給予如下答案：「澎湖地種一百九十八石一斗九升四合（澎地瘠薄，上年種植之處，下年不堪種植，每年輪換迭種，故地不以甲畝計，而止計種數徵輸，每種一石，折納銀四錢二分），實徵銀八十三兩二錢四分一釐六毫六忽。」[43]蓋文獻中僅見者。按明鄭晚期澎湖地種爲五〇四點七六石，入清之初，拋荒三五〇點五〇二四石，實在一五四點二五七六石[44]，每石年徵紋銀四錢二分，共徵六十四點七八八一九二兩[45]。雍正九年，奉上諭定：臺灣自七年開墾及自首陞科者，改照福建泉州府同安縣之則例，化一甲爲十一畝三分零，計畝徵銀，仍代納以粟。於是田賦負擔比前減輕約三分之一[46]。澎湖「地種」每石徵銀四錢二分，按同安則例之下則園賦率，照同安鹽米不徵鹽折例，每畝徵銀五分六釐一毫八絲，將每石「換算」成七畝四分七釐五毫[47]。厥後，每石額徵銀連同耗羨共銀五錢二分[48]。

　　3、最先列出澎湖各澳之社名：《澎湖紀略》卷之二〈地理紀〉有〈澳社〉之目，對澳與社有以下之說明：「……海島民居，其烟火聚落之處，胥名爲澳焉。澎湖之人，依水爲家，傍涯作室，非澳而何哉！若夫社，即內郡所謂里是也。……故澳以聚之，是即鄉以嚮往之也；社以分之，

[42] 鄭喜夫：〈明鄭晚期臺灣之租稅〉，《臺灣銀行季刊》第十八卷第三期（民國五十六年九月），收入《臺灣經濟史十一集》，《臺灣研究叢刊》（臺北：臺灣銀行，民國六十三年十二月），頁九七～一一五；及《臺灣史管窺初輯》，《浩瀚文庫》（臺北：浩瀚出版社，民國六十四年五月，初版），頁八四～一二七。

[43] 同註1，頁二八。

[44] 同註42，《臺灣史管窺初輯》，頁一一八。

[45] （清）蔣毓英《臺灣府志》，《臺灣府志三種》（北京：中華書局，一九八五年五月，第一版第一刷），上冊，頁一五一～一五三。

[46] 鄭喜夫：《重修臺灣省通志》卷四《經濟志・財稅篇》（臺中：臺灣省文獻委員會，民國八十年十月），頁四一一～四一二、七一一。

[47] 同註6，《方志體例古今談》，頁八七。

[48] 同前註。

是即里以經理之也。……澳社之與鄉里，名異而實同，亦猶行古之道也。」[49]並云：「澎地古稱荒嶠，隋時僅著厥名，歷唐迄宋，均未經理斯土，其澳社之有無，不可得而悉矣。迨元末始置官吏。夫有官則有民，有民則有居，而澳社亦闕如不可考也。至明初徙其人民併歸內郡，地且爲墟，澳社之無亦可知矣。……自康熙二十二年平臺而後，……而澳社興焉。其時澳則僅有九也。至雍正五年，人物繁庶，又增嵵裏、通梁、吉貝、水垵四澳，遂十有三澳，共七十五澳社。」[50]在尹氏《臺灣志略》之前，諸方志等文獻唯見有嶼、澳之臚舉，且說法相當紛歧[51]，不復瑣瑣論列。《臺灣志略》中卷〈民風土俗〉目乃首先列出澎湖各澳所屬之社名云：「澎湖所轄嶼、澳，有民莊者，皆以社名，非番社也。其東西衞澳內有東衞社、西衞社、後堀潭社、蚱腳嶼社、暗澳社、案山社。嵵裏澳內有烟墩社、小管港社、猪母落水社、井仔垵社、嵵裏社、風櫃尾社。林投澳內有文良港社、占山社、林投社、隘門社、烏嵌社、雙頭掛社、東石社、西溪社。奎壁澳內有紅羅罩社、大城北社、湖西社、白灣坑社、青螺社、湖東社、南寮社、北寮社、果葉社。鼎灣澳內有港底社、港仔社、潭邊社、下鼎灣社、沙港頭社、上鼎灣社。八罩澳內有水垵社、網垵社、將軍澳社。瓦硐澳內有中墩社、城前社、港尾社、瓦硐社、後藔社。鎮海澳內有港仔社、小赤嵌社、崎頭社。赤嵌澳內有赤嵌社。通梁澳、吉貝嶼澳、西嶼澳三處內有外垵社、內垵社、緝馬灣社、小池角社、大池角社、二嵌社、竹篙灣社、橫礁社、合界頭社。媽宮澳內居民環集。」[52]按文中外垵社以下九社俱屬西嶼澳，故稱「通梁澳、吉貝嶼澳、西嶼澳三處內有外垵社……」實不甚清晰。

　　4、關於澎湖各嶼、澳之記載：尹氏《臺灣志略》在近年重被學者發現並利用前，處於「似久已告佚」之情況，無從參據，關於澎湖各嶼

---

[49] 同註32，頁三二。

[50] 同註32，頁三二～三三。

[51] 可參（清）王必昌：《臺灣縣志》，《臺灣叢書》《臺灣方志彙編》（臺北陽明山：國防研究院、中華學術院，民國五十七年十月，初版），第三冊，頁四〇；及許雪姬：〈宋、元、明、清對澎湖群島的認識〉，《硓𥑮石》第四期（民國八十五年九月），頁三四～五七。

[52] 同註1，頁四七～四八。

之記載，范志採據本書之說法而未明言出處者，往往被認為首見於范志，亦無可如何耳；今後因本書之流傳，當可免蹈前轍。限於篇幅，以下僅就本書中卷〈山川景物〉所載有誤或值得提出者，按嶼與澳略述如下：

（1）關於嶼之記載：「其錯落於大山嶼之後者，……險礁嶼（又名屈爪嶼）、……大貓嶼、小貓嶼（二山多異石如貓，又名大烈、小烈。而邑志另載貓嶼，恐誤）……」[53]險礁嶼與屈爪嶼是否同一嶼？許雪姬已有考[54]，在今之〈澎湖縣地圖〉[55]及〈澎湖縣圖〉[56]皆可清楚看出二嶼同屬白沙鄉，險礁嶼位於屈爪嶼西北不遠處，前人或即以此混為一談。大貓嶼、小貓嶼今屬七美鄉，位於澎湖群島之西南部，大烈嶼、小烈嶼位於西嶼之東北邊，大烈在小烈之南稍偏西，許雪姬已指出大貓、小貓不是大烈、小烈[57]；至「邑志另載貓嶼，恐誤」，許雪姬則指出：「有些島嶼可分為二，算二個島；有的則將二個島以一個島名來稱呼，如貓嶼，可分稱大貓、小貓；而東嶼坪、西嶼坪有時只稱半坪嶼，再加註說明這個嶼是東西兩半的。」[58]本書於「其列衛於大山嶼之左者」便是以：「半坪嶼（分東嶼坪、西嶼坪）」[59]來記載兩嶼坪。「其旋繞於大山嶼之右者，曰……丁字門嶼（即小門澳……）」[60]許雪姬考證指出：「除了王臺志（王必昌《重修臺灣縣志》）和范志將這兩個（丁字門嶼、小門嶼）並稱外，其餘的（文獻）有丁字門嶼就沒有小門嶼。按各圖中西嶼北只有一嶼即小門嶼或丁字門嶼，很可能范志、王臺志的記載有偏差。」[61]應可採信。「其列衛於大山嶼之左者，曰香爐嶼（亦名鼎灣嶼）、……馬鞍嶼（舊

---

[53] 同註1，頁七一。

[54] 同註51，許雪姬文，頁四五。

[55] 南華文化圖書出版有限公司編輯部：《臺灣區縣市鄉鎮地圖總集》（臺北：該公司，民國八十三年二月，再版），頁二〇六～二〇七。

[56] 內政部地政司、聯勤總部測量署編繪：《中華民國臺灣區地圖集》（臺北：內政部，民國七十年十月，初版），頁四〇。

[57] 同註51，許雪姬文，頁四五。

[58] 同註51，許雪姬文，頁三九。

[59] 同註1，頁七一。

[60] 同前註。

[61] 同註51，許雪姬文，頁四七。

稱雞腎嶼）、……鋤頭增嶼（亦名鋤頭插，舊名斧頭爭）。……」[62]關於香爐嶼是否亦名鼎灣嶼，許雪姬考曰：「其實鼎灣嶼只能算是大山嶼中的一個澳。香爐嶼在大山嶼南，即良文港西南二點五公里處，這兩嶼根本不同。」[63]事實確是如此，鼎灣與香爐嶼今同屬湖西鄉；鼎灣在大山嶼（澎湖島）之中央靠北，紅羅罩之西北，潭邊之西南；而香爐嶼則在良文港之南[64]。至馬鞍嶼舊稱雞腎嶼一節，范志亦云：「馬鞍嶼……舊名雞腎」[65]，實則馬鞍嶼今屬望安鄉，位於望安（八罩）島之東北，而將軍澳嶼之西北；雞腎嶼即雞善嶼，今屬湖西鄉，故亦可借用許雪姬所說：「這兩個嶼根本不同。」至鋤頭增嶼與斧頭爭之問題，或謂：「鋤頭錚嶼首先出現在高志，斧頭錚嶼則出現在《澎湖臺灣紀略》中。」固無錯誤，但高志除在卷一〈封域志‧山川〉之〈臺灣縣山‧附澎湖嶼〉見有鋤頭增嶼之名外，在書前之〈澎湖圖〉東吉與西吉中間有鐘嶼、斧頭爭二島，不另見有鋤頭增嶼，而今日地圖鋤頭增嶼正在東吉、西吉二嶼之中，許雪姬認為「極可能是同一嶼」，事實上應確是同一嶼。

（2）關於澳之記載：關於澳，尹氏於《臺灣志略》中卷〈山川景物〉目首云：「各嶼之中各澳在焉（澳者，就可泊船之處言之）。」[66]此種解釋，與上述見於《澎湖紀略》者有所異同，但可兼取合參。以下所引，未特為註明者，亦皆出自上述〈山川景物〉目：「一曰雞母灣澳（亦稱雞母塢，在雙頭掛之東，四面皆山，商船逃風者多避此。又名蠘仔灣，邑志未載）、」[67]雞母灣澳即馬公市五德里，而蠘仔灣即〈山川景物〉目另記之：「一曰緝馬灣澳（在西嶼之南，北風可寄泊）、」[68]亦即今西嶼鄉赤馬村，非雞母灣澳也。按蠘仔灣寫法甚多，《澎湖志略‧疆域》亦作「蠘仔灣」[69]，蔣志、高志並作「緝馬灣」（高志〈澎湖圖〉作「揖

---

[62] 同註1，頁七一～七二。

[63] 同註51，許雪姬文，頁四五。

[64] 同註55、56。

[65] 同註51，許雪姬文，頁四六。

[66] 同註1，頁七二。

[67] 同前註。

[68] 同註1，頁七三。

[69] （清）周于仁、胡格：《澎湖紀略》，收入諸家：《澎湖臺灣紀略》，《臺灣文獻叢刊》（臺

馬灣」），劉志、范志、余志及王臺志並作「緝馬灣」，陳倫炯《海國聞見錄》之〈澎湖圖〉亦然[70]，而《清初海疆圖說》之澎湖地圖則又作「揖馬灣」[71]，《澎湖紀略》作「緝馬灣」[72]，此外，有作「蝟仔灣」，後則作「赤馬灣」，今村名亦爲「赤馬」。筆者上代世居蟶仔灣，先父以上八代皆生長於是。以筆者聞諸故里長輩，是地地名讀法有二種：一爲「緝仔灣」，一爲「ㄑㄧㄠ灣」；似前者較早，後者較晚。至寫法似當作「蟶仔灣」，亦與第一種讀法相合。「蝟」似爲「蟶」之訛寫或別寫，查《中文大辭典》及《辭海》俱無「蝟」字。依上述兩種辭書，「蟶」有二解：一爲蟾蜍；一爲 Clelana toreuma，「屬頓體動物腹足類。殼扁平，長寸許，鈍圓錐形，表面平滑，色淡碧，有褐色小點，具放射狀脈。肉體具肥厚之板狀腳，頭部有觸角一對，其基部外面有單眼一，呼吸器爲板狀，圍繞於體旁。生海濱岩石上。」蟶仔灣之「蟶」係指 Clelana toreuma。至「輯馬」、「揖馬」、「緝馬」、「赤馬」，則皆不同之記音寫法。「馬」字不能實指，蓋僅爲「蟶仔灣」之「仔」之音變而已；猶噶瑪蘭之於蛤仔難。（或謂「緝馬」爲「泊舟」之詩的寫法，亦可備一說。）「一曰吉貝澳（此澳附於鎮海）、」[73]點校本另起一段，其實宜改列上段末。「一曰後灣澳（即後鼻，亦名合界頭）、」[74]考高志〈澎湖圖〉，合界頭在西嶼之北部，後灣在西嶼之南部，合界頭即今西嶼鄉之合界村，筆者外祖父家即在合界村，而後灣似當在今西嶼鄉外垵村，故指後灣澳亦名合界頭似係錯誤，不可採信。「一曰小門澳（與西嶼之合界頭不遠）、」[75]此項記載無誤，但點校本另起一段，其實宜改列上段末。〈山川景物〉目在山川部分最後有如下附註：「細按郡志澎湖圖，大山嶼之後有芝眉嶼、

北：臺灣銀行，民國五十年五月），頁二八。

[70] （清）陳倫炯：《海國聞見錄》，《臺灣文獻叢刊》（臺北：臺灣銀行，民國四十七年九月），頁七九。

[71] 臺灣銀行經濟研究室編輯：《清初海疆圖說》，《臺灣文獻叢刊》（臺北：臺灣銀行，民國五十一年九月），頁一一三。

[72] 同註32，頁三五。其〈澎湖全圖〉亦作「緝馬灣」。

[73] 同註1，頁七三。

[74] 同前註。

[75] 同前註。

凌波嶼、蚵廣嶼、雞喜嶼；……而圖說未詳，邑志、澎湖志俱未載入」。」[76]實則芝眉嶼與凌波嶼即〈山川景物〉目上文「其列衛於大山嶼之左者」之陰嶼與陽嶼，今稱查母嶼（亦作查某嶼）與查坡嶼，同屬湖西鄉。「蚵廣嶼」為「蟳廣嶼」之誤，高志〈澎湖圖〉不誤。「雞喜嶼」則沿高志〈澎湖圖〉之誤，即上文之雞善嶼（雞腎嶼），今亦屬湖西鄉。

　　5、關於乾隆初年澎湖之民風土俗及民生景況之描繪，中卷〈民風土俗〉目有文獻中僅見之記載云：「澎湖……媽宮澳內居民環集。合十三澳內五十六社，計一千七百三十一戶，共男女一萬四千一百八十六丁口。澎民有眷者多。媽祖宮前為生意湊集之處，餘悉蓽門蓬戶，男婦相助耕漁。地多沙磧，不產稻、麥，惟種麻、豆、高粱、小米、地瓜、花生等物。產塗魠魚，甚大，非巨網不能取，冬始出，仲春而止，無刺，味甚美。……又有巴螺、沙魚翅之屬，居民以此為生計，終年之內大抵敝衣遮體，粗糲果腹，較郡治風俗，大相懸絕。又有賣文石為業者，在外塹山麓掘地劈石取之，昂其價直（值），取利糊口。各澳多產羊，牧放滋息，可代農功。民少控告之事，官無聽斷之煩，有無懷、葛天之遺風焉。總計臺民，淡、澎二屬最為淳樸。」[77]

　　（二）關於當時臺灣各地業戶招佃、佃戶納租，及蔗園納租情形，上卷〈民番田園〉目所記史料價值亦高：

　　1、業戶招佃、佃戶納租情形：「業戶謂之『頭家』，其招佃墾耕，以田五甲為犁分一張。佃人先納頭家犁分銀，或四、五兩，或七、八兩，以為幫開水圳之費。既墾成田，每甲所獲年納租穀八石，餘皆佃民自得，正供係業戶完納。旱園犁分銀較輕於田，所納麻、麥各租，或五石、六石不等，業戶易穀以供輸將。」[78]。

　　2、蔗園納租情形：「至於耕種蔗園，凡糖廍一張，用牛十二隻，廍器創自佃民者，每牛一隻，年納糖九百五十斤；廍器創自業戶者，每牛

---

[76] 同註1，頁七四。

[77] 同註1，頁四七～四九。

[78] 同註1，頁二五。

一隻，年納一千三百五十斤。」[79] 以往唯知清代蔗車每張年徵紋銀五
兩六錢，此實珍貴之資料。

（三）關於歸民徵輸官莊各項實物折納銀兩比率及輸銀租率，爲劉
志、范志及余文儀《續修臺灣府志》[80]所不能詳者，上卷〈錢糧科則〉
目卻能詳述如下：

> 官莊租粟三萬二千六百石零六斗七升二合（每石折納銀四錢），
> 實徵銀一萬三千零四十二兩六錢八分七釐八毫。
> 芝麻四百七十石三斗一升七合零（每石折納銀一兩一錢），實徵
> 銀五百一十七兩三錢四分九釐。
> 白糖四千一百五十擔三觔零（每擔折納銀二兩二錢），實徵銀九
> 千一百三十兩零六分八釐六毫。
> 烏糖三千二百四十九擔八十八觔零（每擔折納銀一兩一錢），實
> 徵銀三千五百七十四兩八錢七分。
> 蔗車糖廍七百七十二張（每張輸銀五兩六錢），實徵銀四千三百
> 二十三兩二錢。
> 牛磨一十六乘（每乘輸銀五兩六錢），實徵銀八十九兩六錢。
> 魚塭一口，實徵銀四十七兩七錢六分九毫三忽。
> 以上官莊各項共實徵銀三萬七百二十五兩五錢三分六釐三毫三
> 忽（例係十月開徵，每兩徵耗銀一錢，並封戥頭二分），皆起運
> 府庫，撥充兵餉。[81]

此爲文獻中僅見之官莊之徵輸資料，其史料價值可知也。

（四）關於乾隆初年臺灣各廳、縣民風土俗及民生景況之分別描
繪，亦僅見於中卷〈民風土俗〉目：

> 臺邑……四坊之內最爲繁盛者，如南勢街、北勢街、新街、南貨
> 街、大井頭、水仙宮、帽子街、珠子街、總爺街、上下橫街、嶺
> 後街、嶽帝廟等處，市井繁盛，百貨雲集。行鋪俱掛燈爲額，大

---

[79] 同註1，頁二五～二六。
[80] （清）余文儀：《續修臺灣府志》，《臺灣文獻叢刊》，臺北：臺灣銀行，民國五十一年四月。
[81] 同註1，頁三一～三二。

書字號於上，黃昏燃燭，光同白晝。市中交易，皆用番錢，係紅毛、呂宋各處所鑄銀餅，圓長不一，其式上印番花，實則九三色。重七錢二分者，曰「大錢」；重三錢六分者，曰「中錢」；青蚨無大版，僅二行低小者。

俗尚奢侈，宴會必豐。男子衣服多用綾綢，即傭販之輩，非紗帛不袴。競啖鮮檳榔，云可解瘴氣，薦客先於茶、酒。……市賣者甚多，切水藤，夾蛤灰共嚼，兩頰及齒皆紅，……婦女出門少肩輿，麗服華飾，擁傘而行。

安平鎮（康熙六十年，臺警，兵民向義拒匪，又名效忠里）人烟亦密；西港仔、洲仔尾各處多網師、船戶、鹽丁、場夫編竹結茅於樹木陰翳中，饒有景色。

羅漢門各莊，烟火相接。大穆降莊竹圍甚大，多祖籍金陵、京口之人，云係鄭氏所掠，今成土著。自潮、惠來者，稱為客民；由漳、泉各郡來者，目為本地。鄉耆年六十上下者，呼為「老大」，凡有迎賽之事，推老大十餘人為之倡率。於神誕前數日，處處迎神，於道演潮調並漳、泉下南腔，號曰「雙槌鼓」。又每逢正、七、十等月，競尚普渡（惟七月最盛），比戶以長竹繫燈，燃燭通宵，燦若列星。

臺地向少騾馬，多以黃犢為乘。近日馬匹繁衍，而牛騎仍然不絕，以其馴習易羈也。遠行多用牛車，上制蘆篷，以防風雨，莊民賣糖穀等物皆用之。[82]

鳳邑……縣治有龜、蛇二山以為憑依，縣署、營署相連，居民環繞，水陸服食，無物不備。最盛為邑南之萬丹街及下埤頭街，利來利往，大半係漳、泉之人。俗亦過奢，迎神演劇之事，多效府治。其田土寬平，蔗園、糖廍與禾苗相間，林林總總，洵為樂郊。有鳳彈汛，因鳳山取名，山形如飛鳳，其最高處，民莊有三。天生水泉，以資灌溉。山後通打鹿塘，接下淡水界。岡山、阿猴林、蘭坡嶺一帶森林密箐，最易藏奸，……下淡水多客民莊，潮、惠之人聚集耕種，每莊不下千百人。……今堵禦生番，半資其力。[83]

---

82 同註1，頁四三～四五。

83 同註1，頁四五。

諸邑……邑內街市周密，生理豐裕，比戶多有眷屬。外莊草地寬平，村墟聯絡。所出穀米、糖蔗及二麥、麻、豆、番檨、檳榔各物甲於他邑，故民多蓋藏。沿海各港，為水陸通衢，人民輻輳，而笨港行鋪特多。民情好尚，亦略同首邑。猴樹港以南瀦水為湖，周可十餘里，名荷包嶼，……大旱不涸，捕魚者眾。洲中村落即名荷包嶼莊，原隰膴膴，耕鑿嬉嬉，有作息之風。[84]

彰邑……邑治雖新設未久，而願耕於野，願藏於市者，四方紛至。故街衢港陌，漸有可觀，山珍海錯之物，亦無不集，但價直（值）稍昂。其敬媽祖諸神，亦仿郡城。東螺、燕霧數保，田土肥闊，圳水交流，居民殷富。鹿仔港亦水陸四達之區，穀行、糖鋪其盛侔於笨港，內多泉民，有晉江街、同安街之分。海豐、水利（按即水裏）各港，多捕魚討海以為業者，頗食貧自安。惟貓霧捒、南北投，村落寫遠，內山生番間出，今添汛設寨以衛之。（詳〈營規〉、〈臺寨〉各條）。[85]

淡防廳所屬……竹塹建城栽竹，修衙署，起營房，市廛漸興，人烟日盛。大溪墘南北八十餘里，地土廣闊；淡水內港，戶頗繁衍，牧笛漁歌，更唱疊和，油油於熙皞之天，風俗樸實，終年少鬥毆、爭訟之事。所產稻穀賤於通臺，至一切布帛器皿、應用雜物，價昂數倍。蓋緣額設社船四隻，自廈直抵淡港，一年一到。其郡治及他邑商船，港道不熟，且恐風逆有失，每年立夏後南風盛發，方貿易其地。迨九月九降風起，則不敢復往，故穀賤物貴。今亦市肆交易，有無漸相通焉。[86]

　　有關澎湖之部分，已錄介於前，不贅。而〈民風土俗〉目全篇結論為：「總計臺民，淡、澎二屬最為淳樸。首邑華靡競尚，且刁悍不免。鳳、諸、彰次之。……」[87]所記均富史料價值，其中尤以關於大穆降莊多祖籍金陵、京口之人，云係鄭氏所掠，「今」成土著云云；尤足珍貴。此等祖籍金陵、京口之人，當係明永曆十三年（清順治十六年）鄭延平

---

[84] 同註1，頁四五～四六。
[85] 同註1，頁四六～四七。
[86] 同註1，頁四七。
[87] 同註1，頁四九。

北伐之役所俘獲者。上卷〈全郡形勢〉目間有可取以作爲補充以上〈民風土俗〉目引文者：

> 羅漢門局勢開敞，番社民莊，資其地力。至附郭內外，多烟寺花潭，商賈交易，成燈街夜市。民物豐盈，光景富麗，他邑鮮有及者。[88]
>
> 彰邑雖新設未久，而城郭市廛，頗就條理，衙署營盤，漸成局面。……市有鹿港、海豐之盛；規模宏遠，不亞鳳、諸。[89]
>
> 淡水在臺郡極北，屬北路淡防廳所轄。竹塹居淡屬之中，建城修署，漳、泉、潮、惠之民耕種生理者，日漸雲集。大溪墘、南嵌各處，亦有居民。八里坌營制街市，風景可觀。由淡水港入關渡門（舊稱干豆門，字音之訛），其內港兩岸，土田寬闊肥美，居民增盛，非復初入版圖之舊。……[90]

（五）其他：

1、關於「盪纓」：《臺海使槎錄》卷一〈赤嵌筆談・形勢〉有云：「鹿耳門港路迂迴，舟觸沙線立碎。南礁樹白旗，北礁樹黑旗，名曰盪纓，亦曰標子，以便出入。」[91]語焉不詳；而本書上卷〈全郡形勢〉目及〈重洋海道〉目各有詳細之說明，前者云：「鹿耳門亦屬臺邑，去郡治三十里，右爲加老灣，左爲北線，狀似鹿耳，鐵板沙潛伏水底，最爲險惡。土人插竹繫纓布爲招（鹿耳門浮面水闊而淺，就中港口深九尺，潮至深一丈三尺，不能並行兩舟。有盪纓戶小船，以竹簍盛碎石數百斤，豎竹於中，下穿橫木於竹腳，使不歪斜。將石簍沉於港口之旁，竹上繫纓布，使遙望可見，以作記認。遇風浪，招損，仍另立），海航往來，必由招中。否則，沙衝舟滯，立爲浪碎，乃天設以爲臺郡門戶。」[92]後者曰：「鹿耳門乃兩岸沙腳環合處，插竹爲招，沿招以進（查港道有南、北兩招，

88　同註1，頁四。

89　同註1，頁五。

90　同前註。

91　同（清）黃叔璥：《臺海使槎錄》，《臺灣文獻叢刊》（臺北：臺灣銀行，民國四十六年十一月），頁六。

92　同註1，頁四。

南招即插於鹿耳門外，北招在隙仔口。兩招相離約十里，中有大沙線橫攔，沙上浮水僅三尺，大船不能行。自廈門渡臺之海航由南招進口；自北路至郡者，由北招進口。又南、北兩招之岸上，皆用大杉木高豎燈干（杆）。夏秋之夜，掛燈於南；冬春之夜，掛燈於北。自澎湖透夜放洋者，知認識方向，以便攏船）。」[93]

2、關於「安平鎮亦有紅毛樓一座」：上卷〈疆域沿革〉目有云：「崇禎八年，荷蘭築臺灣、赤嵌二城（臺灣城，即今安平鎮紅毛城；赤嵌城，即今府治紅毛樓，實非城也。安平鎮亦有紅毛樓一座），海濱巨商，常來貿易。」[94]考蔣志卷之一〈沿革〉云：「崇禎八年，荷蘭始築臺灣、赤嵌二城。臺灣城即今之安平鎮城也，赤嵌城即今之紅毛樓，名城而實非城也。……又設市於臺灣城外，泉、漳之商賈始接踵而至焉。」[95]高志卷之一〈封域志‧建置〉亦云：「崇禎間，荷蘭人……建臺灣、赤嵌二城（臺灣城，今安平鎮城；赤嵌城，今紅毛樓），規制甚小，名城而實非城。設市於臺灣城外，遂成海濱一大聚落。」[96]本書所謂「安平鎮亦有紅毛樓一座」，未之前聞，似非指臺灣城，是否指臺灣城內之樓，不得而知，俟考。

3、關於淡水廳「署向設沙轆社」：上卷〈文員定制〉目有云：「淡防同知……署向設沙轆社（即今改遷善社），今移駐竹塹，離府北三百九十六里。」[97]考《淡水廳志》卷三〈建置志‧廨署〉，唯知舊廳署在彰化縣治，乃雍正二年同知王汧所建，至乾隆二十一年，同知王錫縉始改建於竹塹城內[98]。據尹氏此書，乃知淡防同知「署向設沙轆社」，且「今移駐竹塹」，以尹氏曾署淡水同知職，此項記載之正確性應無庸置疑，可補舊志之不足。

---

[93] 同註1，頁一一。

[94] 同註1，頁七。

[95] 同註45，頁六。

[96] 同（清）高拱乾：《臺灣府志》，《臺灣叢書》第一輯《臺灣方志彙編》（臺北陽明山：國防研究院、中華學術院，民國五十七年十月，初版），第一冊，頁五。

[97] 同註1，頁一三～一四。

[98] （清）陳培桂：《淡水廳志》，《臺灣叢書》第一輯《臺灣方志彙編》（臺北陽明山：國防研究院、中華學術院，民國五十七年十月，初版），第九冊，頁四八～四九。

　　4、關於府學及四縣學訓導有「化導番童」之責：上卷〈文員定制〉目又云：「府學及四縣學，原設教授一員、教諭四員。雍正十一年，撫軍趙公〔福建巡撫趙國麟〕於〈臺疆人文日盛等事〉案內題請添設訓導五員，以資振興文教，並化導番童。」[99]此似亦清代方志所不及詳者，為有關原住民教育之史料也。唯在添設以前及移設其他廳、縣，與一學僅設訓導一員學官之情形，該僅有之教授、教諭或訓導，是否亦有「化導番童」之職責，其詳如何，皆有待進一步之研究。

　　5、關於添設柳樹湳汛之經過情形：上卷〈武職營規〉目及〈城垣臺寨〉目均有提及，該汛屬北協中營，前者云：「把總一員、兵一百名，分防柳樹湳汛（柳樹湳舊無汛防，因係生番出沒之所，將貓霧揀汛撥兵五十名，彰化汛撥兵五十名，隨貓霧揀把總分防此汛）。」[100]後者曰：「彰邑之柳樹楠（湳）莊與內山之生番社相近，莊民失於自防，間被戕害。乾隆二年，添設柳樹楠（湳）汛（詳載營制），並於登臺莊、新莊添義勝、勇勝二寨，離營汛各四、五里，均設鄉壯三十名，給以軍器，協同汛兵互相巡防，以遏生番出路。」[101]此汛之存立僅數年間，至多不過五年，即已改為「分防蓬山等汛兼遊巡牛罵、沙轆、大肚等處把總一員、兵一百名」[102]故以上二目之相關記載，彌足珍貴。

　　6、關於朱一貴事件後之卑南覓社：卑南覓社於明鄭晚期即有社餉之徵，計徵時銀一四〇點四〇兩；入清後，社餉一律減十分之三（竹塹社再減十分之一為特例）[103]，年徵紋銀六八點七九六兩。本書中卷〈番情習俗〉云：「總計卑南覓共六十六社（卑南覓社原係歸化輸餉，迨康熙六十年臺變〔按即朱一貴事件〕，定為生番界，復於雍正二年招撫，率領前未歸化之加留難等六十五社附入輸餉）。」[104]是該社於朱一貴事件後被畫定為「生番」界，至雍正二年率前未歸化之加留難等六十五社

---

[99] 同註1，頁一五。

[100] 同註1，頁一九。

[101] 同註1，頁二四。

[102] 同註31，第三冊，頁三二〇。

[103] 同註42，《臺灣史管窺初輯》，頁一〇六～一〇七。

[104] 同註1，頁五五。

（〈番情習俗〉目列有此六十五社社名）附入輸餉。〈番情習俗〉目又云：「又有新歸化之歷歷社、瓜冤社、率岡社、大龜文社（與前卑南冤社內附之大龜文社係兩社）、謝不一社（以上五社在南路山前）。共七十一社，合山猪毛等之四十七社，皆輸納鹿皮餉銀。但社分太遠，錯落數百里，戶口難稽，而總以傀儡生番概之。」[105]此指鳳山縣之丁餉，但包括劉志、范志、余志，及王瑛曾《鳳山縣志》[106]，則輸納鹿皮餉銀者僅山猪毛等四十七社（府、縣志皆詳列各社名），而卑南冤等六十六社僅以卑南冤社名義仍舊徵（紋）銀六八點七九六兩，至歷歷社等五社則未之見。其詳有待進一步之探討。

　　7、關於斗尾龍岸即岸裏社：斗尾龍岸係明鄭時代即甚為有名之原住民聚落，入清後記載不多，幾於消聲匿跡，究為後之何社殆已成謎。郁永河《番境補遺》有三段關於斗尾龍岸之記載：（1）「斗尾龍岸番皆偉岸多力，既盡文身，復盡文面，窮奇極怪，狀同魔鬼。常出外焚掠殺人，土番聞其出，皆號哭遠避。鄭經親統三千眾往剿，既深入，不見一人；時亭午酷暑，將士皆渴，競取所植甘蔗啖之。劉國軒守半線，率數百人後至；見鄭經馬上啖蔗，大呼曰：『誰使主君至此？令後軍速退。』既而曰：『事急矣，退亦莫及，令三軍速刈草為營，亂動者斬。』言未畢，四面火發，文面五、六百人奮勇跳戰，互有殺傷；餘皆竄匿深山，竟不能滅，僅爇其巢而歸。至今崩山、大甲、半線諸社，慮其出擾，猶甚患之。」[107]（2）「阿蘭番近斗尾龍岸，狀貌亦相似。」[108]（3）「臺灣多荒土未闢，草深五、六尺，一望千里。草中多藏巨蛇，人不能見。鄭經率兵剿斗尾龍岸，三軍方疾馳，忽見草中巨蛇，口啣生鹿，以鹿角礙吻，不得入咽，大揚其首，吞吐再三；荷戈三千人行其旁，人不敢近，蛇亦不畏。」[109]自上述記載，僅知斗尾龍岸位於距半線、崩山、大甲不

[105] 同註1，頁五五～五六。

[106] （清）王瑛曾：《鳳山縣志》，《臺灣叢書》第一輯《臺灣方志彙編》（臺北陽明山：國防研究院、中華學術院，民國五十七年十月，初版），第五冊，頁一一三～一一六。

[107] 同註19，頁五六。

[108] 同前註。

[109] 同註19，頁五七。

遠處，「皆偉岸多力，既盡文身，復盡文面」，「常出外焚掠殺人」，「土番」亦畏甚。而尹氏在〈番情習俗〉目云：「（彰邑）東北隅爲岸裏社（舊傳爲斗尾龍岸，最強），附有烏牛欄社、阿里史社、掃捒社。內山有朴仔籬社、獅頭社、獅尾社、巴老苑社，並新歸化之沙里興社，離邑治遠，無徭役之勞。番貌醜惡，長髮文身、穿耳，半圍鹿皮爲衣。番婦多嘴刺花紋，甚覺稀異。」[110]同卷〈雜緝遺事〉目有云：「一曰吞鹿蛇，……鄭經率兵剿斗尾龍岸（即今之岸裏社）……」[111]其內容即上述《番境補遺》之第三段記事。得尹氏之證言，斗尾龍岸即岸裏社應可採信，此爲黃叔璥所未言及者。又據〈番情習俗〉目，可知歸化「生番」之「離邑治遠」者，可「無徭役之勞」。是皆珍貴之清代原住民史料也。

　　8、關於雞籠嶼福州街之最早記載：〈番情習俗〉目又云：「大雞籠社與雞籠城皆在雞籠嶼，隔三里許，中有福州街故址。社番淳良，能協助戍兵以衛邊疆。」[112]同卷〈山川景物〉目亦云：「淡屬之山，……東北隅曰雞籠嶼（城與社皆在西面，又有福州街舊址，係當年與日本交易之處），……」[113]按《淡水廳志》卷二〈封域志‧山川〉云：「雞籠嶼在治東北二百五十里。城、社皆在西，約二十餘里，爲僞鄭與日本交易處。」[114]尹氏《臺灣志略》所記殆爲雞籠嶼福州街之最早記載，其地爲明鄭時代與日本交易之處，在尹氏時已以「故址」或「舊址」存在而已，《廳志》遂無福州街之記載，可見此項資料之史料價值。

四、結語

　　尹士俍《臺灣志略》已「重見天日」，由於書中記載，大多具有較高之史料價值，亦不乏相當珍貴者，因此善加利用，對於相關問題之研究大有助益，值得學界重視。筆者謹應邀草成此稿，稍加介紹，不逮之

---

[110] 同註1，頁五七。

[111] 同註1，頁一〇四。

[112] 同註1，頁五九。

[113] 同註1，頁六九。

[114] 同註99，頁三三。

處，敬請惠閱同工不吝教正爲感。

〔附記〕本篇原載《臺灣文獻》第五十四卷第四期（民國九十三年十二月出版），頁五三～八六。

關於清人李元春刪輯《臺灣志略》

一、前言

　　清代臺灣文獻中，有兩種同名爲《臺灣志略》，其一係乾隆三年（一七三八）尹士俍所撰，另一乃道光十五年（一八三五）李元春（一七六九～一八五四）所刪輯。拙稿〈關於清代兩種「臺灣志略」〉即爲討論尹、李二書而作。其時尹書尙在「神隱」中，學界咸以爲「似已告佚」；今則業爲兩岸學者所發現，李祖基先生之點校本並已有兩種版本問世，該稿所談遂成明日黃花。李書並無「神隱」之問題，唯其書係李元春「刪輯」自薛志亮《續修臺灣縣志》而成，非李自著之書，李本人並不自諱，故標著「刪輯」，拙稿中爲列表對照，清清楚楚。惜至今仍有將李書當成獨立之一種方志或文獻看待。茲自該稿截取談李書部分，以成此篇。

二、李元春略歷

　　李元春，字時齋；陝西朝邑人。清嘉慶三年戊午（一七九八）舉人。生於乾隆三十四年（一七六九），卒於咸豐四年（一八五四），享壽八十有六[1]。李氏刪輯之《臺灣志略》，收入同里劉振清（字金亭）彙梓之《青照堂叢書》[2]編列爲該叢書第八十五冊，於道光十五年（一八三五）在李氏故里朝邑刊行[3]。是年，李氏已六十七歲。按李氏爲陝西孝廉，何以會有關於臺灣之書而在陝西刊行，似值一究。雖別無佐證，筆者推測李氏蓋係佐按察使銜福建分巡臺灣兵備道劉重麟幕渡臺，遂於在臺期間，或返陝後刪輯薛志亮《續修臺灣縣志》而成其《臺灣志略》。按劉氏亦陝西朝邑人，廩貢出身，道光七年（一八二七）正月二十二日奉旨

---

[1] 見周憲文先生與吳幅員先生合撰〈臺灣文獻叢刊〉，載《臺灣銀行季刊》第十八卷第一期「本刊出版二十週年紀念特輯」，（臺北：臺灣銀行經濟研究室，民國五十六年三月）。

[2] 據臺灣銀行經濟研究室編印《臺灣文獻叢刊》本百吉先生撰〈弁言〉。

[3] 據王世慶先生主編：《臺灣研究中文書目（史地之部）》，臺北：美國亞洲學會臺灣研究小組，民國六十五年三月，初版。

由江西督糧道調任分巡臺灣兵備道，同年十一月初三日到任。九年（一八二九）十二月初九日奉旨陞任江西按察使，十年（一八三〇）二月卸[4]。李氏與劉氏爲小同鄉，或因而應劉氏邀聘來臺佐幕。但道光七年李氏已近耳順之齡，此一推測然否，尚待查證。

三、歷來文獻對本書之著錄

　　清代臺灣方志等文獻，以筆者所經目者，就記憶所及，似尚無關於李元春刪輯《臺灣志略》之著錄。

　　最先提及李氏刪輯《臺灣志略》者，似爲朱士嘉先生著《中國地方志綜錄》，其附於福建後之《臺灣》有云：

　　「（書名）」臺灣志略（卷數）二（編纂人）李元春纂修（編纂時期）清（版本）青照樓叢書本〔按此下（藏書者）（備考）二欄俱空白〕」。

　　陳漢光先生撰〈臺灣地方志書彙目〉〈（二）私撰地方志〉〈屬府志部門〉據今國立臺灣圖書館所藏《青照堂叢書》本之抄本，對「版本」作以下說明：

　　　嘉慶年間修，不分卷訂爲一冊。圖無，文一百零九葉，半葉九行，每行二十字。書長二七‧七公分；寬一九‧六公分。

又有如下「解說」：

　　　本書係李元春所修。未詳其編纂年代。但知其『軍政』記事止於嘉慶十一年；『兵燹』記事止於嘉慶十四年。全書分地志、風俗、物產、勝蹟、原事、軍政、屯番、兵燹、戎略、叢談計十目，內容資料尚佳，足資參考。無單行傳本，收於青照堂叢書內。

　　民國四十七年十月，臺灣銀行經濟研究室出版李氏刪輯《臺灣志略》，編列爲《臺灣文獻叢刊》第一八種，書前有百吉先生撰「弁言」，

---

[4] 拙輯《臺灣地理及歷史》卷九《官師志》（臺中：臺灣省文獻委員會，民國六十九年八月），第一冊《文職表》，「清」，第一四五條；又參閱《大清宣宗成皇帝實錄》卷一百六十三。

有云：

> 臺灣志略二卷，清李元春著。元春字時齋，陝西朝邑人。
>
> 卷一首述地志，凡臺灣之建置沿革、方位分野、山川道里、島嶼港灣與夫風信潮流、晴雨煥寒，莫不逐條論列，詳述靡遺。次風俗，所記至簡。又次物產，則分穀貨蔬果、藥石竹木、花草禽獸、魚介昆蟲諸端。又次勝蹟，則載赤嵌樓、赤嵌城、荷蘭井、五妃墓、天后宮以及其他園亭、別館、廟宇、檨林之類。末原事，雜記林道乾、顏思齊、紅毛番暨鄭氏先後據臺之事。此卷一之內容也。
>
> 卷二首述軍政，凡鎮標、水師、城守諸營之編制，弁兵、馬匹、戰船、炮台之確數，以及衙署之所在、汛塘之分佈、船政之變更、番屯之設置，皆有扼要之記載。次兵燹，列舉康熙三十五年吳球之亂、六十年朱一貫之亂、乾隆三十五年黃教之亂、五十一年林爽文之亂及嘉慶十年至十一年海上蔡牽兩次之侵臺。又次戎略，凡記姚啟聖、施琅、吳英、朱天貴、覺羅滿保、施世驃、藍廷珍及福康安等人先後對臺用兵之事蹟。末叢談，掇拾遺聞逸事十餘則。此卷二之內容也。
>
> 本書大都取材於郡縣舊志及前人著作。其引用書名之見於正文或註字中者，除舊志外，有海東札記、島上附傳、赤嵌筆談、稗〔按當作『裨』〕海紀游、偽鄭逸事及臺海使槎錄等書。

其後，周憲文先生與吳幅員先生合撰〈臺灣文獻叢刊〉一文[5]，關於本書所作「提要」，即係節錄百吉先生上引〈弁言〉，唯改「李元春著」為「李元春輯」，此一字之易，確為後來居上，視前充當。

事實上，李元春此一《臺灣志略》乃「刪輯」自薛志亮《續修臺灣縣志》（詳下文），在卷一與卷二之首半葉俱有「朝邑李元春時齋刪輯、男來南薰屏參訂」字樣，實已自行交待清楚，唯「刪輯」二字歷來多被輕輕看過，且李氏亦未明言其所根據的原書，以致此《臺灣志略》長期被誤為李氏所「纂修」（朱士嘉先生）、所「修」（陳漢光先生）、所「著」

---

[5] 同註1。

（百吉先生）。

　　薛志亮《續修臺灣縣志》，以筆者所知有嘉慶十九年（一八一四）至二十一年（一八一六）間之原刻本（即「薛刻本」）、道光元年（一八二一）之增修補刻本、道光三十年（一八五〇）之增修補刻本三種[6]。李元春所據以刪輯者，自非道光三十年本，至嘉慶間原刻本與道光元年本皆有可能，後者之可能性尤大。如李氏的係佐臺灣兵備道劉重麟幕而東渡者，則其「刪輯」之年代應在道光間而非嘉慶間，亦不待贅言。又此書既係刪輯自薛志亮《續修臺灣縣志》，則不當列本書為〈屬府志部門〉，而應列諸「屬縣志部門」。

四、本書與《續修臺灣縣志》之對照

　　李元春《臺灣志略》，乃「刪輯」自薛志亮《續修臺灣縣志》，茲即以臺灣銀行經濟研究室編印《臺灣文獻叢刊》本之李氏《臺灣志略》與同為該叢刊本之薛志頁碼為準，列表以明其各段「刪輯」之詳情如下：

臺灣志略起訖頁/行	內容之文字	刪輯自薛志起訖冊/頁/行	備考
1/1	臺灣志略卷一		
1/2	朝邑李元春時齋刪輯		
1/3	男來南薰屏參訂		
1/4	地志		
1/5~3/4	臺灣在福建布政使司東南大海中……而臺灣之建置駸駸	一/1/11~3/13	首句「臺灣」薛志作「臺灣縣」此外略去薛志註二則

[6] 見拙撰〈《續修臺灣縣志》校後記〉，載筆者校訂之薛志亮《續修臺灣縣志》，《臺灣叢書》第一輯第四冊，臺北：國防研究院、中華學術院合作出版，民國五十七年十月，初版。

	乎盛矣。		
3/5~3/10	臺灣縣東負郭……西不盡海。	一/4/3~4/8	首句「臺灣」爲薛志所無此外誤字衍字各一又文中「北至城守營北；縱橫徑……」薛志亦然唯臺銀本「北」字上誤衍「南」
3/11~4/1	臺灣地入東海……無實驗云。	一/4/14~5/5	
4/2~8/8	東倚者皆山……皆鳳山界。	一/16/4~20/11	衍字誤字各一
8/9~10/13	七鯤身嶼在邑西南海中……（溪南爲鳳山界）。	一/22/5~24/9	略字二
10/14~12/5	淡水溪自北而南……西陂亦在新港社。	一/24/16~26/8	略字二誤字一
12/6~12/16	邑治八景……尋廢。	一/26/10~27/6	二字顛倒脫一字略薛志註二則
13/1~23/9	環臺灣皆海……共水程五十八更。	一/27/10~37/16	二字顛倒誤字六略字三又改「邑」爲「臺灣縣」
23/10~28/16	臺灣風信……（舊志）。	一/38/5~43/13	首句「臺灣風信」爲薛志所無此外有兩句顛倒易字誤字略字各一又略薛志註二則
29/1~31/倒9	海水有潮汐……而潮信可知也。	一/43/15~46/倒2	首句「海水有潮汐」爲薛志所無此外誤字四略字一
31/倒8~35/10	臺處閩東南隅……改名通濟橋。	一/47/4~50/15	易字一誤字三略薛志註十一則

35/11	風俗		
35/12~36/6	居臺灣者……或曰難為。	一/51/1~51/10	誤字一
36/7	物產		
36/8~41/10	穀……二、三月即鳴於樹間者皆蛂。	一/52/3~57/5	略字二十七誤字一
41/11	勝蹟		
41/12~43/10	赤嵌樓……協鎮沈廷耀成之。	三/331/12~333/10	易字二
43/11~45/2	荷蘭井……在新昌里。	三/334/1~335/16	易字二誤字一并略去薛志所錄陳永華撰〈夢蝶園記〉
45/3~46/2	天后廟……蓋神之篤厚宗人又如此。	一/63/10~64/9	脫字一
46/3~47/11	聖宮廟……故建廟云。	三/338/1~339/9	易字一誤字四增字四
47/12~48/8	開山王廟……此誣神惑民之甚者也！	三/341/2~341/14	增字一
48/9	原事		
48/10~58/4	日本者……兩島之賊爛焉。	三/344/11~354/7	二字顛倒易字七誤字六略字四又略薛志註十四則
59/1	臺灣志略卷二		
59/2	朝邑李元春時齋刪輯		

59/3~	男來南薰屏參訂		
59/4	軍政		
59/5~65/14	軍營駐邑轄之內者……每名各分給埔地一甲六分有奇不等。	二/247/13~256/2	誤字三略字十四脫字二增字一
65/15	兵燹		
66/1	康熙三十五年……伏誅。	三/366/6	
66/2~66/7	六十年……餘黨各正法。	三/366/12~366/15	
66/8	乾隆三十五年……伏誅。	三/372/10	
66/9~66/13	乾隆五十一年……賊伏誅。	三/373/1~373/5	
66/14~67/2	嘉慶十年……蔡牽落海死。	三/379/13~379/17	略字一
67/3	戎略		
67/4~84/15	姚啓聖……（謝金鑾撰傳）。	二/312/1~328/7	六字顛倒易字一誤字七脫字二略字六增字二又略薛志註一則
85/1	叢談		
85/2~88/6	宋朱文公登福州鼓山……則闢郡始有此稱。	三/384/12~388/1	易字三略字一又略薛志註十四則

〔附記〕本篇節錄自〈關於清代兩種「臺灣志略」〉，原載《臺灣文獻》第三十三卷第一期（民國七十一年三月出版），頁一〇五～一一九；並請參〈一、前言〉。

清代道卡斯族姓名初探搞

一、前言

由於歷史的原因，今日臺灣的社會乃是多族群共存共榮的社會，也因而形塑出其具有特色的多元文化；際此世紀交替的年代，人們已多能認同：島上族群間之互動關係的發展是臺灣史不可或缺的部分。就中國民族史而言，「民族融合帶來姓氏融合，姓氏融合又促進了民族融合」[1]。以臺灣言亦然，隨著臺灣由移民社會逐漸轉型爲土著社會，對於與漢人及官方接觸日趨頻繁的平埔諸族最主要的影響之一，就是諸族的「傳統名制」受主流社會漢文化姓名制度與當局姓氏政策及措施所牽引，漸次完成由「傳統名制」向漢姓漢名之過渡，或「土名」至「漢名」的轉換[2]，而其歷經清代、日據時期及光復以來各階段之姓氏變遷，均亟待吾人深入探討。蓋此項歷史（包括平埔諸族及臺灣原住民諸族）的探討，非但爲中國姓氏及中國少數民族姓氏研究所不可或缺，抑尤爲臺灣社會史及原住民史研究所不可或缺。

迄今爲止之平埔族分類學說，無論是八族說、九族說（大致有三說）、十族說（至少有五說），其中無不包括道卡斯族（Taokas）[3]。考「道卡斯族」一詞作爲族群名稱使用，乃始於百餘年前日人伊能嘉矩（一八六七～一九二五）〈臺灣平埔蕃的概察〉一文[4]。目前一般所熟知的道卡斯族分布範圍，主要由今臺中市大甲區附近起，向北延伸至苗栗縣及新竹縣、市。伊能曾至新港社、後壠社及貓閣社實地調查，其餘各社則未

---

[1] 徐俊元等：《中國人的姓氏》，《縱橫五千年叢書》（香港：南粵出版社，一九八八年，第一版），頁三九～四〇。

[2] 胡家瑜：〈從古文書看道卡斯新港社〉，載全人主編：《道卡斯新港社古文書》，《國立臺灣大學人類學系藏品資料彙編》（臺北：國立臺灣大學人類學系，民國八十八年九月，初版），頁三一。

[3] 潘英編著：《臺灣平埔族史》，《臺灣原住民系列》（臺北：南天書局，民國八十七年一月，初版二刷），頁三五～三七。

[4] （日）伊能嘉矩、楊南郡譯註：《平埔族調查旅行－伊能嘉矩〈臺灣通信〉選集》，《臺灣調查時代》（臺北：遠流出版公司，一九九七年五月，初版三刷），頁二四九～二五三。

遑進行，故而「他的歸類應該是借用了荷蘭人所記大甲溪以北至新竹一帶人自稱爲『tackais』的資料」[5]。

　　道卡斯族的聚落（社），最早見於荷據時期之戶口調查資料。明鄭時代，崩山社、新港仔社及竹塹社均已有社餉之課徵[6]。永曆末葉，新港仔社及竹塹社不堪當局力役之徵繁重，起而反抗，經撫剿兼施，投降受撫者返回原社居住耕種，拒不受撫者遁入山地。入清以後，康熙中葉的吞霄社事件、雍正末葉的大甲西社事件，起事者皆爲道卡斯族人，至乾隆末葉的林爽文抗清事件，道卡斯各社族人則起而協助官軍敉平之，克奏膚功。其後，則有嘉慶、道光年間之社群遷徙行動。以上皆爲道卡斯族重要的歷史事件。

　　一般將道卡斯族各聚落劃分爲三大社群[7]：一爲蓬山社群，即俗稱「蓬山（或崩山）八社」者，包括：大甲西社、大甲東社、日南社、日北社、雙寮社、貓盂社、房裡社、苑裡社、吞霄社。二爲後龍社群，即俗稱「後龍五社」者，包括：後壠社、新港社、中港社、嘉志閣社、貓裡社（後與嘉志閣社合爲貓閣社）。三爲竹塹社群，包括竹塹社與眩眩社，惟後者僅見於荷據時期及康熙早期紀錄，故實際僅竹塹社一社。然而，誠如胡家瑜所指出的：

> 所謂道卡斯三大社群的居民，究竟是否原來即使用共通的語言、具有類似的文化觀念？或者是因爲接受外來統治者的行政系統規劃，而建構出彼此的共同意識。由現今族群分類的相關資料和結果來看，似乎還留下許多有待深入討論的問題[8]。

　　是以「道卡斯族」這一族群概念，以及其下三大社群各社彼此之關係等，皆有許多尚待深入探討之問題，而本稿探討清代道卡斯族之姓

---

[5] 胡家瑜：〈文獻中「道卡斯族」的建構與解讀〉，載張致遠文化工作室編著：《斗葛族人——道卡斯族研究導論》（苗栗：苗栗縣立文化中心，民國八十七年六月），頁一八。

[6] 鄭喜夫：〈明鄭晚期臺灣之租稅〉，《臺灣史管窺初輯》，《浩瀚文庫》（臺北：浩瀚出版社，民國六十四年五月，初版），頁一〇七～一〇八。

[7] 同註5，頁二二～二五。

[8] 同註2，頁二一。

名，仍沿用三大社群及其所屬聚落（社）之區劃，考察其由「傳統名制」向漢式姓名轉換之過程，以及「傳統名制」及名譜暨漢式姓名所呈現之姓名現象或姓名文化，進而試圖一覘道卡斯族三大社群彼此關係之孰親孰疏。蓋姓名現象或姓名文化，不僅是一族群整體文化的重要面向之一，除與分布地區地緣關係的邇迺遠近相關，亦與族群間血緣關係的親疏深淺相關。例如眾所週知的，與平埔族同屬南島語族的原住民九族中，蘭嶼島上的雅美族（達悟族）與臺灣本島八族之血緣關係最疏最淺，而其傳統的親從子名制的名制亦與臺灣本島八族迥然相異。

　　研究平埔族歷史及其他相關問題，所面臨的最大困難，厥為研究資料的不足，除前人零散、粗疏的記載，今人鳳毛麟角的論著及涵蓋相當有限的調查報告外，最主要的資料僅有已披露的及公私機關（構）、學校、團體與個人庋藏未經發表的平埔族古文書。本稿即主要依賴所過目的道卡斯族古文書，而深感遺憾與難安者，是由於主客觀條件的限制，中央研究院民族學研究所所藏那批為數最龐大的臺灣古文書資料，在這篇初稿中未及參考引用，俟本稿重寫時，筆者無論如何必補入此一資料。

　　民國八十九年暑假，為撰寫本稿，筆者幾乎窮二閱月之力，就所曾寓目之清代古文書等資料，將其中出現之道卡斯族人，按前述三大社群暨各社之先後順序，依年分逐一摘列相關資料及出處，製成〈清代道卡斯族人錄〉一種，作為本文之主要依據。其次，將上述〈清代道卡斯族人錄〉逐條摘列其各相關資料中最早出現之年分、道卡斯名、冠漢姓道卡斯名、漢姓漢名、備註，名之曰〈清代道卡斯族人姓名資料〉，以為本文探討之直接依據。其篇幅雖已較〈族人錄〉縮減逾半，仍過於龐大，不便納入本稿中或作為附錄，因予抽出，俟有機緣，另行發表。

　　本稿由於將〈姓名資料〉抽出，全稿乃分五部分，除前言、結語外，本文三部分依次為：第二部分〈道卡斯族「傳統名制」之探討〉，其下分：（一）道卡斯名書寫等現象（包括 1.一名數譯及誤寫，2.單音節名之繁化與多音節名之簡化，3.同名冠形容詞）、（二）「傳統名制」之分布、（三）男名與女名、（四）「傳統名制」初探。第三部分〈漢姓之使用與演變〉，其下分：（一）緣起、（二）姓氏與姓源、（三）雙姓。第四

部分〈從道卡斯名到漢姓漢名〉，其下分：（一）轉換過程、（二）漢名之增用與改用、（三）道卡斯化漢人之「道卡斯名」。分別論列如次。

二、道卡斯族「傳統名制」之探討

探討道卡斯等平埔族乃至於臺灣原住民諸族姓名，自然無不企盼能以探索其傳統名制，然而除非有荷據時期之足夠文獻可資徵考，實難以拼湊出彼等接觸漢人、受漢文化不同程度影響以前之傳統文化與傳統名制的清晰圖像。特別是依清初文獻的記載，道卡斯族的婚姻狀況顯示出雙系社會的表徵。黃叔璥撰《臺海使槎錄》專記道卡斯三大社群之〈北路諸羅番九・婚嫁〉如是說：「一女則贅婿，一男則娶婦。男多則聽人招贅，惟幼男則娶婦終養；女多者聽人聘娶，惟幼女則贅婿爲嗣。」[9]然則其時道卡斯族當屬雙系社會。而本文限於所據資料的年代範圍，僅能探討清代道卡斯族接觸漢人、受漢文化影響以後之「傳統名制」。

（一）道卡斯名書寫等現象

道卡斯族與其他平埔諸族同無本族文字，復不似西拉雅族等之有「習紅毛字者曰教冊」[10]，入清以後之古文書等資料，當爲道卡斯名文字化之始，從而產生若干道卡斯名書寫等現象，茲分述如下：

1.一名數譯及誤寫

在相關古文書中，道卡斯名一名數譯之現象屢見不鮮。

胡家瑜曾指出：

> 文書中對「土名」的紀錄，普遍以漢字符號閩南語讀音的方式來音譯書寫母語名字。有時可能為了在文書中區辨不同人物，有時可能由於書寫習慣的不同，因此經常可見相同的母語名，以不同的漢字音譯成為不同的書寫姓名：如「加吶唏」和「加吶喊」應

---

[9] （清）黃叔璥：《臺海使槎錄》，《臺灣文獻叢刊》（臺北：臺灣銀行，民國四十六年十一月），頁一三一。

[10] 同前註，頁九六。

該都是「galahe」,「貓老尉」、「貓老吻」、「貓仔吻」、「貓㕭尉」、「麻㕭尉」和「麻嘮勿」是「varaui」,「什班」、「石碑」、「石牌」是「shiban」,「阿貴」、「阿桂」、「阿癸」是「aguei」,「烏牌」、「烏眉」是「ubai」,「加拔」、「加芭」、「加笆」、「加包」、「阿包」是「kapao」的同音異字轉譯[11]。

　　清代道卡斯名一名數譯現象之所以相當普遍,主要由於譯寫道卡斯名並無統一用字之規範,是以甚多「以不同漢字音譯成為不同的書寫姓名」,不但異時異地不同之人有一名數譯之現象,甚至同人同時即有一名數譯之現象,此種情形即非「為了區辨不同人物」,事實上區別同名者時往往在名上冠以形容詞為之。此種對平埔族及臺灣原住民本族名無統一用字之規範,實已成彼等姓名現象中的一項「傳統」,本稿探討的道卡斯名如是,清初西拉雅族「新港文書」所見各社西拉雅名如是,乃至當代原住民依修正〈姓名條例〉規定辦理回復傳統姓名亦復如是。

　　根據前揭〈清代道卡斯族人姓名資料〉,可編製後附〈清代道卡斯名一名數譯一覽表〉,該表所列至少皆有兩種以上之譯寫法,而如己留、少力、老女、麻那勝各有六種寫法,下六務、老仔己有七種寫法,肉勝干有八種寫法,加己、呂來有九種寫法,加六希有十二種寫法,貓老尉更有十七種寫法;本稿為行文方便起見,對各種譯寫法出現頻率約略相近時一般採用筆畫較少者,否則取其出現頻率較高者。詳如該表所列。

清代道卡斯名一名數譯一覽表

本稿採用寫法	其他不同譯寫法	備註
丁仔勿	丁老尉、丁老吻、丁仔尉	
人桂	仁貴	
九納	九蚋	

---

[11]同註2,頁三二。

下六務	下勝務、夏六務、夏勝務、下勞務、下吥務、嘎務	
大加未	打加未	
大里罵	歹里罵	
己留	己劉、巳劉、奇劉、其劉、巳留	
不抵	佛抵	
六干	六觀、六關	
六仔	吥仔	
六姨	勞姨、撈姨、勝姨、勝夷	女名
什班	石牌、石碑、石埠	
夫釐	夫釐氏	
少力	霄魯、肖里、小魯、霄里、少女	
巴六	巴勝、吧吥、叭喇	
巴吶	吧蚋、巴蚋、吧吶、巴納	女名
斗鬼	斗魁	
斗蘭	斗難	
歹勺	豹勺、擺勺、百勺	女名
毛毛	馬馬、媽媽、模模	
世老	四老、四栳	
他番	他灣、頭番	
北贊	北讚	
加己	加紀、嘉己、加巳、假巳、加已、假己、按杷、加致	
加六希	加勝希、加勝己、加仔希、加蚋希、加吥喊、加吥溪、加吥睎、加吥夏、加吥下、加嘮嘎、加勝夏	
加多	加東、加棟	

加包	加拔、洽包、阿包、加袍	
加老	加勝、加荖	
加老媽	加魯罵、加罵、加里罵、加里媽	男女共名
加連	加嗹	
加浦	加蒲	
加實	甲實	
四米干	系米干、絲米干、系美干、詩美干	
打那曰	打阿曰、打哪曰、打那、打曰、大女曰	女名
末六末	末六莫、末吥末	
末仔達	末仔噠	
末老	末荖、末流、末留	
瓦里	瓦釐	
交蚋	江仔	
合番	合歡	
吉老	計老	
肉勝干	媽勝干、貓吥干、馬勝干、貓勝干、貓六干、馬干、貓干	女名
老女	吥女、勝女、勝如、勝汝、老汝	
老仔己	荖仔紀、荖仔巳、老仔巳、老己、荖己、老子巳	
老尉	勝尉、吥尉	
伴仔	泮仔	
呂來	荖萊、魯老、魯來、魯劉、魯班、勝螺、羅來、魯勝	
君乃	郡迺、郡乃、郡迺	

孝	哮	
衲衲	蚋蚋	
改	皆	
甫崙	埔崙	
辛法	新發	
里孛	禮勃、李孛、釐孛	
呧吽	抵吽、抵勝	
阿林	阿臨	
阿里屘	阿釐屘、阿釐滿、里屘	
阿招	阿蕉	
虎豹里	虎豹釐	
倍枝	培枝	
某肉	貓肉、無肉、謀肉	女名
哈貓	蛤仔、蛤貓、蛤武	女名
南仔勿	南仔物	
南茅	楠茅、男茅	
皆只	雞只	
相工	湘江	
烏目	烏墨	
屋納	烏蚋	
馬下力	貓嘎力	
馬只	蔴只	
蔴投	蔴投	

麻那勝	萬仔嘮、萬那勝、萬仔勝、毛阿荖、萬魯勝	
章仔	漳仔	
連登	聯登	
陳建	陳健	
描倫	貓倫、媽倫	
貓弗	貓佛	女名
貓老尉	偶勝尉、麻老尉、貓勝于、馬嘮于、荖荖尉、貓仔尉、麻吥尉、蔴吥尉、麻老吻、麻那吻、貓吥尉、茅老吻、貓仔吻、媽吻、貓吻、貓吥于	
愛女	愛汝、愛愈	
萬仔那	萬那	
蓋未	蓋妹	
養市	養飼	
魯于	魯吁	女名
鰲馬	鰲罵	

　　除一名數譯外，另有誤寫之現象，如「己」自往往誤作「已」或「巳」，在己留、加己、老仔己諸名皆然；又如「末」字誤作「未」，亦間有之。

　　2.單音節名之繁化與多音節名之簡化

　　清代道卡斯族「傳統」道卡斯名，同時存在單音節名繁化與多音節名簡化之習慣，自然亦均表現於文字書寫上。

　　在單音節名之繁化方面：單音節名發音時僅發一音，書寫成文字時僅一字，即單名，道卡斯族對於單音節名絕大多數均予繁化為雙音節名，亦有極少數未予繁化者；至其單音節名之繁化則有以下三種方式：

　　（1）名上冠「阿」：在單音節名「某」之上冠以「阿」而呼為「阿某」，不僅見於道卡斯族，其他平埔族如巴宰族岸裡社著名之潘敦亦稱「阿敦」，即為一例；在漢人亦多如此，甚至原本為雙音節名亦先取其

一字再冠以「阿」而呼爲「阿某」，其例甚多，無待贅舉。道卡斯族三大社群道卡斯名稱「阿某」者，舉例如下：1.蓬山社群：阿林、阿末、阿花、阿木、阿六、阿爾。2.後龍社群：阿末、阿來、阿鳳（上二者女性）、阿巳、阿二、阿春、阿包、阿法。3.竹塹社：阿孝、阿連、阿旺、阿生、阿柔、阿枝、阿群、阿燕、阿滿等。由於道卡斯族與漢人皆不乏取名「阿某」者，是以對於清末日多之此類名字，甚難辨明究係道卡斯名或漢名，研究者中有視爲漢名者，惟鑒於道卡斯名本即有此種繁化單音節名之方式，故本稿一般將冠漢姓「阿某」之名，暫視爲冠漢姓道卡斯名處理，而不視之爲漢姓漢名。

（2）名下加「仔」：在單音節名「某」之下加「仔」而呼爲「某仔」，此亦非道卡斯名特有之現象，如上述巴宰族岸裡社潘敦又稱「敦仔」，在漢人亦多其例。道卡斯族三大社群中，就上述〈姓名資料〉所見，竹塹社尚未發現此種方式之單音節名繁化外，餘二社群舉例如下：1.蓬山社群：茅仔、菊仔、愿仔、旺仔、英仔、尙仔、難仔（女性）、便仔、推仔、明仔、六仔、伴仔、海仔、妹仔、福仔。2.後龍社群：旺仔、茅仔、明仔、金仔、養仔、月仔、秀仔、恩仔、午仔、三仔、方仔、董仔、良仔、主仔、文仔、水仔、友仔、喜仔、春仔、遠仔、武仔、連仔、川仔、九仔、別仔、筆仔、雅仔、風仔。

（3）名下加「生」：在單音節名「某」之下加「生」而呼爲「某生」，三大社群道卡斯名皆有之，舉例如下：1.蓬山社群：茅生、孟生、亞生、釐生、吉生、媽生。2.後龍社群：茅生、尉生、德生、祿生、福生（以上三名或爲漢名）、魁生、安生、進生、漢生、漳生、連生、天生、貴生、來生、筆生、癸生、乙生、武生、滿生、哲生、水生、榮生、恭生、記生、友生。3.竹塹社：海生、連生。

以上三種方式，無論在名上冠「阿」，或在名下加「仔」或「生」，目的皆爲將單音節道卡斯名足爲雙音節名，是以同一單音節名以不同方式繁化並不足爲奇，故本名「六」而呼爲「阿六」或「六仔」，本名「來」而呼爲「阿來」或「來生」，本名「旺」而呼爲「阿旺」或「旺仔」，本名「春」而呼爲「阿春」或「春仔」，正如上述巴宰族岸裡社潘「敦」

而呼爲「阿敦」或「敦仔」然；而本名「茅」者爲呼「茅仔」或「茅生」，本名「水」而呼爲「水仔」或「水生」，本名「友」而呼爲「友仔」或「友生」，本名「武」而呼爲「武仔」或「武生」；甚至如本名「連」而分別呼爲「阿連」、「連仔」、「連生」。且不僅在不同之同一單音節名之人以不同方式繁化其道卡斯名，甚而同一人之單音節名同時以二種乃至三種方式繁化者亦有之，除前述巴宰族岸裡社潘敦之外，如阿二又名二仔（新港社）、海仔又名海生（大甲西社）、天仔又名天生、尉仔又名尉生、魁仔又名魁生、安仔又名安生（以上皆新港社），又如貴生又名貴仔、阿貴（新港社），皆其例也。

　　單音節之道卡斯名固多有繁化爲雙音節名之現象，但不全然皆是，三大社群亦均有不予繁化之例，如蓬山社群之日、茅、妹、眉、鹿、兌、清、卓、媽等名，後龍社群之愛、君、子、妹、春、雅、會、方等名，竹塹社除尾名之成、改、產、且、乃、佳、只、适等外，非屬尾名之乖、番、恭等名，亦有不予繁化之例。

　　在多音節名之簡化方面：此類事例不及單音節名繁化現象之多，一般係三音節名簡化爲雙音節名，亦即三字名簡化爲雙名，就上述〈姓名資料〉所見，竹塹社無其例，餘二社群所見者舉例如下：

　　（1）蓬山社群：將肉勝干（女名）別寫貓勝干（貓六干、貓吥干）或馬勝干簡化爲「貓干」或「馬干」，將加老媽別寫加里罵簡化爲「加罵」，將阿勝萬簡化爲「勝尉」，將打馬轄簡化爲「媽轄」。

　　（2）後龍社群：將老仔己及別寫荖仔已簡化爲「老己」或「荖己」，將阿里屁簡化爲「里屁」，將打那曰簡化爲「打那」或「打曰」；另「馬力」之名可能簡化自馬下力。

　　3.同名冠形容詞

　　「傳統」道卡斯名一般是親名後聯型的親子聯名詞（詳後文），由己名與親名兩部分聯結而成，但亦難免出現同名之情形，爲了指謂稱呼方便起見，往往冠形容詞如大、小、老等於名上，以資區別而免混淆，就上述〈姓名資料〉而言，三大社群均有之，分別舉例如下：

　　（1）蓬山社群：如小六關（日北社）；另大漢假己（吞霄社）之「大

漢」即閩南語身材高大之意，似爲冠於己名「假己」上之形容詞，而非與親名「假己」相連之己名。

（2）後龍社群：如大人老尉、大合番（以上並後龍社）、老貓老尉蓋末、大天、小什班、小天、小茅仔（以上皆新港社）、小買葛、大瑞珍、小貓𠯿達、小喜、大桂（以上皆中港社），似均屬之；另大肥生仔（新港社）之「大肥」即閩南語身材肥碩之意，疑亦爲冠於己名「生仔」上之形容詞。

（3）竹塹社：如老老仔巳、老魯于、小里孛抵𠯿；另加比長腳之「長腳」，如亦係區別同名之形容詞，則其置於「加比」名下，而非冠於其上，是一較特殊之例。唯「長腳」究爲人名或形容詞，尚難斷言。

（二）「傳統名譜」之分布

在探討過清代道卡斯名一名數譯及誤寫、單音節名繁化與多音節名簡化、同名冠形容詞等現象之後，茲進而討論「傳統名譜」。經多次詳細參照比對，勉力製成〈清代道卡斯族傳統名制名譜分布表〉如下。

清代道卡斯族傳統名制名譜分布表

社群別 道卡斯名　　區別	蓬山社群		後龍社群		竹塹社			備註
	己名	親名	己名	親名	己名	親名	尾名	
一均						15		竹塹社特有
丁仔勿			3		4	2		蓬山社群獨無
九納						3		竹塹社特有
九骨	1	2	1	4				女名、竹塹社獨無
人桂	1		1					竹塹社獨無
下六務		3	1	7	4			三大社群皆有
乃							8	竹塹社特有（三姓）

乃秀	2							女名、蓬山社群特有
大字	10	1						蓬山社群特有
大安		2						全上
大加未					2			竹塹社特有
大里罵					4			全上
己阻			1	1				後龍社群特有
己留				8				全上
不抵（佛抵）	4		4	2				竹塹社獨無
六干	11	1		2				全上
六姨（媵姨）	2	2	2	4				女名、全上
什班			17		17			蓬山社群獨無
化金	2							蓬山社群特有
比抵							8	竹塹社特有（三姓）
友仔			2					後龍社群特有
友生	1		2					竹塹社獨無
天生			2	1				後龍社群特有
天來	1		2					竹塹社獨無
天送	1		2					全上
夫鰲（夫鰲氏）						3		竹塹社特有
少力					5	1		全上
巴六		1			2	1		後龍社群獨無
巴吶	2	1	2	15				女名、竹塹社獨無
巴蘭		3						蓬山社群特有
斗限					10			竹塹社特有
斗鬼							4	全上（錢姓）
歹勹（擺勹）	2	1	2					女名、竹塹社獨無

名							備註
毛毛（媽媽）			4	6		1	蓬山社群獨無
火燒腳						2	竹塹社特有
世老	6	7					蓬山社群特有
他番	3	2					全上
北贊			2				後龍社群特有
加己	18	9	17	1	4	3	三大社群皆有
加六希	3	21	2		2	1	全上
加六榮			2				後龍社群特有
加比（加北）					3		竹塹社特有
加包	3	1		3			竹塹社獨無
加老	2						蓬山社群特有
加老媽（加魯罵）	2	1		1			男女共名、全上
加連			2				後龍社群特有
加浦	7				2		後龍社群獨無
加貓	1		1				竹塹社獨無
加實	2						蓬山社群特有
加勝嘎					2		竹塹社特有
加禮						5	全上（廖姓）？
右武乃			6				後龍社群特有
只						1	竹塹社特有（廖姓）？
四米干	8	2					蓬山社群特有
成						10	竹塹社特有（衛姓）
打那曰	1	2	1	2			女名、竹塹社獨無
打媽轄	2						蓬山社群特有
末仔末			10				後龍社群特有
末老		3					蓬山社群特有

永生		2						蓬山社群特有
日		2						仝上
旦							5	竹塹社特有（衛姓）
交蚋	3							蓬山社群特有
吉生	2							仝上
合番		1	23		9	2		三大社群皆有
肉勝干	6	2	1	5				女名、竹塹社獨無
老女	1			5				竹塹社獨無
老仔己	9	1	4		1	1		三大社群皆有
老尉					6	5		竹塹社特有
呂來			1		9			蓬山社群獨無
君乃	7	5						蓬山社群特有
衲衲	1	1						仝上
改							6	竹塹社特有（衛姓）
李福	1				1			後龍社群獨無
甫崙	1				1			仝上
里孛					11	4		竹塹社特有
呧吥							4	仝上（衛姓）
里轄		2						蓬山社群特有
乖						2		竹塹社特有
佳							7	仝上（衛姓）
來生	1		1					竹塹社獨無
妹（妹仔）	1	2	1	1				仝上
抵求（抵求仔）		2						蓬山社群特有
明仔	2		2	1				竹塹社獨無
旺仔	1		1					仝上

林末	2							蓬山社群特有
林武力	19	1	10					竹塹社獨無
武力			1					後龍社群特有
武乃			3					仝上
武仔			2					仝上
武葛	5		11					竹塹社獨無
直加末			2					後龍社群特有
虎豹釐	11		2					竹塹社獨無
阿九	1		1					仝上
阿三					3			竹塹社特有
阿木	2	1						蓬山社群特有
阿包					3			竹塹社特有
阿末	4	2	1	4				女名、竹塹社獨無
阿生	2					2		後龍社群獨無
阿全					2			竹塹社特有
阿杷					2			仝上
阿來			1		1			蓬山社群獨無
阿旺					4			竹塹社特有
阿林	2							蓬山社群特有
阿武	1	2						女名、仝上
阿春	1		1		1			三大社群皆有
阿茅	2							蓬山社群特有
阿苟	2		1					竹塹社獨無
阿排	1		1					仝上
阿添	2							蓬山社群特有
阿喜				1	1			蓬山社群獨無
阿桂				2				後龍社群特有

名稱							說明
阿祿			1		2		蓬山社群獨無
阿貴					2		竹塹社特有
阿福			1		3		蓬山社群獨無
阿勝萬	2	1					蓬山社群特有
南仔勿		2					仝上
南茅	8	1	20		9	1	三大社群皆有
春（春仔）				4			後龍社群特有
春福	1	1					蓬山社群特有
皆只					9		竹塹社特有
英仔	1	1					蓬山社群特有
茅（茅仔）	13	3	5				竹塹社獨無
茅生	7						蓬山社群特有
茅遠			8				後龍社群特有
相工						3	竹塹社特有
紅毛				2			後龍社群特有
适						2	竹塹社特有
适獅						2	仝上
哲生			2				後龍社群特有
娘			2		1		蓬山社群獨無
海豐			1	1			後龍社群特有
烏毛			4				仝上
烏目	7	3					蓬山社群特有
烏內	29	6	8				竹塹社獨無
烏牌			3				後龍社群特有
烏踏		2					蓬山社群特有
馬力			1				後龍社群特有
馬下力			3				仝上

馬只						2		竹塹社特有
得生			2					後龍社群特有
採買						2		竹塹社特有
麻投						3		全上
麻那勝					8	2		全上
清安	2							蓬山社群特有
淡眉	7	4						全上
產							8	竹塹社特有（錢姓）
進生			5	1				後龍社群特有
連生			5		2			蓬山社群獨無
陳旺					3			竹塹社特有
無牙	2							蓬山社群特有
無肉（貓肉）	4			1				女名、竹塹社獨無
貓弗	2							女名、蓬山社群特有
貓老尉（芼老尉）	5	2	13	10	9			三大社群皆有
貓吓達			3					後龍社群特有
貓倫		3						蓬山社群特有
答禮	4	2	1		13	3		三大社群皆有
菊仔	2							蓬山社群特有
蛤仔（蛤貓）	2							女名、全上
蛤武勹	2							蓬山社群特有
買葛			8					後龍社群特有
達							3	竹塹社特有（衛姓）？
傳興	1	1						蓬山社群特有
媽生	2							全上
愛		1			2			竹塹社獨無

愛女	4	2	1				竹塹社獨無
福仔	2		1				全上
萬仔那			1		2		蓬山社群獨無
萬成	2	1					蓬山社群特有
萬秀	1	1	1				竹塹社獨無
榮生			2				後龍社群特有
漳生			3				全上
漢生			3				全上
蒲氏	3	5					蓬山社群特有
蓋末（蓋未）			1	5			女名、後龍社群特有
蓋釐		3					蓬山社群特有
頗勝			1	5			後龍社群特有
養市	1	1					女名、蓬山社群特有
魯于					3	4	竹塹社特有
學生	1	1					蓬山社群特有
勝蚋	1	1					全上
勝尉		3					全上
諾		2					全上
禮胃		3					全上
龜毛						2	竹塹社特有
龜魯					3		全上
懶慓						2	全上

　　上表所列道卡斯名，係就〈姓名資料〉中出現二次以上者按筆畫順序、三大社群別並分析己名、親名、尾名，列出各該道卡斯名出現之次數，俾多少供作其分布情形之參考。各該道卡斯名之有一名數譯者，一般採用筆畫較少者或出現頻率較高者列出，其因單音節名而繁化或因多音節而簡化之名亦準上述原則列出，至因同名所加形容詞則予以去除。

　　上表所列道卡斯名，有爲某一社群所特有，有爲二個社群所同有，即另一個社群獨無者，亦有三大社群皆有者，統計一百八十八個道卡斯名之分布情形如下：

　　1.蓬山社群：特有者五十三個，與後龍社群同有者三十四個，與竹塹社同有者四個，三大社群皆有者九個，合計一百個；獨無者十個。

　　2.後龍社群：特有者三十四個，與蓬山社群同有者三十四個，與竹塹社同有者十個，三大社群皆有者九個，合計八十七個；獨無者四個。

　　3.竹塹社：特有者四十四個，與蓬山社群同有者四個，與後龍社群同有者十個，三大社群皆有者九個，合計六十七個；獨無者三十四個。

（三）男名與女名

　　在任何一份名譜中，分辨其中之男名與女名殊屬重要，亦至有用處。如前所述，根據黃叔璥《臺海使槎錄》之〈北路諸羅番九·婚嫁〉之記載。清初道卡斯族爲一雙系社會，其後接觸漢人，受漢文化影響，其傳統文化、社會制度等受到影響衝擊之程度與速度如何，仍待探明。是以，識別其名譜之男名與女名，自屬必要。茲就上述〈姓名資料〉中三大社群各社之婦女名及後聯親名屬女名者列舉如後，並均於女名下劃線識別，其一名數譯者悉依原資料。

　　1.蓬山社群

　　（1）大甲西社：<u>大女旦</u>（道光四年，一八二四）、<u>貓干阿武</u>、<u>交吉阿武</u>（以上道光六年，一八二六）、<u>阿武班頭</u>（道光九年，一八二九）、<u>貓弗加己</u>、<u>貓干祐老</u>（以上道光十七年，一八三七）、<u>貓肉郡酒</u>（道光二十年，一八四〇）、<u>阿末</u>（道光二十七年，一八四七）、<u>蛤仔抵求</u>（同治六年，一八六七）、<u>無肉金鸞</u>、<u>養飼烏目</u>（以上同治九年，一八七〇）、、<u>乃秀海仔</u>（光緒五年，一八七九）、、巧烏目裔<u>養市</u>（光緒十九年，一八九三）。

　　（2）大甲東社：林武力哈<u>貓</u>（嘉慶二十一年，一八一六）、<u>蛤貓合某</u>、<u>干六郡乃</u>（以上道光五年，一八二五）、<u>阿末淡眉</u>（同治十三年，

一八七四）、難仔（光緒元年，一八七五）、謀肉加紀（光緒三年，一八七七）、東太宇肉勝王（光緒十五年，一八八九）。（附）大甲頂店社：貓佛加己（道光三年，一八二三）、甘仔益阿末（道光七年，一八二七）。

（3）日南社：媽勝王（道光十八年，一八三八）、烏目九骨（同治五年，一八六六）。

（4）日北社：答禮九骨、茅擺勻（以上道光五年）、吧吶（道光七年）、詩美干阿末（道光十三年，一八三三）、打那曰茅（道光二十四年，一八四四）。

（5）雙寮社：茅仔甘仔益、阿末（以上道光十七年）。（附）雙寮東勢社：烏納打阿曰（道光二十八年，一八四八）。（附）雙寮西勢社：勞加里媽（？嘉慶九年，一八〇四）。（附）擺亭社：勞姨阿禮（年份不詳）。

（6）房裡社：□姨（乾隆四十八年，一七八三）、楞姨（嘉慶九年）、加魯罵、九骨（以上嘉慶十七年，一八一二）、貓吓王（嘉慶二十四年，一八一九）、擺勻（道光十五年，一八三五）。

（7）苑裡社：擺勻（嘉慶十年，一八〇五）、烏蚋打哪曰、瓦鰲馬王、茅勝姨（以上道光七年）。

（8）吞霄社：六觀歹勻（乾隆年間，一七三六～一七九五）、巴蚋（嘉慶十七年）、虎豹鰲勝夷、烏納貓勝王、烏蚋巴蚋（以上道光十五年）、勝姨（同治六年）。

2.後龍社群

（1）後龍社：六姨（嘉慶十八年，一八一三）、巴吶（嘉慶二十五年，一八二〇）、施六姨（道光二年，一八二二）。（附）後龍、新港二社：貓吓達蓋末、武葛打那、合番蓋末（以上乾隆十二年，一七四七）。

（2）新港社：馬馬勝姨、百勻色仔（以上乾隆二十七年，一七六二）、歹勻（乾隆四十一年，一七七六）、末仔末吧吶（乾隆四十五年，一七八〇）、南茅蓋末、林武力貓啐（貓吓王？以上乾隆四十七年，一七八二）、老貓老尉蓋末、阿斗吧蚋、佛抵吧蚋、貓老尉勝姨、加吓九骨、烏蚋九骨、貓老尉蓋末（乾隆四十九年，一七八四）、蔴吓尉打那

曰、麻吥尉吧蚋、加巳蓋未、九骨（以上乾隆五十一年，一七八六）、
加吥唏九骨、媽媽貓吥王、合歡蓋未、買葛吧蚋、未仔未貓吥王（以上
乾隆六十年，一七九五）、漳仔蓋未、烏毛九骨、遠定阿未、友仔吧蚋、
阿桂吧蚋、阿里屉吧蚋（以上嘉慶十五年，一八一〇年）、天送九骨、
林武力貓吥王、林武力加里媽（？）、加己勝姨、合番勝姨、虎豹釐吥王、
武仔吧蚋、林武力豹勹（以上嘉慶十六年，一八一一）、茅阿未（嘉慶
十七年，一八一二）、加吥唏巴蚋子（嘉慶二十五年，一八二〇）、阿來、
阿鳳（以上嘉慶年間，一七九六～一八二〇）、吧蚋、方娘、留妹、阿
未（以上道光四年，一八二四）。

（3）中港社：娘巴蚋（乾隆四十七年）、加己阿未（嘉慶十年，一
八〇五）、蓋未、毛遠吧蚋（以上嘉慶十八年）、合番巴納、什班打曰（以
上嘉慶二十一年，一八一六）、什班加里罵（道光四年）。

（4）貓閣社：貓六王、娘吧蚋（以上乾隆十二年，一七四七）、馬
勝王己阻（乾隆五十三年，一七八八）。

3.竹塹社

勝治（嘉慶十六年，一八一一）。

綜合上列三大社群各社之婦女名及後聯名屬女名者，將其一名數譯
予以統一寫法後，共得清代道卡斯族女名二十三個：九骨、乃秀、干六、
六姨、歹勹、巴吶、加老媽、打那曰、甘仔益、肉勝干、那□、阿未、
阿來、阿武、阿鳳、某肉、留妹、貓佛、蛤貓、勝治、蓋未、蓋市、難
仔；其中加老媽爲男女共名。辨識男名與女名，自必有根有據，目前所
知僅此，已知名譜中尙有女名否，以及能否更充實譜內容，皆有待今後
繼續努力發掘資料與解讀資料。

（四）「傳統名制」初探

經過上面關於道卡斯名書寫等現象、「傳統名譜」之分布、男名與
女名辨識等之討論，已可進而對清代道卡斯族之「傳統名制」進行初步
之探討。綜合古文書等文獻資料所見，目前爲止大致可以說：清代道卡

斯族之「傳統名制」為親名後聯型之親子聯名制，後聯親名主要為父名，但不乏後聯母名之例。試析述如後。

　　1.全名由二名聯成

　　三大社群之道卡斯名，率由二名聯成。其例證俯拾皆是，如蓬山社群與後龍社群在前文探討〈男名與女名〉所列各社婦女名及後聯女名多有其例，不復贅舉外；另竹塹社亦多其例，如斗限普棟、斗限卓丁老尉、勝螺老尉（以上雍正十一年，一七三三）、斗限夫釐氏（乾隆十一年，一七四六）、南茅少女、加比丁老吻（乾隆四十一年，一七七六）、南茅夫釐、答禮相工、一均答禮、斗安答禮、答禮丁老吻（嘉慶六年，一八〇一）、南茅哮、南茅加己、埔崙合番、甲字答禮、一均懶標、皆只合番、斗限魯于、一均跳思（嘉慶八年，一八〇三；以下從略）等。全名皆由二名聯成。

　　2.前名（上名）為己名

　　全名由二名聯成，足可證明亦僅可證明其為一種聯名制，究竟二名中何者為己名，係前名（上名）或後名（下名）？此關係聯名制之類型，即與己名相聯之名究為前聯或後聯之問題。而依資料顯示；前名（上名）為己名，另一名後聯。

　　前名（上名）為己名之例證，試舉數個如下：

　　（1）蓬山社群：大甲西社巧倍枝春福自稱「倍枝」[12]、大甲東社勝蚋南仔物自稱「勝蚋」[13]、烏蚋禮冑自稱「烏蚋」及旺仔蒲氏自稱「旺仔」[14]、日北社烏蚋那汝自稱「烏蚋」或「蚋」[15]。

　　（2）後龍社群：新港社烏毛阿務自稱「烏毛」[16]、貓閣社眉葛勝如

---

[12] 臺中縣立大甲國民中學編：《大甲風貌》（不著出版者及時、地，但有三篇序文撰於民國七十年二月及三月間），頁四二。

[13] 臺灣省文獻委員會藏：民國八十九年度採藏平埔族古文書，道光十五年勝蚋南仔物、烏蚋裡冑、旺仔浦氏立招贌耕字。

[14] 同前註。

[15] 臺灣銀行經濟研究室編輯：《清代臺灣大租調查書》，《臺灣文獻叢刊》（臺北：臺灣銀行，民國五十二年四月），第三冊，頁五〇七。

[16] 同註2，頁一九三。

自稱「眉葛」[17]。

（3）竹塹社：三什班烏牌自稱「三什班」（三為其姓）[18]、一均大嚚（憲）自稱「均」（即一均省稱）[19]。

從這些例證來看，道卡斯名前名（上名）為己名，應可確認無疑。雖然有極少數古文書以後名（下名）自稱之例，如大甲西社郡乃萬秀自稱「秀」，竹塹社通事廖茗萊湘江既自稱「萊」又自稱「江」（前者由社人秉筆故不誤），但此應係不瞭解道卡斯族名制之代筆人之誤[20]，不能以此懷疑道卡斯名前名（上名）為己名之事實。

3.親名後聯型之親子聯名制

清代道卡斯族之「傳統名制」為何？答案應該就是：親名後聯型之親子聯名制。

從前揭〈清代道卡斯族傳統名制名譜分布表〉諸多道卡斯名強牛同時有前名（上名）及後名（下名），加上辨識之女名與男名同樣兼有前名及後名，大致已可斷定為親子聯名制；復知前名為己名，則是親名後聯型之親子聯名制。然而，欲舉實例以為證明，則非易事。

事實上，〈名譜分布表〉所列部分道卡斯名由於見於己名與親名數之懸殊，如大宇見於己名者十而親名者一、六干見於己名者十一而親名者三、什班見於己名者三十四而親名者無、加六希見於親名者二十二而己名者七、末仔末僅有見於己名者十、合番見於己名者三十二而親名者僅一、呂來亦僅有見於己名者十、林武力更有見於己名者二十九而見於親名者僅一、虎豹釐亦僅有見於己名者十三、南茅見於己名者三十七而親名者僅二、茅見於己名者十八而親名者五、烏納見於己名者三十七而

17 臺灣省文獻委員會藏：民國八十九年度採藏平埔族古文書，乾隆五十三年貓裡社眉葛勝如立招墾闢佃批。

18 張炎憲等主編：《臺灣平埔族文獻資料——竹塹社》，《中央研究院臺灣史田野研究室史料叢刊系列》（臺北：中央研究院臺灣史田野研究室，民國八十二年五月），上冊，頁三一一。

19 范國銓主編：《采田福地—竹塹社文史專輯》（新竹竹北：新竹縣立文化中心，民國八十五年八月，初版一刷），頁三七；同註18，頁一七六。

20 （日）三田裕次藏、張炎憲編：《臺灣古文書》（臺北：南天書局，民國七十七年八月），頁四九；同註18，下冊，頁七三三～七三五；臺灣銀行經濟研究室編輯：《臺灣私法物權編》，《臺灣文獻叢刊》（臺北：臺灣銀行，民國五十二年一月），第二冊，頁三一六。

親名者僅六等，易於使人懷疑可能並非聯名制；然而，懸殊儘管懸殊，
究非前名與後名絕然不同，換言之，究非屬凡為前名恒為前名，為後名
恒為後名，而無同時兼為前名與後名者；何況古文書所能提及之道卡斯
名涵蓋應屬相當有限，亦非全部古文書皆能保存至今，即保存至今者亦
非皆能寓目利用，自不能以寓目利用所及區區有限之古文書所見若干己
名與親名數之懸殊，而推翻道卡斯族為親子聯名制之「傳統名制」，理
至淺顯。

　　由於相關古文書過目者相當有限，缺乏父子或兄弟同時列出之道卡
斯名全名資料，因之甚難舉證，茲勉舉二證：一為蓬山社群新港社著名
頭目貓老尉之例，貓老尉父名加苞，而貓老尉全名為貓老尉加苞
（Varawui Kavao）；另一為竹塹社之例，竹塹社之著名墾戶首、新竹關
西衛家始祖蔴勝吻直雷，蔴勝吻直雷亦寫作蔴嘮吻直雷，其子即「番頭
家衛阿貴」，衛阿貴之道卡斯名全名為阿貴蔴嘮吻[21]。上述加苞、貓老尉
加苞父子，以及蔴嘮吻直雷、阿貴蔴嘮吻父子之名，便是親名後聯型之
親子聯名制的具體例證。

三、漢姓之使用與演變

　　探討清代道卡斯族之使用漢姓，自須究明三大社群各社使用那些漢
姓？何時開始使用？緣何使用此等姓氏？然而，文獻放失，時至今日，
唯有從古文書中盡力蒐列所能蒐列之姓氏，據以討論。

　　清代道卡斯族人之傳統名制為親名後聯型之親子聯名制，並無姓
氏，故彼等之使用漢姓，乃自無姓氏進為有姓氏，屬姓氏之原始取得。
其所使用之姓氏，包括當時既有之姓氏，以及若干當時尚無之姓氏，後
者屬於中國姓氏之孳乳，前者雖無關孳乳或替換，然亦導致相關姓氏姓

---

[21] 前例見同註5，頁二五；同註2，頁二七。後例見陳俊光：〈尋訪竹塹社——紀蔴嘮吻，直
雷〉，載註19，頁一四四、一四七。又收入李順仁等主編：《族群的對話》，《常民文化年
刊》（臺北：常民文化公司，一九九六年十一月，第一版第二刷），頁一六三、一六六。

源之擴大與複雜化，攸關個別姓氏內部演變，亦值得注意[22]。

十餘年前，筆者在〈臺灣之稀姓（初稿）〉中曾列舉清代道卡斯族已有姓氏[23]。今據前揭〈清代道卡斯族姓名資料〉，將各社使用之漢姓及所見最早年代列舉如後，當然已較前充實一些。

壹、蓬山社群

（一）大甲西社：巧（乾隆十九年，一七五四）、東（道光十八年，一八三八）、潘（道光二十一年，一八四一）、劉（同治六年，一八六七）、金（光緒十年，一八八四）、潘林（光緒十四年，一八八八）、林（仝上）、巧潘（光緒十五年，一八八九）、廖（光緒十六年，一八九〇）。

（二）大甲東社：東（道光五年，一八二五）、潘（同治元年，一八六二）、葛（光緒四年，一八七八）。

（附）大甲頂店社：巧（道光七年，一八二七）。

（三）日南社：林（嘉慶十七年，一八一二）、巧（道光三年，一八二三）、潘（道光二十八年，一八四八）、劉（光緒十四年）、南（仝上）、邱（光緒十六年）、林黃（仝上）、張（仝上）。

（四）日北社：林（乾隆五十六年，一七九一）、陳（道光五年）、劉（道光十二年，一八三二）、北（道光二十三年，一八四三）、福（道光二十四年，一八四四）、金（光緒五年，一八七九）、潘（光緒十四年）、朱（光緒十六年，一八九〇）。

（五）雙寮社：潘（道光七年，一八二七）、張（同治九年，一八七〇）。

（附）雙寮東勢社：潘李（光緒十四年）。

（附）雙寮西勢社：潘（光緒十四年）。

（附）雙寮攏陳社：潘朱（光緒三年，一八七七）。

---

[22] 鄭喜夫：〈鄭樵《通志・氏族略》研究〉，王明蓀老師指導，國立中興大學歷史學研究所碩士論文，民國八十四年六月，頁一〇四。

[23] 鄭喜夫：〈臺灣之稀姓〈初稿〉〉，《臺灣文獻》第三十六卷第二期，民國七十四年六月，頁七四～七五。

（六）房裡社：林（嘉慶二十二年，一八一七）、潘（仝上）、梅（道光五年）、郭陳（光緒十六年）、郭（仝上）、房（日本明治二十八年，一八九五）。

（七）貓盂社：衛（乾隆二十七年，一七六二）、潘（道光十二年）、叢（咸豐十年，一八六〇）、葉（光緒十四年）、盂（仝上）。

（八）苑裡社（宛裡社）：潘（乾隆四十九年，一七八四）、苑（宛，同治四年，一八六五）、陳（仝上）、潘宛（光緒十四年）、劉（光緒十六年）、房（年分待考）。

（九）吞霄社：張（嘉慶十六年，一八一一）、潘（道光八年，一八二八）、莫（道光十五年，一八三五）、葉（同治六年，一八六七）、陳（光緒四年）、黃（仝上）、潘林（仝上）、莫張（仝上）、郭（仝上）、湯（仝上）、潘郭（光緒十四年）、吞（仝上）、張湯（光緒十六年）。

貳、後龍社群

（一）後壠社：李（乾隆四十四年，一七七九）、吳（乾隆五十六年，一七九一）、施（道光二年，一八二二）、劉（道光五年，一八二五）、康（仝上）、壠（隴，光緒十四年，一八八八）、陳解（仝上）、解（仝上）、潘（光緒十六年，一八九〇）。

（附）後壠武牌南社：蟹（嘉慶二十二年，一八一七）。

（附）後壠、新港二社：劉（乾隆二十七年，一七六二）、潘（仝上）。

（二）新港社：劉（乾隆四十五年，一七八〇）、蟹（乾隆四十八年，一七八三）、陳（乾隆年間，一七三六～一七九五）、鍾（道光四年，一八二四）、林（道光十一年，一八三一）、解（道光三十年，一八五〇）、吳（同治四年，一八六五）、許（仝上）、潘（同治十一年，一八七二）、李（仝上）、解潘（光緒四年，一八七八）、新（光緒五年，一八七九）、馬（光緒十一年，一八八五）、金（光緒十四年）。

（附）新港、貓閣二社：潘（光緒十二年，一八八六）、解（蟹，

全上）。

　　（三）中港社：林（乾隆二十三年，一七五八）、胡（嘉慶十年，一八○五）、潘（嘉慶十六年，一八一一）、劉（嘉慶十八年，一八一三）、夏（道光十一年，一八三一）、蟹（咸豐八年，一八五八）、黃（光緒十四年）、金（仝上）、新（仝上）。

　　（四）貓閣社：潘（乾隆十二年，一七四七）、李（嘉慶八年，一八○三）、林（咸豐、同治年間，一八五一～一八七四）。

參、竹塹社

　　衛（乾隆十二年，一七四七）、錢（乾隆十三年，一七四八）、三（乾隆十四年，一七四九）、廖（乾隆五十六年，一七九一）、杜衛（仝上）、潘（乾隆五十九年，一七九四）、金（嘉慶十一年，一八○六）、葛（道光五年，一八二五）、衛李（仝上）、蕭（道光二十八年，一八四八）、劉（同治十年，一八七一）、新（光緒三年，一八七七）、胡（光緒十年，一八八四）、錢林（光緒十三年，一八八七）、廖陳（光緒十四年，一八八八）。

　　茲將上項清代道卡斯族三大社群各社採用之漢姓，按姓氏予以歸集，製成下表，以利檢索。表中〈年分〉欄所列，係各社各該姓氏所見之最早年分，年號概僅取首字，以資簡便；有「∨」號者，係見於二社以上姓氏之年分最早者；有「※」號者，係各社所見漢姓之年分最早者。

清代道卡斯族使用漢姓最早年分表

社別＼漢姓	蓬山社群 大甲西社	大甲東社	（大甲頂店社）	日南社	日北社	雙寮社	（雙寮東勢社）	（雙寮西勢社）	（雙寮攔東社）	房裡社	貓盂社	苑裡社	吞霄社
三													
北					道23								
巧	乾19※∨		（道7※）	道3									
巧潘	光15												
朱					光16								
吳													
吞													光14
李													
杜													
衛													
房										日明28∨		年分待考	
林	光14			嘉17※	乾56※					嘉22※			
林黃				光16									
東	道18	道5∨※											
盂											光14		
邱				光									

			16									
金	光10			光5								
南			光14									
施												
胡												
苑(宛)											同4	
夏												
馬												
康												
張			光16		同9							嘉16∨※
張湯												光16
梅									道5			
莫												道15
莫張												光4
許												
郭									光16			光4∨
郭陳									光16			
陳				道5								同4	光4
陳解												
湯												光4∨
黃												光4
新												
福				道24								

葛		光4											
解													
解潘													
廖	光16												
廖陳													
葉												光14	同6∨
劉	同6			光14	道12							光16	
潘	道21	同元		道28	光14	道7※		(光14※)		嘉22	道12	乾49※	道8
潘朱									(光3※)				
潘李							(光14※)						
潘林	光14												光4∨
潘宛												同4	
潘梅										光14			
潘郭													光14
衛												乾27※	
衛李													
錢													
錢林													
鍾													
叢												咸10	
蕭													
蟹													

壠(隴)													
合計(姓)	9	3	(1)	8	8	2	(1)	(1)	(1)	7	5	6	13

社群 社別 漢姓	後龍社群							竹塹社	合計(社)
	後壠社	後壠武牌南社	後壠新港二社	新港社	新港貓閣二社	中港社	貓閣社		
三								乾14	1
北									1
巧									2(3)
巧潘									1
朱									1
吳	乾56∨			同4					2
吞									1
李	乾44※∨			同11			嘉8		3
杜衛								乾56	1
房									2
林				道11		乾23∨※	咸、同		7
林黃									1
東									2
盂									1
邱									1
金				光14		光14		嘉11∨	5
南									1
施	道2								1
胡						嘉10∨		光10	2

苑(宛)									1
夏					道11				1
馬			光11						1
康	道5								1
張									3
張湯									1
梅									1
莫									1
莫張									1
許			同4						1
郭									2
郭陳									1
陳			乾□∨						4
陳解	光14								1
湯									1
黃					光14				2
新			光5∨		光14		光16		3
福									1
葛							道5∨		2
解	光14		道30∨	(光12)					2(3)
解潘			光4						1
廖							乾56∨		2
廖陳							光14		1
葉									2
劉	道5	(乾24※後壠等五社)	乾45※		嘉18		同10		8(9)
潘	光16	(乾27)	同11	(光12※)	嘉16	乾12※∨	乾59		14(17)

姓									合計
潘朱									(1)
潘李									(1)
潘林									2
潘宛									1
潘梅									1
潘郭									1
衛								乾12※ ∨	2
衛李								道5	1
錢								乾13	1
錢林								光13	1
鍾				道4					1
叢									1
蕭								道28	1
蟹		(嘉22※)		乾48		咸8			2(3)
壠(隴)	光14								1
合計(姓)	9	1	(2)	14	(2)	9	3	15	

　　以上六十姓中，有單姓，有雙姓，其所由出現之社群及社別不盡相同，而最早出現年分之先後相距一百五十年，自然此與所見資料之侷限有關，上述六十姓依所見資料中最早出現年分之先後及所從見社名可排列如次，聊供參考。

　　（一）乾隆十二年：潘（貓閣社）、衛（竹塹社）、錢（竹塹社）。

　　（二）乾隆十四年：三（竹塹社）。

　　（三）乾隆十九年：巧（大甲西社）。

　　（四）乾隆二十三年：林（中港社）。

　　（五）乾隆二十七年：劉（後壠等五社）。

　　（六）乾隆四十四年：李（後壠社）。

　　（七）乾隆四十八年：蟹（新港社）。

（八）乾隆五十六年：吳（後壠社）、杜衛（竹塹社）、廖（竹塹社）。

（九）乾隆年間：陳（新港社）。

（一〇）嘉慶十年：胡（中港社）。

（一一）嘉慶十一年：金（竹塹社）。

（一二）嘉慶十六年：張（吞霄社）。

（一三）道光元年：施（後壠社）。

（一四）道光四年：鍾（新港社）。

（一五）道光五年：東（大甲東社）、康（後壠社）、葛（竹塹社）、梅（房裡社）、衛李（竹塹社）。

（一六）道光十一年：夏（中港社）。

（一七）道光十五年：莫（吞霄社）。

（一八）道光二十三年：北（日北社）。

（一九）道光二十四年：福（日北社）。

（二〇）道光二十八年：蕭（竹塹社）。

（二一）道光三十年：解（新港社）。

（二二）咸豐十年：叢（貓盂社）。

（二三）同治四年：苑（宛，苑裡社）、許（新港社）、潘宛（苑裡社）。

（二四）同治六年：葉（吞霄社）。

（二五）光緒三年：潘朱（雙寮擺陳社）。

（二六）光緒四年：莫張（吞霄社）、郭（吞霄社）、湯（吞霄社）、黃（吞霄社）、解潘（新港社）、潘林（吞霄社）。

（二七）光緒五年：新（新港社）。

（二八）光緒十一年：馬（新港社）。

（二九）光緒十三年：錢林（竹塹社）。

（三〇）光緒十四年：吞（吞霄社）、盂（貓盂社）、南（日南社）、陳解（後壠社）、廖陳（竹塹社）、潘李（雙寮東勢社）、潘梅（房裡社）、潘郭（吞霄社）、壠（隴，後壠社）。

（三一）光緒十五年：巧潘（大甲西社）。

（三二）光緒十六年：朱（日北社）、林黃（日南社）、邱（日南社）、張湯（吞霄社）、郭陳（房裡社）。

（三三）日本明治二十八年（光緒二十一年）：房（房裡社）。

以上各姓年代及先後並非絕對，已如前述，然至少表示在該年代已有該姓，亦即各該姓氏之出現在各社群及各社均不晚於該年代，因此尚非全無意義。下面進行關於清代道卡斯族漢姓的一些探討，先來檢視上述六十個漢姓在三大社群間之分布情形。

（一）蓬山社群：特有者二十九姓，與後龍社群同有者三姓，與竹塹社同有者二姓，三大社群皆有者三姓，合計三十七姓；獨無者二姓。

（二）後龍社群：特有者十三姓，與蓬山社群同有者三姓，與竹塹社同有者三姓，三大社群皆有者三姓，合計二十二姓；獨無者三姓。

（三）竹塹社：特有者七姓，與蓬山社群同有者二姓，與後龍社群同有者三姓，三大社群皆有者三姓，合計十五姓；獨無者三姓。

（一）使用漢姓之緣起

關於道卡斯族使用漢姓之緣起，胡家瑜曾說：「從文獻記載所得的印象，經常是受到清朝政府賜姓而一體遵行。」[24]胡氏提及之文獻記載包括：

1.伊能嘉矩《臺灣文化志》下卷云：「此種賜姓政略，究自何時開始實施雖不詳，然諒必於其教化成效已有端緒時予以施行。最初主要依據固有番語之家名，僅予音譯成漢字者，或限擇漢制《百家姓》之近音一字以充用，如今新港社[25]熟番間，對番語家名（羅馬字拼音）有配對漢姓文字之手冊遺存（小川文學士所藏）。」[26]「既於乾隆二十三年，對平埔熟番普遍諭令薙髮結辮之同時，為表徵一道同化，乃對一般平埔熟番均予賜姓，而其姓之種類，似略限定於左列文字：潘、蠻、陳、劉、

---

[24] 同註2，頁三三。

[25] 此新港社為西拉雅族之新港社，非道卡斯族後龍社群之新港社。

[26] （日）伊能嘉矩：《臺灣文化志》下卷（日本東京：刀江書院，昭和四十年十月，複刻版），頁六五二。江慶林等中譯本（臺中：臺灣省文獻委員會，民國八十年六月），頁三二六。

戴、李、王、錢、斛[27]、林、黃、江、張、穆、莊、鄂、來、印、力、
鍾、蕭、盧、楊、朱、趙、孫、金、賴、羅、東、余、巫、莫、文、米、
葉、衛、吳、黎。而實際上以潘姓為最多。此等文字（引按：指姓氏）
常見於《百家姓》中。唯獨蠻姓例外，蓋此字有影射以番人比於蠻夷之
意。其最多數之潘，原屬《百家姓》中之一姓，惟因其形似『番』字，
音亦類同，而予以採用者。」[28]

　　2.菅野秀雄《新竹州沿革史》：「乾隆二十三年，臺灣知府覺羅四明
企圖使蕃人支那民族（漢）化，諭令歸化的熟蕃剃髮蓄辮，且用冠履、
稱姓。竹塹社七姓是衛、金、錢、廖、三、潘、黎。中港社以林、夏、
劉、潘、胡、吳、李、施、呂、蟹、張、陳、康、葛、黃等為姓。」[29]

　　3.臺灣總督府民政部蕃務本署《平埔蕃調查書》：「乾隆五十三年，
依前此軍功，將原三角旗改授黃色方形旗。本年開始對平埔族賜姓：錢、
廖、衛、潘、金、三、黎（以上竹塹社）、林、胡、劉、潘、陳（以上
中港社，餘不詳）等。」[30]

　　此外，尚有：

　　4.波越重之所編《新竹廳志》，不但「對竹塹社歷史作較有系統性
之敘述」[31]，成書年代亦較以上三種為早。此書有云：「（乾隆）二十三
年，臺灣知府覺羅四明奉命諭令歸化熟蕃依清國之俗剃髮蓄辮，穿著冠
履，及稱姓，竹塹社七姓為衛、金、錢、廖、三、潘、黎等，中港社以
林、夏、劉、潘、胡、吳、李、施、呂、蟹、張、陳、康、葛、黃等姓
繁衍；其他竹塹、中港社後裔稱曰朱、曰日，或豆、或樟，或豆[32]、薛[33]、

---

[27] 伊能原文如此，唯依其括註片假名讀音，則「斛」應係「解」之誤。

[28] 同註26，頁六五八～六五九。中譯本，頁三二九～三三〇。

[29] （日）菅野秀雄：《新竹州沿革史》（新竹：新竹州沿革史刊行會，昭和十三年），頁九九。
引自同註2，頁三三。按：本書「在後篇部分，記載〈支那時代及領臺前後〉之史事，但多
自《新竹廳志》摘錄，竹塹社部分亦同」（見註18，下冊，頁九一一）。

[30] 臺灣總督府民政部蕃政本署：《平埔蕃調查書》，大正十年手抄輯成本，國立中央圖書館臺
灣分館藏。引自註18，下冊，頁九三九。

[31] 同註18，下冊，頁八四八。

[32] 此或原文重出，或繕印之誤，亦未可知。

[33] 林修澈引作「篩」，認為「篩」即「獅」姓，據載賽夏族昔有之。見林修澈：《賽夏族的名
制》，《唐山論叢》（臺北：唐山出版社，一九九七年十一月，初版），頁二二。

風、高、柴等諸姓，蓋皆後世便宜自稱者。」[34]

5.廖瓊林（竹塹社佾生）於光緒四年六月撰〈新社采田公館記〉云：「至康熙年間，……各按其方之名以立社之號。故我之社，始基於香山，繼移於竹塹；……及索遷至舊社，始營公室、纔入版圖。厥分七姓：曰錢、曰衛、曰廖、曰三、曰潘、曰黎、曰金。爲國新丁，屯守臺疆，屢建巨功，扶國安民，如分封茅土、食邑采田者耳。至乾隆年間，乃遷斯地。」[35]

6.謝金蘭《咸菜硼地方沿革史》，「成書於明治三十六年（一九○三），由當時任職桃園廳第廿五區街長的謝金蘭所編」[36]，張炎憲等認爲本書「書中多根據當時進行之耆老訪談或鄉土調查所書，有許多是竹塹社番之後裔及重要關係人之口述資料，相當珍貴。對了解竹塹社之歷史及咸菜硼一帶竹塹社之活動有很大幫助」[37]。此書有云：「乾隆五十六年，撫臺福忠堂[38]來新竹，對於歸化蕃之勵學而又毫無他意爲可嘉，特予獎賞，並以其無姓氏爲不方便，特選七姓分贈於附近歸化番，使成爲七族，即衛、錢、廖、金、潘、三、黎是也。」[39]又云：「蓋自康熙六年，有竹塹社番總土目蔴勝吻直雷，兄弟七人，原住香山，祇因鄭成功開臺暫移東門田心老社，已非穴居野處。至康熙三十六年，始歸清廷王化。至乾隆三十年，福中堂奏請，恩准照四川百旗款式設屯弁丁，……而對蔴勝吻兄弟七人，則賜以衛、錢、廖、潘、金、三、黎爲姓，七姓定額屯丁九十五名，輪流僉舉通事、土目及屯首、房長、火長，作爲社中頭人，悉歸鹿港廳理番官憲管轄。由是蔴勝吻兄弟，則由老社遷於新社，……後因社運欠隆，各離桑梓之地，自行擇里以居，自墾自管，蔴勝吻直雷

---

[34] 同註18，下冊，頁八六五。原文日文。

[35] 王世慶校訂：《新竹縣采訪冊》，方豪主編：《臺灣叢書》第一輯《臺灣方志彙編》（臺北陽明山：國防研究院、中華學術院，民國五十七年十月，初版），頁二五六～二五七。

[36] 同註18，下冊，頁九一一。

[37] 同前註。

[38] 「福忠堂」當作「福中堂」，即平定林爽文事件之統帥福康安，「福中堂」上之「撫臺」二字似誤衍，可刪。

[39] 引自註18，下冊，頁九一二。

以衛爲姓，次男衛阿貴……」[40]

文獻上相關記載已徵引如上。清代道卡斯採用漢姓，文獻所見有兩個重要年分，一爲乾隆二十三年（一七五八），一爲乾隆五十六年（一七九一）或稍前。唯較上述記載更原始之資料迄未能檢獲。（余文儀《續修臺灣府志》卷十六〈風俗‧番俗通考〉及王瑛曾《重修鳳山縣志》卷三〈風土志‧番社風俗〉，均僅言及乾隆二十三年奉文諭令各「番」薙髮蓄辮，未提使用漢姓事；尙難引以爲證。）而上述兩個年代中，似前者較受時人青睞，如陳運棟〈道卡斯族竹塹社衛阿貴家族年表〉[41]及呂誠敏〈竹塹社大事記〉[42] 均是。陳氏在其〈年表〉之〈序說〉有云：「一說爲乾隆二十三年（一七五八）臺灣知府覺羅四明奉命諭令歸化熟蕃剃髮蓄辮，以倣清俗，且用冠履，稱漢姓。而竹塹社人乃名……七姓。」[43]而年表乾隆二十三年之欄項更云：「臺灣道楊景素諭令歸化平埔各族使用漢姓，竹塹社人獲賜七姓：（略）。薙髮蓄辮，穿戴如漢人。臺灣知府覺羅四明奉命諭令熟蕃薙髮，用冠後（履？）並鼓勵漢姓名，蔴勝吻直雷一族姓衛。」[44]呂氏〈竹塹社大事記〉乾隆二十三年條亦云：「臺灣道楊景素諭令歸化平埔各族使用漢姓，竹塹社人獲賜七姓：（略）。薙髮蓄辮，穿戴如漢人。」[45]

前揭〈清代道卡斯族使用漢姓檢索表〉中，在乾隆二十三年之前，所見貓閣社之潘姓、貓盂社之衛姓、竹塹社之錢姓及三姓、大甲西社之巧姓，及乾隆二十三年稍後之後壠等五社之劉社、後壠社之李社、新港社之蟹社，皆早於乾隆五十六年，雖或不無其後始得姓乃至以彼等後人

---

[40] 引自註18，下冊，頁九一六。文中「乾隆三十年」，福康安奏准設「番屯」乙節，年分有誤。按：乾隆五十三年，林爽文案平定後，福康安承旨倣照四川屯練之例，通融酌改，設臺灣「番屯」制度，幾經審酌，議定章程，包括丈明屯田等，歷經會稟會奏，至五十五年冬奉旨交軍機大臣會同兵部核議覆奏，奉准定案施行。

[41] 陳運棟：〈道卡斯族竹塹社衛阿貴家族年表〉，載同註5，頁一〇三～二三七。

[42] 呂誠敏：〈竹塹社大事記〉，載同註19，頁一五～七八，王詩琅則採乾隆五十六年說，見王詩琅：《臺灣省通志稿》卷七《人物志》第二冊（臺北：臺灣省文獻委員會，民國五十一年十二月），頁八三。

[43] 同註5，頁一〇四。

[44] 同註5，頁一一八。

[45] 同註19，頁二五。

使用之漢姓予以追冠之可能，而不足採據，但至少乾隆二十三年中港社之林姓似確然可信者。伊能嘉矩《臺灣文化志》下卷云：「乾隆二十三年，頒發易俗諭令之際，淡水廳中港社土目林合歡者，率先遵奉，誘導社番有力，且致力於社學。乾隆三十年正月，分巡臺灣道蔣允焄乃獎給『國學鍾英』匾額。林氏卒於乾隆四十五年十月初一日，享年七十九。」[46]民國七十一年《竹南鎮志》之〈竹南鎮大事記〉、[47]、〈土地篇・勝蹟〉[48]、〈教育篇・教育〉[49]均有與伊能書中所記相同之部分，〈教育篇・教育〉有云：「乾隆二十三年（一七五八），臺灣知府爲使土著從漢俗，獎勵土著薙髮打辮，並賜林、夏、劉、潘、胡、吳、李、施、呂、蟹、張、陳、康、葛、黃等姓與中港土著任選冠戴。當時中港社土目林合歡率先響應，並致力教育番童。乾隆三十年（一七六五），臺灣道蔣允焄以『國學鍾英』匾額賞賜林合歡。（林合歡於乾隆四十五年十月初一日去世，享年七十九。生前雕刻著漢服之塑像奉祀於林家，割臺初期被日人取去（《臺灣番政志》）。」民國八十二年《竹南鎮志》相當部分亦有幾於雷同之記載。不復贅錄[50]。中港社土目林合歡之於乾隆二十三年使用林姓，應無疑義，而其卒年爲乾隆四十五年（一七八〇），亦在乾隆五十六年之前，因此，是年臺灣府知府覺羅四明奉臺灣道楊景素之命，諭示平埔族薙髮蓄辮、穿戴冠履及使用漢姓之事應屬可信。

　　陳運棟在前揭〈年表・序說〉中，關於竹塹社改換漢姓之時間，以爲徵之有關契字戳記，「則乾隆五十三年（一七八八），或乾隆五十五年（一七九〇）實施屯制時，倣換七姓之說，比較符合史實。」[51]雖接著又說：「清代竹塹社在康熙中葉至乾隆末年改漢姓」[52]，但後者應係陳氏就各說最長的時間範圍立言，前者方是其所主張的時間。然陳氏說：「清

---

[46] 同註26，頁六一一。中譯本，頁三〇三。

[47] 陳金田主編：《竹南鎮志》（苗栗竹南：竹南鎮公所，民國七十一年六月），頁三、四。

[48] 同前註，頁四一。

[49] 同註47，頁一六一。

[50] 陳金田編纂：《竹南鎮志》（苗栗竹南：竹南鎮公所，民國八十三年元月），頁（三）、二一、一二六。此外，〈人物篇・人物〉林合歡傳內容亦略同。

[51] 同註5，頁一〇五。

[52] 同前註。

代竹塹社在康熙中葉至乾隆末年改漢姓，以至嘉慶年間之一世祖至四世祖的姓名，為維護分別其房派關係，多在名字之末附同樣的尾名，……」[53]此中似乎有些疑義，值得進一步查證探討。1.如果確認七姓為乾隆末年始使用，則前此錢子白、衛開業、衛福生、三吻利之姓應皆後來「追稱」者，能否證明？2.從開始使用七姓至需附以尾名區別房派關係，是否需要相隔若干年數？若此問題之答案為是，而認為竹塹社使用七姓係乾隆末年事，何以嘉慶初年乃至乾隆末年，幾乎七姓與尾名同時使用，是否合理？（當然，使用七姓至尾名區別房派如不需相隔一些年數，此問題即不存在。）因此，竹塹社使用七姓之年代，或以該社佾生廖瓊林〈新社采田公館記〉所載該社徙居舊社期間之雍正十一年（一七三三）至乾隆十三年（一七四八）為近實。

（二）姓氏與姓源

前揭〈清代道卡斯族使用漢姓檢索表〉所列共六十姓，加計《新竹廳志》等所載中港社十五姓中不見於〈檢索表〉六十姓之呂姓，則為六十一姓。至《新竹廳志》又云：「其他竹塹、中港社後裔稱曰朱、曰日，或豆、或樟，或豆、薢、風、高、柴等諸姓，蓋皆後世便宜自稱者。」[54]林修澈認為：「中港社後裔的那些姓，剛好就是賽夏族的姓。『薢』（《新竹廳志》作『薢』）（即『獅』，Ho-lok 語 Sai）這個姓，文獻記載以前曾在賽夏族出現過。『柴』則是在文獻中未看過的，是較奇怪的特例。就從姓氏上也可發現，賽夏族（假設這些「中港社的後裔」是賽夏族）它所具有的姓和其附近的社所用的姓並不相同。」[55]筆者贊同林氏的看法，此所謂「竹塹、中港社後裔」大抵為今之賽夏族原住民，故其使用諸姓不視為道卡斯族使用之漢姓。茲將上述六十姓依最早出現年分之先後分述如下。

1.潘：潘為臺灣平埔族諸族最普遍、人數最多之漢姓，在道卡斯族可獲得印證似不足為奇。道卡斯族三大社群各社全部皆有潘姓，無一例

---

[53] 同前註。
[54] 同註18，下冊，頁八六五。
[55] 林修澈：《賽夏族的名制》，頁二二～二三。

外。然竹塹社使用七種漢姓，竟亦有潘姓，似值一提。平埔族所以多潘姓，有習知之吳子光〈淡水廳志擬稿・番族〉所云：「漢人紿之曰：姓未易討好也，唯潘字有水、有米、有田，姓莫如潘宜。番大喜。」[56]但伊能嘉矩以爲「所言失之穿鑿，幾近於附會」[57]；此外，《安平縣雜記》〈調查四番社一切俗尙情形詳底・四社番風俗人情〉云：「四社番風俗，原與生番無殊；不知年月，無有姓氏。至清乾隆間招撫歸化，其時政府委用官員係潘、金、劉三姓之官，入山招撫，凡在其時就撫之各社生番出山化熟者，如是潘官所招，一概隨同姓潘；金官所招，一盡姓金，劉官所招，一盡姓劉。此生番化熟之初，只有潘、金、劉之姓而已。」[58]是則從政府委派入山招撫官員之姓而姓潘，但所言係安平縣境內「四社番」，即使所言屬實，似亦與道卡斯族各社群無涉也。另乾隆中葉鳳山縣學教諭朱仕玠《小琉球漫誌》卷八〈海東謄語（下）・番社考試〉云：「初，熟番有名無姓，既准與試，以無姓不可列榜，某巡臺掌學政，就番字加水三點爲潘字，命姓潘。故諸番多潘姓，後別自認姓，有趙、李諸姓。」[59]朱氏爲教官，所言由考試而及於「番姓」，其事由學政而起，雖無具體年分及姓名，而但稱「某巡臺掌學政」，或可信據。按巡臺御史兼提督學政，始於雍正五年（一七二七），至乾隆四十六年（一七八一）停差巡臺御史。潘姓最早爲乾隆十二年見於貓閣社（貓裡社）。

　　2.衛：衛爲竹塹社七姓之一，該社之外僅見於貓盂社。衛姓最早爲乾隆十二年見於竹塹社，而貓盂社見於乾隆二十七年。

　　3.錢：錢爲竹塹社七姓之一，目前從文獻所見，僅該社有之，最早見於乾隆十二年。

　　4.三：三爲竹塹社七姓之一，僅該社有之，最早見於乾隆十四年。

[56]（清）吳子光：《臺灣紀事》，《臺灣文獻叢刊》（臺北：臺灣銀行，民國四十八年二月），頁八九。

[57]同註26，頁六六〇。中譯本，頁三三〇。

[58]纂輯人不詳：《安平縣雜記》，《臺灣文獻叢刊》（臺北：臺灣銀行，民國四十八年八月），頁五六。

[59]（清）朱仕玠：《小琉球漫誌》，《臺灣文獻叢刊》（臺北：臺灣銀行，民國四十六年十二月），頁八〇。

5.巧：巧僅蓬山社群有之，大甲西社所見最多，大甲頂店社、日南社亦均有之。巧姓最早乾隆十九年見於大甲西社。據臺中市鄉土文物學會總幹事郭雙富告知：巧姓後有改姓歐者，係得自其歐姓友人自述。據道光二十四年（一八四四）巧香娘與巧烏韮立字鈐有「業主歐翌圖記」，該字知見巧興宗字鈐有「業主歐翌瑞記」；光緒五年巧來生立給開墾永耕盡根契，鈐有「業主歐翌彩記」等，或可略見其蛛絲馬跡[60]。

6.林：林爲乾隆二十三年中港社使用漢姓十五姓之一，蓬山社群之大甲西社、日南社、日北社、房裡社，以及後龍社群之新港社、中港社、貓閣社皆有之，而竹塹社所未見者。林姓最早即乾隆二十三年見於中港社者。

7.劉：劉亦爲乾隆二十三年中港社使用漢姓十五姓之一，蓬山社群之大甲西社、日南社、日北社、苑裡社，以及後龍社群之後壠社、後壠等五社、新港社、中港社皆有之，竹塹社在〈檢索表〉亦列有，但所列係光緒二年（一八七六）以前遭示革之竹塹屯屯外委劉錦章[61]，渠果係竹塹社人否仍待查證。劉姓最早爲乾隆二十七年見於後壠等五社。

8.李：李亦爲乾隆二十三年中港社使用漢姓十五姓之一，僅見於後壠社、新港社、貓閣社，卻不見於中港社。所見李姓最早爲乾隆四十四年見於後壠社。光緒年間該社之隴姓，即李姓所改。

9.蟹：蟹亦爲乾隆二十三年中港社使用漢姓十五姓之一，僅見於後龍社群之後壠武牌南社、新港社、中港社。蟹姓最早爲乾隆四十八年見於新港社。潘英海、陳水木《道卡斯族後龍五社契約文書整理計劃期末報告》有一節〈蟹姓來源與演變〉，謂係授姓時，一婦女在後龍南勢溪畔浣衣，官員以五十姓聽其擇用，昔年南勢溪多毛蟹，婦人思索後提起水中之衣服，爬滿毛蟹，遂答以蟹爲姓，官員從之。是即蟹姓之由來。又謂清末蟹姓改解姓，光緒十年（一八八四）以後即不復有蟹姓者[62]。蟹亦爲賽夏族十數姓之一，源自賽夏族氏族名 Kalkaran，其詞義 Karen

---

[60] 該兩件古文書，皆郭雙富先生所藏，而筆者皆曾親自過目。

[61] 同註18，下冊，頁五二七。

[62] 潘英海、陳水木：《道卡斯族後龍五社契約文書整理計劃期末報告》，頁二〇。

即是蟹，故賽夏族之蟹姓乃其氏族名之意譯[63]。

10.吳：吳亦爲乾隆二十三年中港社使用漢姓十五姓之一，僅見於後龍社群之後壠社與新港社，而未見於中港社。吳姓最早爲乾隆五十六年見於後壠社。

11.杜衛：杜衛爲竹塹社之雙姓，最早見於乾隆五十六年。陳運棟曾指出：「先前的研究者認爲衛阿貴家族人丁並不旺盛，自四世孫已無後嗣，因而將下南片的墾地給漢人杜家，並收養杜家之子，以傳後嗣，故廳爐標記杜衛二子（字？），稱爲杜衛雙姓[64]。惟據現豎於暗潭祖墓前之墓碑，則自第三世衛祖星起即已冠杜衛雙姓，其祖先牌位上也標上『京兆』與『河東』兩個堂號。衛煥松只記得下南片杜家與衛家有兄弟的血緣關係。從前標示秀才的桅杆即豎立在杜家大廳之前，並未豎在老街或暗潭。其詳，有待研究。」[65]事實上，嘉慶元年（一七九六）竹塹社皆只龜毛、魯來龜毛所立杜賣斷根田契字將座落於吧哩咽（今新竹縣新埔鎮）之水田杜賣斷根於杜衛貴（即衛阿貴）即已見有杜衛雙姓，且衛阿貴生前即已使用此雙姓[66]；是以〈檢索表〉即以衛阿貴最早出現之年代——乾隆五十六年爲杜衛姓最早出現之年代。陳運棟前揭〈年表〉亦因此契字加註曰：『一般認爲「（衛阿貴）家族人丁並不旺盛，自四世孫（即壽宗、耀宗、捷宗、杜林安等人之世輩）已無後嗣，因而將下南片的墾地給漢人杜家，並收養杜家之子，以傳後嗣。」據此一地契則衛阿貴本身即已姓杜。另外，道光六年所立衛祖星之墓碑亦書作『顯考平匡剛翼祖星杜衛公墓。』可見，姓杜衛事，並非單純由四世孫無後嗣而起，其詳尤待考。」[67]

12.廖：廖爲竹塹社七姓之一，所見僅該社及蓬山社群之大甲西社有之。廖姓最早爲乾隆五十六年見於竹塹社。

---

[63] 林修澈：《賽夏族的名制》，頁一七。

[64] 張炎憲、李季樺：〈竹塹社勢力衰退之探討——以衛姓和錢姓爲例〉，見《平埔族研究論文集》（臺北：中央研究院臺灣史研究所籌備處，一九九五年），頁一八一。

[65] 陳運棟：〈道卡斯族竹塹社衛阿貴家族年表〉，載同註5，頁一一四～一一五。

[66] 同註20，頁三七。

[67] 陳運棟：〈道卡斯族竹塹社衛阿貴家族年表〉，載同註5，頁一二二～一二三。

13.陳：陳爲乾隆二十三年中港社使用漢姓十五姓之一，蓬山社群之日北社、苑裡社、吞霄社，以及後瓏社群之新港社皆有之，而未見於中港社及竹塹社。陳姓最早爲乾隆年間見於新港社。

14.胡：胡爲乾隆二十三年中港社使用漢姓十五姓之一，除見於中港社外，〈檢索表〉所列僅竹塹社有之，但係光緒十年（一八八四）陞補竹日武屯屯把總之竹塹屯屯外委胡新發[68]，渠果係竹塹社人否仍待查證。胡姓最早爲嘉慶十年見於中港社。

15.金：金爲竹塹社七姓之一，除竹塹社有之外，蓬山社群之大甲西社、日北社，以及後龍社群之新港社、中港社皆有之。金姓最早爲嘉慶十一年見於竹塹社，是年該社通事荖萊湘江、土目衛福星等立總墾批字有金魯吁皆者列名[69]；嘉慶二十二年（一八一七）衛明貴、衛天送會立盡賣杜絕田園契字在場母親爲金氏[70]。同治五年（一八六六）竹塹社已設三、廖、錢、衛、潘五房[71]，是則金、黎二姓之絕嗣似在此之前。

16.張：張爲乾隆二十三年中港社使用漢姓十五姓之一，但〈檢索表〉所列，僅蓬山社群之日南社、雙寮社、吞霄社有之；而中港社無之。張姓最早爲嘉慶十六年見於吞霄社。

17.施：施爲乾隆二十三年中港社使用漢姓十五姓之一，但〈檢索表〉所列，僅後龍社群之後瓏社有之；而中港社無之。最早見於道光二年。

18.鍾：鍾僅見於後龍社群之新港社，最早爲道光四年。

19.東：東僅見於蓬山社群之大甲西社與大甲東社，最早爲道光五年見於大甲東社。東姓源自大甲東社社名。清代道卡斯族使用漢姓源自社名者不少，此爲一例。

20.康：康爲乾隆二十三年中港社使用漢姓十五姓之一，但〈檢索表〉所列，僅後龍社群之後瓏社有之，最早爲道光五年。

---

[68] 同註18，下冊，頁五六九～五七○。
[69] 同註18，上冊，頁一○九～一一○；同註15，頁三九二～三九四。
[70] 張炎憲編著：《竹塹古文書》（新竹：新竹市立文化中心，民國八十七年七月），頁一七。
[71] 同註18，下冊，頁四○三。

21.葛：葛爲乾隆二十三年中港社使用漢姓十五姓之一，但〈檢索表〉所列，僅蓬山社群之大甲東社，以及竹塹社有之，前者見於光緒四年（一八七八），後者見於道光五年，惟後者果係竹塹社人否仍待查證。

22.梅：梅僅見於蓬山社群之房裡社，最早爲道光五年。

23.衛李：衛李僅見於竹塹社，道光五年衛魯吁戌仝佀阿登、李生立杜賣盡根田契字[72]，衛李生是否雙姓待查證。

24.夏：夏爲乾隆二十三年中港社使用漢姓十五姓之一，但〈檢索表〉所列亦僅中港社有之，最早爲道光十一年。夏亦爲賽夏族十數姓之一，源自賽夏族氏族名 Hayawan，其詞義不明，賽夏族之夏姓係其氏族名之音譯[73]。

25.莫：莫僅見於蓬山社群之吞霄社，最早爲道光十五年。

26.北：北僅見於蓬山社群之日北社，最早爲道光二十三年。北姓源自日北社社名。

27.福：福僅見於蓬山社群之日北社，最早爲道光二十四年。

28.蕭：蕭僅見於竹塹社，最早爲道光二十八年，是年淡水廳同知署鹿港理番同知史密諭傳考，開列有竹塹屯屯外委蕭盛裕[74]，渠果竹塹社人否仍待查證。

29.解：解僅見於後龍社群之後壠社、新港社、新港貓閣二社有之。解姓最早爲道光三十年見於新港社。據云：清末蟹姓改解姓。參前文蟹姓。

30.叢：叢僅見於蓬山社群之貓盂社，最早爲咸豐十年。

31.苑：苑一作宛，僅見於蓬山社群之苑裡社（一作宛裡社），最早爲同治四年。苑姓源自苑裡社社名。道光、咸豐年間（一八二一～一八六一），苑裡社頭目 Wanrie 率社眾移徙埔里盆地[75]，Wanrie 或即姓苑，

---

[72] 同註 70，頁一九。

[73] 林修澈：《賽夏族的名制》，頁一七。

[74] 岸裡大社文書出版編輯委員會編輯：《國立臺灣大學藏岸裡大社文書》（二）（臺北：國立臺灣大學，民國八十七年三月），頁九二七。

[75] 洪敏麟編著：《臺灣舊地名之沿革》第二冊（上）（臺中：臺灣省文獻委員會，民國七十二年六月），頁二四八。

亦未可知[76]。

32.許：許僅見於後龍社群之新港社，最早爲同治四年。

33.潘宛：潘宛爲僅見於蓬山社群之苑裡社（宛裡社）之雙姓，最早爲同治四年。

34.葉：葉僅見於蓬山社群之貓盂社、吞霄社。葉姓最早爲同治六年見於吞霄社。

35.潘朱：潘朱僅見於蓬山社群之雙寮擺陳社，最早爲光緒三年。

36.莫張：莫張僅見於蓬山社群之吞霄社，最早爲光緒四年。

37.郭：郭僅見於蓬山社群之房裡社、吞霄社。郭姓最早爲光緒四年見於吞霄社。

38.湯：湯見於蓬山社群之吞霄社，以及後龍社群之新港社。湯姓最早爲光緒四年見於吞霄社。

39.黃：黃爲乾隆二十三年中港社使用漢姓十五姓之一，但〈檢索表〉所列，最早爲光緒四年，見於蓬山社群之吞霄社，後龍社群中港社亦有之。

40.解潘：解潘爲僅見於後龍社群之新港社之雙姓，最早爲光緒四年。

41.潘林：潘林爲僅見於蓬山社群之大甲西社、吞霄社之雙姓，潘林姓最早爲光緒四年見於吞霄社。

42.新：新見於後龍社群之新港社、中港社，以及竹塹社。新姓最早爲光緒五年見於新港社。光緒十二年，中路撫民理番同知蔡嘉穀「援上古賜姓之例，就於《千字文》內編取美字，分賜各社爲姓[77]」，諭令各社土目，「飭各番一體遵照」[78]。對此，胡家瑜有云：「光緒時期，爲了區辨平埔族人的姓氏，還曾頒佈使用特殊姓氏的規定，當時新港社不少人姓『新』，如土目新日陞、新永清等。不過，此一特殊姓氏區辨政策

---

[76] 洪敏麟以爲「苑裡社社名可能由人名 Wanrie 而來者」同前註，頁二四七。

[77] 臺灣銀行經濟研究室編輯：《臺灣私法人事編》，《臺灣文獻叢刊》（臺北：臺灣銀行，民國五十年七月），第二冊，頁三三三。同註26，頁六六五；中譯本，頁三三二。

[78] 臺灣銀行經濟研究室編輯：《臺灣私法人事編》，第二冊，頁三三二。

似乎沒有實施多久，很快又改回一般習用的漢姓。」[79]光緒中蔡嘉穀授予新港社之姓氏中，新亦其一，而亦有他姓改姓新，如中港社頭目新中興原姓名劉聚奎，新港社頭目新永清原亦姓劉，皆其例[80]；但在蔡嘉穀授姓之前，亦已有新姓。如新港社潘順興即新德興，土目新日陞即蟹雨稻。又今新港社劉姓後人有謂：「我算是漢化後第七代，以前我們姓新，後來才改成姓劉，我的第三代祖先劉文慶以前曾率領新港十二社的社眾遠征埔里盆地拓土」[81]，倘確如所言，則新姓之使用尤早。竹塹社之新係錢玉林改名新建基，曾任頭目，後誤公斥革，再變名錢崑輝；或僅此一例，俟再考。

43.馬：馬僅見於後龍社群之新港社，最早爲光緒十一年。

44.錢林：錢林爲僅見於竹塹社之雙姓，最早爲光緒十三年。

45.吞：吞僅見於蓬山社群之吞霄社，最早爲光緒十四年。吞姓源自吞霄社社名。

46.盂：盂僅見於蓬山社群之貓盂社，最早爲光緒十四年。盂姓源自貓盂社社名。

47.南：南僅見於蓬山社群之日南社，最早爲光緒十四年。南姓源自日南社社名。

48.陳解：陳解爲僅見於後龍社群後壠社之雙姓，最早爲光緒十四年。

49.廖陳：廖陳爲僅見於竹塹社之雙姓，最早爲光緒十四年。

50.潘李：潘李爲僅見於蓬山社群之雙寮東勢社之雙姓，最早爲光緒十四年。

51.潘梅：潘梅僅見於蓬山社群之房裡社之雙姓，最早爲光緒十四年。

52.潘郭：潘郭僅見於蓬山社群之吞霄社之雙姓，最早爲光緒十四年。

---

[79] 同註2，頁三三～三四。
[80] 同註18，下冊，頁四〇八。
[81] 劉增榮：〈斗葛族人的新港社〉，載同註5，頁七四～七五。

53.壟：壟一作隴，僅見於後龍社群之後壟社（一作後隴社），最早為光緒十四年。壟姓源自後壟社社名。隴姓有原姓李者。

54.巧潘：巧潘為僅見於蓬山社群之大甲西社，最早為光緒十五年。

55.朱：朱僅見於蓬山社群之日北社，最早為光緒十六年。

56.林黃：林黃為僅見於蓬山社群之日南社，最早為光緒十六年。

57.邱：邱僅見於蓬山社群之日南社，最早為光緒十六年。

58.張湯：張湯為僅見於蓬山社群吞霄社之雙姓，最早為光緒十六年。

59.郭陳：郭陳為僅見於蓬山社群房裡社之雙姓，最早為光緒十六年。

60.房：房僅見於蓬山社群之房裡社及苑裡社，前者為明治二十八年，即光緒二十一年；後者年分不詳。房姓源自房裡社社名。

（三）雙姓

筆者曾在一篇舊稿為雙姓下定義說：

> 雙姓者，謂基於某種原因，以本姓與另一姓氏重疊而衍生之新姓，其人終身使用之，甚而由子孫繼續承用，累世長存[82]。

筆者在該稿並指出：「雙姓之產生，主要係因招贅婚單生一子承兩姓宗祧所致。」[83]「造成雙姓之主要原因，除上述之招贅婚外，即為撫養異姓之子，重疊生家與養家姓氏使然。……另有既非招贅婚，亦無領養之關係，而為感恩紀念異姓而產生之雙姓，……」[84]

清代道卡斯族使用漢姓，有一明顯之現象，即產生不少之雙姓。上文依〈檢索表〉所列六十姓中，雙姓有十七姓，將近三成。潘英海、陳水木說：

> 在中港社的田野調查發現一個有趣的問題，平埔族人早期的複姓

---

[82] 鄭喜夫：〈臺灣之雙姓〈初稿〉〉，《臺灣文獻》第四十卷第一期（民國八十年三月），頁一三八。

[83] 同前註，頁一四二。

[84] 同註82，頁一四三。

（按即雙姓）很多，如陳胡、林黃、姚施，這裡的現象較別社為
特別[85]。

潘、陳二氏係得自在中港社之田野調查，二氏在該社訪談之族中耆
老即有陳胡清松、陳李錦生二人[86]，則在原列陳胡、林黃、姚施之外，
可增列陳李，合共四個雙姓，但就中僅林黃見於〈檢索表〉，此一則可
見該表所列之不完整，一則可見雙姓之普遍存在於道卡斯族各社，而非
中港社一社特殊之現象。

在〈檢索表〉所列十七個雙姓，及潘、陳二氏提出之中港社四個雙
姓中，林黃重見，淨得二十個雙姓，其中僅林黃、陳李二姓筆者在上揭
稿中列於「第一類雙姓（明確無疑者）」，郭陳、潘李、潘林三姓筆者上
揭稿中列於「第三類雙姓（尚待查證者）」，其餘十五個皆向所不知之雙
姓。可知清代道卡斯族人之多使用雙姓，不但為族人一項具有特色之姓
名現象，豐富其使用漢姓之姓量，亦豐富了雙姓之姓量，在中國姓氏之
孳乳上值得一提。

清代道卡斯族之所以多雙姓的原因，主要有二：一、由於族人盛行
招贅婚，亦不乏漢人入贅者，多招贅婚的情形下，多雙姓即不難理解。
二、是由於官府授姓時之要求，這是筆者以往所未曾注意者，此亦可增
補一項雙姓產生之原因，，雖相同事例應不多，茲分述如下：

關於清代道卡斯族人盛行招贅婚，可由湯慧敏所用的苗栗縣後龍鎮
新民里之民國三十五年七月一日戶籍登記簿更改之前的戶籍資料所作
〈新港社各姓氏通婚地域統計表〉[87]察知。茲將該表覆核、修正後另製
成〈新港社各姓氏嫁娶婚與招贅婚統計表〉一種附後。上述戶籍資料當
然是日據時期之資料，應較清代更加「漢化」，從上表顯示：就移入人
口而言，娶入四百六十八人，而入贅五十三人，入贅人數占娶入人數之
十一點三三％；就移出人口而言，嫁出一百八十四人，而出贅一十四人，

---

[85] 同註 62，頁七。
[86] 同前註。
[87] 湯慧敏：《再見道卡斯——苗栗縣後龍鎮新港東、西社之調查研究》（苗栗：苗栗縣政府，
　民國八十七年七月），頁七六一一～七六一六。

出贅人數占嫁出人數七點六一％，足見招贅婚比率之高。招贅婚既多，當然產生雙姓之機會亦高。雙姓之產生，似可代表道卡斯族與漢人通婚及融合已至一定的程度，特別是解潘這一個雙姓，很可能解、潘皆道卡斯族，如果推斷無誤，則道卡斯族之間的招贅婚亦如漢人般產生雙姓，尤堪注意。

新港社各姓氏嫁娶婚與招贅婚統計表

姓氏	移入		移出			合計	未重複計
	娶入	入贅	嫁出	出贅	重複者		
劉	181	30	64	1	42	276	234
解	80	9	29	1	14	119	105
周	7	0	4	0	0	11	11
林	56	1	25	3	11	85	74
馬	5	3	5	1	3	14	11
鄭	1	0	4	1	2	6	4
鍾	70	5	15	1	9	91	82
盧	1	0	0	0	0	1	1
張	1	0	1	0	0	2	2
葉	1	0	0	1	0	2	2
徐	1	0	0	1	0	2	2
陳	24	2	7	3	4	36	32
潘	8	0	10	1	8	19	11
江	7	0	0	0	0	7	7
黃	2	0	1	0	0	3	3
曾	2	1	0	0	0	3	3
李	4	0	3	0	2	7	5
康	2	1	5	0	4	8	4
彭	1	0	0	0	0	1	1
郭	2	1	2	0	0	5	5
謝	4	0	2	0	1	6	5
杜	5	0	5	0	3	10	7
許	3	0	2	0	1	5	4
合計	(100%)468	(11.33%)53	(100%)184	(7.61%)14	104	719	615

備註：原始資料為苗栗縣後龍鎮新民里之民國三十五年七月一日戶籍登記更改之前的戶籍資料。

資料來源：湯慧敏《再見道卡斯──苗栗縣後龍鎮新港東、西社之調查研究》，頁七六一一～七六一六。

清代道卡斯族多雙姓的原因，亦與清末官府授姓時要求有關。光緒十二年（一八八六）十二月，中路撫民理番同知蔡嘉穀諭示新港社土目新日陞有云：

其（指社丁）有襲用唐人（指漢人）之姓及以潘字為姓者，均於姓下添一「新」字為雙姓，以「新」字為堂名。其襲用唐人之姓者，或加作「金」、「玉」、「邑」三部內所有之字亦可[88]。

十三年（一八八七）四月竹塹屯札新港社土目新日陞所載蔡嘉穀諭示中亦有：

其番社內倘有以漢人已有之姓襲用為姓者，即宜加添一字，作為雙姓；其以潘為姓者，亦應於潘字下加入一字，以作雙姓，以示分別，而杜混冒[89]。

有關蔡嘉穀授姓各社乙事，其辦理情形如何，甚少相關文獻，《淡新檔案》有一件光緒十四年七月初十日竹塹屯董事解大賓呈新竹縣知縣方祖蔭之稟文，有所涉及，節引如下：

具稟新竹縣竹塹屯董事解大賓，為□習混控挾嫌圖簒、懇訊究誣、一洗刁風事。緣賓造送人役清冊，選充各社頭目，無不謹慎公平，期副章程□□。不□竹塹社革把錢登雲等、新港社棍番劉阿九即劉澄春、劉安□、劉清遠等，各自架控賓包戳變名舉充頭目等□。……各社□充頭目，因前鹿憲蔡諭頒屯□以地為姓，□□賓□過從□□□，如中港社頭目新中興即劉聚奎，後壠社頭目隴上梅即原土目李明清，新港社頭目新永清即劉□□。其餘亦皆兩□□姓，如吞霄社頭目莫世昌即原通事莫張來，宛裡社頭目潘宛然即原土目潘德和，房裡社潘梅魁即潘通，貓盂社頭目盂蘭馨即盂□□，雙寮西勢社頭目潘興隆即潘登，均皆凜遵憲命，社通

---

[88] 臺灣銀行經濟研究室編輯：《臺灣私法人事編》·第二冊，頁三三二。
[89] 同前註。

　　土中可靠之人及正派之妥番舉而充之。其姓名俱在人數冊內可稽
　　90，……。

　　稟文中提到蔡嘉穀諭頒「以地為姓」，即上文所云源自社名之姓。
清代平埔族社名，往往即成為後來之漢莊莊名，再變為地名，故源自社
名各姓稱為「以地為姓」，自無不可，稟文又稱「其他亦皆兩□□姓」，
可惜無由補足「兩□□姓」缺逸之二字，但大致與雙姓有關，此可自其
所舉莫世昌等例而知。當然，清代道卡斯族之雙姓前此即已有之，並非
由蔡嘉穀之諭示而起，其例無待他求，稟文中即有「吞霄社頭目莫世昌
原通事莫張來」一例；但由於蔡嘉穀諭示之故，宛裡社原土目潘德和改
姓名「潘宛」然舉充新頭目，房裡社潘通改姓名「潘梅」魁舉充新頭目
91，頭目輩如此，或許在各社中引起一定程度的「上行下效」。此外，亦
有係單名者至少須改為雙名，如雙寮西勢社潘登改名潘興隆而舉充新頭
目。

　　當光緒十四年，各社土目改為頭目，適在理番同知蔡嘉穀諭示授姓
不久，有意出任新頭目者無不奉行惟謹，改用雙姓，以示配合遵行，藉
博理番分府之好感，自可理解。此種因官府授姓要求使用雙姓，相同之
事例應不多見，可增補一項雙姓產生之原因。

四、從道卡斯名到漢姓漢名

　　在探討過清代道卡斯族之「傳統名制」及使用漢姓相關問題後，即
可進而回顧從道卡斯名到漢姓漢名之轉換過程，並將漢名之增用與改
用，以及道卡斯化漢人之「道卡斯名」，分別略作討論。

（一）轉換過程

---

90 同註18，下冊，頁四八〇。
91 吞霄社原通事「莫張」來改名莫世昌，貓盂社盂□□改名盂蘭馨，分別舉充其社之新頭目，
　或以「莫世」及「盂蘭」為雙姓。

　　清代道卡斯族由「傳統名制」的道卡斯名到漢姓漢名之轉換過程，大致如下：一、「傳統名制」的道卡斯名之漢字書寫→二、簡單地冠漢姓於道卡斯名→三、冠漢姓及不冠漢姓之漢化道卡斯名→四、漢姓漢名。唯自二起均可能有二種以上情形並存之現象。以下依據前揭〈姓名資料〉，按三大社群逐社分述之。因資料不完整，難免有的過程無法列明乃至與實際先後倒置之情形，亦不排除有解讀錯誤之可能。

　　上文所稱「漢化道卡斯名」者，指道卡斯族人以漢字文義命名，而非使用傳統道卡斯名者，此中包括：一、全名之己名以漢字文義命名，而後聯親名為傳統道卡斯名者，此為最明確之漢化道卡斯名，無論冠漢姓與否俱屬之。二、僅見己名而非全名，而且己名係以漢字文義命名，如不冠漢姓亦視為漢化道卡斯名；冠漢姓，則視為漢姓漢名。惟個別道卡斯族人是否使用漢化道卡斯名之解讀，不排除因所見資料不足而產生錯誤之可能。

　　1.蓬山社群

　　（1）大甲西社：因雍正九年（一九三一）之抗清事件，是年最早見有林武力、學生之道卡斯名的漢字書寫。乾隆十九年（一七五四），出現冠漢姓道卡斯名巧自徵；道光五年（一八二六）出現潘□□（姑視為漢姓漢名），二十一年（一八四一）出現東明哲，同治七年（一八六八）出現劉金水，光緒十年（一八八四）出現金德芳，十四年（一八八八）出現潘林山（原林火山變名），十五年（一八八九）出現巧潘隆，十六年（一八九〇）出現廖石頭、李盾、陳阿春、曾媽成；但道卡斯名及冠漢姓道卡斯名終清之世皆有之，與漢姓漢名並行。另在道光五年以前，除巧自徵之名外，全為道卡斯名之天下。

　　（2）大甲東社：乾隆二十四年（一七五九），最早出現道卡斯名淡眉；道光五年出現漢姓漢名東奇勇，明治三十三年（光緒二十六年，一九〇〇）出現潘維德；同治元年（一八六二）出現冠漢姓道卡斯名潘阿木大宇，光緒四年（一八七八）出現葛大宇；光緒十一年（一八八五），出現漢化道卡斯名萬成四老，冠漢姓為東萬成；道卡斯名及冠漢姓道卡斯名終清之世皆有之，與漢姓漢名並行。

（附）大甲頂店社：僅見道光三年（一八二三）至七年（一八二七）之資料，除有道卡斯名外，道光七年已有冠漢姓道卡斯名及漢姓漢名之出現。

（3）日南社：乾隆四十五年（一七八〇），最早出現道卡斯名虎豹鰲阿肉；嘉慶十七年（一八一二）出現漢姓漢名林茂材，道光三年出現巧防順，光緒十四年出現劉清吉、南琳璜，十六年出現邱明順、林黃順德、張進旺；道光二十二年（一八四二）出現漢化道卡斯名添福；道光二十八年（一八四八）出現冠漢姓道卡斯名林加□希、潘老仔巳。同治五年（一八六六）有道卡斯名烏目九骨，是後未見；但冠漢姓道卡斯名與漢姓漢名並行至清末。

（4）日北社：乾隆二十四年，最早出現道卡斯名大宇烏納；乾隆五十六年（一七九一）出現漢姓漢名林茂材（或即日南社林茂材？），道光十二年（一八三二）出現劉慶元，十九年（一八三九）出現陳衡觀，二十三年（一八四三）出現北合興，二十四年（一八四四）出現福永錫，光緒五年（一八七九）出現金敬賢，十四年出現潘德順、朱仁德；，道光十一年（一八三一）出現漢化道卡斯名天賜；咸豐四年（一八五四）出現冠漢姓道卡斯名陳老己，光緒五年出現巧化金；是後即未見道卡斯名，僅一冠漢姓道卡斯名（陳文生）與漢姓漢名並行至清末。

（5）雙寮社：僅見道光三年至光緒十四年之資料：道光三年有Poan`sun，或譯為「潘順」，姑視為道卡斯名；道光七年出現冠漢姓道卡斯名潘蛤武勺；同治九年（一八七〇）出現漢姓漢名潘秀峰、張大陞，光緒十四年出現潘德成；而道光二十八年尚有道卡斯名洽包等及冠漢姓道卡斯名潘愛汝，是後無之，僅見漢姓漢名。

（附）雙寮東勢社：僅見道光二十八年及光緒十四年之資料，前者道卡斯名烏納打阿曰，後者為漢姓漢名潘李秀。

（附）雙寮西勢社：僅見嘉慶九年（一八〇四）及光緒十四年之資料，前者道卡斯名勞加里媽等，後者為漢姓漢名潘興隆。

（附）擺亭社：僅見嘉慶十年（一八〇五）及同治十三年（一八七四）暨不詳年號六年之資料，所見皆道卡斯名，有狗武勺等。

（附）雙寮擺陳社：僅見道光二年（一八二二）及光緒三年（一八七七）之資料，前者爲道卡斯名烏蚋烏踏等，後者爲漢姓漢名潘朱亮等。

（6）房裡社：乾隆四十四年（一七七九），最早出現道卡斯名假己；嘉慶二十二年（一八一七）出現漢姓漢名林萬芳、潘元會，道光五出現梅天成，光緒十四年出現潘梅魁，十六年出現郭陳祿、郭登才，日本明治二十八年（光緒二十一年，一八九五）出現房和成；道光五年出現冠漢姓道卡斯名梅南茅；而道卡斯名自道光二十四年出現 Kunkya 後，除光緒十六年出現之啞狗（「啞狗」爲閩南語啞子，因不冠漢姓，暫列爲道卡斯名）外，即不復見之；冠漢姓道卡斯名則至光緒十六年猶見潘后四。

（7）貓盂社：乾隆二十七年（一七六二），最早出現冠漢姓道卡斯名衛班成諾；同年並出現漢姓漢名衛文景，道光十二年出現潘永興，咸豐十年（一八六○）出現叢明生，光緒十四年出現盂蘭馨；乾隆三十二年（一七六七）則最早出現道卡斯名觀能伏。

（8）苑裡社（宛裡社）：乾隆四十九年（一七八四），最早出現道卡斯名瓦鰲學生；同年並出現漢姓漢名潘有潔，同治四年（一八六五）出現苑興才（宛興才），光緒十四年出現潘宛然，十六年出現陳迻來；同治四年亦出現冠漢姓道卡斯名陳大宇，光緒十六年出現劉阿春，另不詳年分出現房六觀、房加己；道卡斯名與冠漢姓道卡斯名終清之世皆有之，與漢姓漢名並行。

（9）吞霄社：康熙二十八年（一六八九），最早出現道卡斯名林武力楠茅；嘉慶十六年（一八一一）出現冠漢姓道卡斯名張烏蚋，道光八年（一八二八）出現潘烏蚋，十九年出現莫加袍，同治六年（一八六七）出現葉阿厄，光緒四年出現陳阿生、湯阿定、黃涼仔；道光二年出現漢姓漢名張保生，光緒四年出現潘林生、莫張和、郭德義，十四年出現潘郭元、吞碧海，十六年出現張湯盤；而道卡斯名及冠漢姓道卡斯名殆終清之世皆有之，與漢姓漢名並行。

2.後龍社群

（1）後壠社：乾隆十二年（一七四七），最早出現道卡斯名烏牌；

乾隆四十五年出現冠漢姓道卡斯名李漳生，道光二年出現施武乃、劉福生、康乾元，光緒三年出現傅進生；乾隆五十六年出現漢姓漢名吳嘉玉，光緒十四年出現壠上梅（隴上梅）、陳解全、解成龍；道光五年出現漢化道卡斯名森桂、福壽、長瑞：大致而言，道光十五年以前以道卡斯名占絕對多數，咸豐七年（一八五七）以後則以漢姓漢名占絕對多數。

（附）後壠武牌南社：僅見嘉慶二十二年之資料，除道卡斯名武乃海秋等外，另有一漢姓漢名蟹明。

（附）後壠、新港二社：僅見乾隆十二年之資料，全部為道卡斯名，有右武乃君等。

（附）後壠等五社：僅見乾隆二十七年及嘉慶二年（一七九七）之資料，除乾隆二十七年與道卡斯名假己等並見之冠漢姓道卡斯名劉合歡、潘馬力外，其餘皆道卡斯名。

（2）新港社：乾隆十二年，最早出現道卡斯名媽媽；乾隆四十五年出現冠漢姓道卡斯名劉速生（貓老尉次子，其不冠漢姓之道卡斯名為末仔末吧吶，且兄名道生，弟名進生，亦有可能係漢姓漢名），四十八年出現蟹斗蘭，道光三年出現陳璋生，十一年出現林來生（不冠漢姓之道卡斯名為末吓末）、鍾遠定，同治五年出現解荖已、許敲司、李阿苟，光緒五年出現馬乞生；乾隆四十七年（一七八二）出現漢姓漢名劉文錦，五十年（一七八五）出現蟹純祖，乾隆年間（一七三六～一七九五）出現陳益川，道光四年（一八二四）出現鍾官福，三十年（一八五〇）出現解天枝，同治四年出現吳任中，同治五年出現林振榮，十一年（一八七二）出現潘氏及潘和盛，光緒四年出現解潘鍾，五年出現潘順興（新德興），八年（一八八二）出現新日陞（蟹雨稻），十一年出現馬清仕、金洽春、新永清（劉□□）；嘉慶十六年出現漢化道卡斯名海豐、什班海豐；大致道光三十年以前多為道卡斯名及冠漢姓道卡斯名，以後則多漢姓漢名及冠漢姓道卡斯名。

（附）新港、貓閣二社：僅見光緒十二年（一八八六）資料，為冠漢姓道卡斯名潘阿榮，及漢姓漢名解敬忠（蟹敬忠）、潘德勝。

（3）中港社：乾隆二十三年（一七五八），最早出現道卡斯名合歡；

同年出現冠漢姓道卡斯名林合歡（即合歡冠林姓），嘉慶十年出現胡保生，十六年出現潘桂生，道光十一年出現劉合歡、夏哲生；嘉慶十八年（一八一三）出現漢姓漢名劉全宗，二十年（一八一五）出現胡經國，二十一年出現潘水全，道光十一年出現林天福，二十年出現夏太山，咸豐八年（一八五八）出現蟹日生，光緒十四年出現黃雲中、金合長、新中興（劉聚奎）；道光十一年出現漢化道卡斯名捷元；咸豐八年出現道卡斯名葛三以後，即不復見有道卡斯名及冠漢姓道卡斯名，而全爲漢姓漢名。

（4）貓閣社：乾隆十二年，最早出現道卡斯名八系米那；同年出現漢姓漢名潘有爲，光緒八年（一八八二）出現李永成；嘉慶八年（一八〇三）最早出現冠漢姓道卡斯名李茅約、潘合歡，咸豐、同治年間（一八五一～一八七四）出現林西祿；道光三年出現漢化道卡斯名和成；除林西祿外，自咸豐、同治年間以後即僅見漢姓漢名。

3.竹塹社

雍正十一年（一七三三），最早出現道卡斯名一均；乾隆十二年出現冠漢姓道卡斯名衛什班，十三年（一七四八）出現錢子白，十四年（一七四九）出現三吻利，五十六年出現廖合歡加禮，嘉慶十一年（一八〇六）出現金魯吁皆，十七年出現潘禮字，光緒二年（一八七六）出現林海生；乾隆十四年出現漢姓漢名衛開業，五十六年出現錢茂祖、杜衛貴，五十九年（一七九四）出現潘來福（潘榮光），嘉慶五年（一八〇〇）出現廖文盛，二十二年出現金氏，道光五年出現衛李生，二十八年出現蕭盛裕，同治五年出現三文成，光緒二年出現劉錦章，三年出現錢玉來（新建基、錢崑輝），十年出現胡新發，十三年（一八八七）出現錢林盛，十四年出現廖陳生；同治二年（一八六三）出現冠漢姓道卡斯名衛答禮九納後，即未見稱全名之冠漢姓道卡斯名，而皆爲稱己名之冠漢姓道卡斯名。

爲便省覽，製成〈清代道卡斯族從道卡斯名轉換爲漢姓漢名過程表〉附後。

清代道卡斯族從道卡斯名轉換為漢姓漢名過程表

社群	轉換過程 社別	①道卡斯名	②冠漢姓道卡斯名	③漢化道卡斯名	④漢姓漢名	備註
蓬山社群	大甲西社	雍9	乾19		道5	①②終清之世皆有之
	大甲東社	乾24	同元	光11	道5	①②終清之世皆有之
	（附）大甲頂店社	道3	道7		道7	僅見道3～道7之資料
	日南社	乾45	道28	道22	嘉17	同5有①，是後無之
	日北社	乾24	咸4	道11	乾56	同5有②，是後無之
	雙寮社	道3	道7		同9	僅見道3～光14之資料，道28尚有①②，是後無之
	（附）雙寮東勢社	道28			光14	僅見道28及光14之資料
	（附）雙寮西勢社	嘉9			光14	僅見嘉9及光14之資料
	（附）擺亭社	嘉10				僅見嘉10、同13、□6之資料
	（附）雙寮擺陳社	道2			光3	僅見道2及光3之資料
	房裡社	乾44	道5		嘉22	
	貓盂社	乾32	乾27		乾27	
	苑裡社	乾49	同4		乾49	①②終清之世皆有之
	吞霄社	康28	嘉16		道2	①②終清之世皆有之
後龍社群	後壟社	乾12	乾45	道5	乾56	道15以前以①、咸7以後以④占絕對多數
	（附）後壟武牌南社	嘉22			嘉22	僅見嘉22資料
	（附）後壟、新港二社	乾12				僅見乾12資料
	（附）後壟等五社	乾27				僅見乾27及嘉2之資料
	新港社	乾12		嘉16	乾47	道30以前多①③，以後多④②
	（附）新港、貓閣		光12		光12	僅見光12資料

二社					
中港社	乾 23	乾 23	道 11	嘉 18	
貓閣社	乾 12	嘉 8	道 3	乾 12	
竹塹社	雍 11	乾 12	同 2	乾 14	

　　上表清楚顯示：清代道卡斯族三大社群中，其道卡斯名之漢字書寫，以蓬山社群之吞霄社與大甲西社為最早，分別是康熙二十八年與雍正九年，其次則竹塹社之雍正十一年，又次為後龍社群之後壠社、新港社、貓閣社之乾隆十二年；冠漢姓道卡斯名之最早出現，為竹塹社之乾隆十二年，其次則蓬山社群大甲西社之乾隆十九年，又次為後龍社群中港社之乾隆二十三年；漢化道卡斯名之最早出現，為後龍社群新港社之嘉慶十六年，其次則蓬山社群日北社之道光十一年，又次為竹塹社之同治二年；漢姓漢名之最早出現，為後龍社群貓閣社之乾隆十二年，其次則竹塹社之乾隆十四年，又次為蓬山社群貓盂社之乾隆二十七年。

　　從而可知：以全道卡斯族而言，族人道卡斯名之漢字書寫，最早見於康熙二十八年，時在清人設官治臺之第六年，蓋族人之間或族人與漢人間，為某種原因必須製作記載雙方關係之書面憑據，或族人與政府間之文書往來，於族人尚未使用漢姓前，自然出現包括全名或單記己名之道卡斯名漢字書寫；迨及使用漢姓，初則簡單地冠漢姓於包括全名或單記己名之道卡斯名，最早見於乾隆十二年，而幾乎與此同時出現漢姓漢名；但依〈姓名資料〉及上表，漢化道卡斯名（含冠漢姓及不冠漢姓）之出現，各社均晚於漢姓漢名之出現，最早為嘉慶十六年，此點值得注意。蓋簡單地冠漢姓於道卡斯名，自然最便捷，漢姓漢名一起搬用次之，「傳統名制」的道卡斯名漢化反而最後完成。而使用漢姓後，不乏同時有道卡斯名、冠漢姓道卡斯名、漢化道卡斯名、漢姓漢名中二項以上並存者。

　　伊能嘉矩嘗言：「（平埔族）亦有將漢名（姓與名）與番名（家名與人名）兩者保存並用者，猶如公名與私名之關係，而形成一種使用慣例

者。例如：彰化縣平埔熟番之大部族自稱巴宰（Pazeh）之一群（岸裡社爲其宗族）即是。迄現代，仍然持續其舊慣。」[92]伊能雖舉巴宰族爲例，而道卡斯族亦然。

針對道卡斯族自「土名」至「漢名」之轉換過程，胡家瑜曾以新港社爲例，有以下之解析：

> 新港社最早使用漢式姓名者，是乾隆時期貓老尉的三個兒子－長子劉道生、次子劉速生、三子劉進生，但這似乎是當時少數接受漢文教育者的特殊案例，其他社人很少使用漢式姓名；甚至他們有時也仍簽署「土名」，如「末仔末」（速生）、「烏毛」（進生）。1811 年（嘉慶 16 年）左右，文書中的新港社人，絕大部份都還採用傳統的連名。直到嘉慶末年，使用漢姓的現象才日漸普遍，但主要以漢姓加上原有「土名」的方式組成，如劉什班、劉買葛、劉阿貴、林武力等。大約到咸豐、同治年間，新港社人在文書中的簽名，才多改爲漢式姓名，如劉清遠、劉知英、鍾阿恩、鍾阿傳等；至此，新港社人的姓名形式漸漸與一般人無法區辨了[93]。

而陳運棟則指出竹塹社之轉換過程爲：迄乾隆五十四年（一七八九）該社仍使用道卡斯名，至乾隆五十八年（一七九三）始出現七姓之姓名，其後乃普遍使用漢姓漢名，然猶有沿用道卡斯名者[94]。均可供參考。

此外，值得補充者爲竹塹社之尾名，本稿前揭〈清代道卡斯族傳統名制名譜分布表〉中竹塹社下除〈己名〉與〈親名〉外，特爲闢設〈尾名〉欄登列之。關於竹塹社之尾名，據陳運棟研究指出：

> 清代竹塹社在康熙中葉至乾隆末年改漢姓，以至嘉慶年間之一世祖至四世祖的姓名，爲維護分別其房派關係，多在名字之末附同樣的尾名，如新埔「寶石」（三添桂系）三姓尾名都爲「抵鐐」，另一「寶石」三姓（三欽泉系）尾名都爲「比抵」或「安榮」，

---

[92] 同註 21，頁六六一。中譯本，頁三三〇。

[93] 同註 2，頁三三。其中舉林武力爲漢姓與「土名」組成，不無疑義。

[94] 同註 4，頁一〇五。

　　衛姓則尾名多附「旦」或「呧叭」[95]。

　　上文業已提出從開始使用漢姓至需附以尾名區別房派關係是否應隔若干年數之問題，以爲竹塹社開始使用漢姓年代之參證。其實，尾名乃是竹塹社自道卡斯「傳統名制」改爲使用七姓漢姓後姓名現象之進一步發展，由於此等尾名率接於單用己名之道卡斯名或冠漢姓道卡斯名之下，若不識其爲尾名時極易誤爲己名後聯之親名。而就古文書所見，大致自咸豐（元年爲一八五一）年間起，竹塹社普遍使用七姓之漢姓漢名，即鮮有再加尾名之例。

（二）漢名之增用與改用

　　在清代道卡斯族從道卡斯名轉換爲漢姓漢名之過程中，漢名之增用與改用爲一值得探討之問題。「漢名之增用」者，謂族人在「傳統名制」之道卡斯名外，同時採用漢名；「漢名之改用」，則謂族人以漢名取代道卡斯名，改用漢名。而道卡斯名亦可區分爲兩種：一種爲「傳統名制」之道卡斯名，即以漢字書寫之道卡斯語之「傳統名字」；另一種爲漢化道卡斯名，即以漢文字義命名之道卡斯名，或冠漢姓，或不冠漢姓，其冠漢姓者必係使用全名乃屬之，如僅冠於己名上，則成漢姓漢名，無從區別爲漢化道卡斯名，其不冠漢姓者自非漢姓漢名，乃亦唯有以漢化道卡斯名視之。

　　新港社著名之貓老尉加苞（土目、通事、業戶），其次子漢姓漢名爲劉速生，便是道卡斯名未仔未吧蚋[96]之外增用之漢名；而貓老尉之第三子漢姓漢名爲劉進生（土目、通事），亦係道卡斯名烏毛之外增用之漢名[97]。此爲「漢名之增用」。至已使用漢姓漢名者，如無道卡斯名之並用，則非「漢名之增用」，而爲「漢名之改用」，上文〈（一）轉換過程〉

<hr>

95　同前註。引文末之「呧叭」似當作「呧吥」。

96　前揭《道卡斯新港社古文書》，頁八六～八七。劉速生之道卡斯名未仔未吧蚋，並未後聯父名貓老尉，其後聯之親名「吧蚋」爲女名，但貓老尉之妻爲九骨及李氏，「吧蚋」名之由來待考。

97　嘉慶二年後壠等社同立合約自特署名「烏毛即進生」。見註15，第四冊，頁六○六～六一○。

中已多涉及，不贅。

（三）道卡斯化漢人之「道卡斯名」

清代道卡斯族人與漢人社會之接觸日趨頻繁，其間姓名文化，姓名現象涵化的結果，可說便是其「傳統名制」漸次過渡、轉換爲漢姓漢名，但在此同時，亦曾有極少數投身道卡斯族社會之漢人，其姓名有道卡斯化的現象，亦值得在此稍加論列。

在國立臺灣大學人類學系出版之《道卡斯新港社古文書》書中收錄宮本延人採集之新港社「貓老尉家族」古文書中，有數件與該社原籍福建興化府之道卡斯化漢人有關，茲先摘錄如下。

1.乾隆四十九年新港社副通事貓老尉等立甘願字

> 立甘願字新港社副通事貓老尉……東、西兩社白番、番婦……加已望乳、加已興化……等，今因社蔡北勢埔處經眾番先出賣漢人鍾士哲，不能承墾，轉賣林漢、……。至四十七年十月內，林漢等復杜賣與連志燕、連志執……茲連志燕、連志執掌管之，載于本年二月二十七日在伊園內起樑蓋造房屋，興工方始，白番興化加已因伊在下有風水一穴，乘酒醉糾各番將連志燕石檻掘毀、樑木砍壞，致連志燕具稟，蒙塹司主前來親勘，東西四至俱無妨礙，即興化加已之風水更無干涉，今通事等細看無異，自知理短，邀全東、西兩社土目、白番、番婦等懇求連志燕、連志執另涓吉日，將樑上還，該處任從連志燕、連志執兄弟架造，永遠居住。……至興化加已實屋（屬）多事，誠恐日後再為貼累，另行情愿稟明淡防、理番兩憲究逐外，恐口無憑，立甘願字付執為照。乾隆肆拾玖年四月　日……[98]。

2.乾隆五十一年後壠新港社番南茅等稟乞註銷加已毛毛控連陞案

> 具呈轅下後壠新港社番南茅、……等為僉稟愿息乞銷差轉詳事：緣茅等本社有白番加已毛毛，原係興化府人，漢人做番，遇事生

---

[98] 前揭《道卡斯新港社古文書》，頁一九〇～一九一。

風，于四十九年五月間，冒捏眾番名字，架以橫蠹剝佔等事，赴
前理番分憲唐（鎰），併越赴道府憲呈控憲役連陛佔築差館，礙
傷屋墳，仍混捏連陛奸串通土貓老尉等拘索眾番銀元等情，蒙
道、府批准提訊，備移理番分憲，併移憲臺解訊各在案。茅等細
查此案緣起，衅由因憲役連陛對管茅等新港社時在社後曠埔起築
小房為往來辦公之所，係附近加已毛毛之祖塚，而加已毛毛疑有
傷礙伊墳向阻，與連陛角口，以致具控，……茲加已毛毛已經身
故，而連陛現在退役，所築差館亦已拆毀，茅等俱各甘愿息訟。
就此，二十三日以甘愿息訟等事赴理番分憲，呈請詳府註銷在
案。茲蒙票差李超拘訊，敢不凜遵，但案經息銷，似應邀恩銷差，
以免滋擾之處，合瀝情相率匍叩。……乾隆伍拾壹年拾月　日
呈……[99]。

3.後壠等社副通事貓老尉等立招給牛埔地批字（年分不詳，此數件
似相去不遠）

立招給牛埔地批字後壠等社副通事貓老尉、新港社土目……暨閤
社眾白番虎豹釐、烏毛、貓老尉、加已興化等，有承遺下埔地壹
所，址在新港社後北勢，……今因乏銀公項，將埔地托中就與社
後佃漢人林明貴、林章寶等出首前來承給牛埔地。……[100]。

4.乾隆五十六年新港社原副通事貓老尉立招贌耕字

立招贌耕字新港社原副通事貓老尉有父遺下水田一所，座落土名
貫在馬麟潭，……今因自不能耕種，托中引就與漢人加已望乳、
黃潭、朴哥等前來承贌，……乾隆伍拾陸年拾壹月　日，……[101]。

　　在上引「貓老尉家族」古文書中，至少可以看到二名道卡斯化漢人：
一為新港社「白番」加已毛毛，原籍福建興化府，係「漢人做番」，南
茅等稟乞註銷加已毛毛控連陛案呈文中稱加已毛毛「遇事生風」。因加
已曾以社眾多人之名向理番分府及越級向道衙、府衙呈控（淡水廳？）

[99]　同前註，頁一五六～一五七。
[100]　同註98，頁六四～六五。
[101]　同註98，頁七○～七一。

役連陞占築差館等事。蓋連陞起築差館之處，「附近加已毛毛之祖塚，而加已毛毛疑有傷礙伊墳」，向阻口角，因而具控。由加已毛毛這一「道卡斯名」，及渠在上述呈文中被稱為「本社白番」，足見其道卡斯化之程度，及受社眾認同與接納之情形，由於加已係「漢人做番」，疑是入贅於新港社，呈文所稱其「祖塚」，應是其妻家之「祖塚」居多。而其「道卡斯名」加已毛毛後聯之親名「毛毛」，是否其道卡斯妻子之親名，俟考。加已毛毛於乾隆五十一年十月南茅等稟乞註銷其控連陞案時已經身故。另一道卡斯化漢人為加已望乳，乾隆四十九年四月新港社副通事貓老尉等立甘願字稱加已望乳為「白番」，但五十六年十一月原副通事貓老尉立招贌耕字則言明加已望乳為「漢人」，與黃潭、朴哥等承贌貓老尉承父遺座落土名馬麟潭之水田。顯然，加已望乳亦一道卡斯化漢人，似亦如加已毛毛，亦係其本人「漢人做番」，故時而被認同、接納而視為「白番」，時而不忘其為漢人。

　　新港社道卡斯化漢人，除加已毛毛及加已望乳二人外，在上引「貓老尉家族」古文書中尚見有加已興化（亦作興化加已）之名。乾隆四十九年二月，連志燕、連志執兄弟在其埔園內興工建造房屋，興化加已因在其下有風水一穴，藉酒糾同社眾前往掘毀石櫬、砍壞樑木，經連志燕具稟淡水廳竹塹巡檢司親勘，四至無礙，與興化加已之風水更不相涉，再經通事細看無異，自知理短，乃邀同東、西兩社土目等懇求連氏兄弟另涓吉日上樑，任從建造，永遠居住。並以興化加已「多事」，恐日後貽累，情願稟明淡水廳同知及北路理番同知「究逐」外，由新港社副通事貓老尉等立甘願字。其情節大約與前述加已毛毛事相類，對手同為連姓，同因連姓建屋，疑礙風水，引發糾紛，稟官之後再行化解；當然，細節亦有不盡相同之處。前云加已毛毛，為十足之「道卡斯名」；此作加已興化，亦作興化加已，似亦不無為一人之可能。在親子聯名制下，加已興化與興化加已原本不可能為同一人，之所以加已興化亦作興化加已，蓋因「興化」在此可能並非己名或後聯之親名，而是加已其人原籍府名，聯結之以資區辨此加已與其他同名者。倘若此一臆測無誤，則此興化人加已與前述興化人加已毛毛或不排除為同一人之可能。興化加已

尚見於其他之古文書：乾隆四十七年十一月，中港社老通事娘巴蚋立杜賣絕契將座落社寮左畔園地賣與興花加已[102]。乾隆四十九年一月，興花加已立典契將上項園地出典與林明貴[103]。此二契之「興花加已」即興化加已則爲無庸置疑者。

　　由興化加已之例，倘若漢化道卡斯名之適爲閩、粵地名可以視爲具有道卡斯化漢人「道卡斯名」之可能者，則尚可舉出以下三例：一是新港社興化，見於道光七年土目劉阿已等立借銀字[104]之列名者之一。二是新港社海豐，見於嘉慶十六年新港東、西兩社社眾立收領口糧租粟字列名者之一[105]。另亦爲嘉慶十六年之新港社番管事速生等全社眾立借銀字列名者之一爲什班海豐[106]，此什班海豐並列名嘉慶二年後壠等社正、副通事斗蘭等同立合約字[107]，與上述海豐是否同一人，俟考。三是後壠武牌南社南安加已，見於嘉慶二十二年該社屯丁首武乃等立合約眾給墾字[108]。如與興化加已之例同，則新港社興化、新港社海豐（即什班海豐？）、後壠武牌南社南安加已可能分別爲原籍（或祖籍）興化、海豐、南安之道卡斯化漢人，而所列即彼等之「道卡斯名」。然事實果如此否，尚有待證明。

五、結語

　　關於清代道卡斯族的「傳統名制」，迄今所見，似入清以後道卡斯名始有以漢字書寫者（前此縱有，當亦不多），但譯寫道卡斯名並無統一用字之規範，是以一名數譯之現象屢見不鮮，另則間有誤寫；「傳統」道卡斯名，並同時存在繁化單音節名及簡化多音節名之習慣，前者或在

---

[102] 同註62，頁六二。
[103] 同前註。
[104] 原件係郭雙富先生所藏，筆者曾過目。
[105] 同註98，頁一九四～一九五。
[106] 同註98，頁一二四～一二五。
[107] 同註15，第四冊，頁六〇六～六一〇。
[108] 同註15，第五冊，頁七八七～七八九。

名上冠「阿」，或在名下加「仔」或「生」，亦有不予繁化者，而後者一般為三音節名簡化為雙音節名；同名時則有冠形容詞如「大」、「小」、「老」等於名上，俾利區辨者。本稿根據〈清代道卡斯族人姓名資料〉，多次詳細參照比對，列出出現二次以上之道卡斯名一百八十八個，按筆順、三大社群別並分析己名、親名、尾名，統計其出現次數，繼則分辨其中之男名與女名。然後作「傳統名制」之探討，藉知：道卡斯名之全名由二名聯成，前名（上名）為己名，並認定應係親名後聯型之親子聯名制，有蓬山社群加苞、貓老尉加苞父子及竹塹社麻嘮吻直雷、阿貴麻嘮吻父子可為具體之例證。

　　關於清代道卡斯族之漢姓之使用與演變，本稿先製成〈清代道卡斯族使用漢姓檢索最早年分表〉，以便討論；道卡斯族使用漢姓之緣起，文獻記載主要有兩個年分，一為乾隆二十三年，一為乾隆五十六年或稍前。中港社土目林合歡於乾隆二十三年使用漢姓林，應無疑義。次則探討〈最早年分表〉所列六十姓之姓源。道卡斯族使用漢姓，產生不少之雙姓，其主要原因有二：一是族人盛行招贅婚，亦有漢人入贅，二是由於官府授姓時之要求，後者可增補一項雙姓產生之原因。

　　清代道卡斯族由「傳統名制」的道卡斯名到漢姓漢名之轉換過程，大致如下：一、「傳統名制」的道卡斯名之漢字書寫→二、簡單地冠漢姓於道卡斯名→三、冠漢姓及不冠漢姓之漢化道卡斯名→四、漢姓漢名。經製成〈清代道卡斯族從道卡斯名轉換為漢姓漢名過程表〉，以便省覽。以全道卡斯族而言，族人道卡斯名之漢字書寫，最早見於康熙二十八年；簡單地冠漢姓道卡斯名，最早見於乾隆十二年，漢姓漢名幾乎是同時出現，而漢化道卡斯名之出現，最早為嘉慶十六年，各社均晚於漢姓漢名之出現。而在從道卡斯名向漢姓漢名轉換之過程中，有漢名之增用與改用之問題。新港社貓老尉加苞之次子漢姓漢名為劉速生，另有道卡斯名末仔末吧蚋，是為「漢名之增用」；如使用漢姓漢名者無道卡斯名之並用；則是「漢名之改用」。在上述轉過過中，亦出現極少數道卡斯化漢人之「道卡斯名」，如新港社之加已毛毛及加已望乳，另加已興化（亦作興化加已、興花加已）則可能與加已毛毛為同一人，而由加

已興化之例，新港社興化、同社海豐（即什班海豐？）、後壠武牌南社南安加己或有可能亦係道卡斯化漢人之「道卡斯名」，惟仍待證實。

　　〈前言〉中曾指出：本稿探討清代道卡斯族之姓名，係沿用一般關於三大社群及其所屬聚落（社）之區劃，並願嘗試以其間之姓名現象或姓名文化，一覘道卡斯族三大社群彼此關係之親疏遠近。就本稿所根據之有限資料，從以上討論中，可得知下列現象：

　　（一）在單音節名之繁化與多音節名之簡化方面：前者之在名上冠「阿」及在名下加「生」，三大社群同然，至在名下加「仔」則見於蓬山社群與後龍社群，而竹塹社獨無；後者亦不見於竹塹社，而見於其餘二社群。

　　（二）在「傳統名譜」方面：三大社群中，唯竹塹社有尾名；在所列一百八十八個道卡斯名中：1.各社群特有及獨無者，蓬山社群為六十六個‧後龍社群為三十五個，竹塹社為七十九個；2.兩社群同有及三大社群皆有者合計，蓬山社群與後龍社群為四十二個，後龍社群與竹塹社為二十一個，竹塹社與蓬山社群為十九個。由「傳統名譜」在各社群分布顯示之異同情形相脗合地指出：竹塹社跟蓬山社群及後龍社群有較大之差異，而與蓬山社群之差異尤大。

　　（三）在使用漢姓方面：竹塹社因使用七姓，亦與其餘二社群有較大之差異。在道卡斯族使用之六十姓中：1.各社群特有及獨無者，蓬山社群為三十一姓，後龍社群為十六姓，竹塹社為十姓；2.兩社群同有及三大社群皆有者合計，蓬山社群與後龍社群為六姓，後龍社群與竹塹社為六姓，竹塹社與蓬山社群為五姓。就前者而言，顯示蓬山社群特有及獨無之姓量多於後龍社群，而後龍社群又多於竹塹社；就後者而言，三大社群間之同異情形差距不大。總的來說，在使用漢姓上，竹塹社仍跟蓬山社群及後龍社群有較大的差異，而與蓬山社群之差異尤大。

　　綜合以上三點，則就道卡斯族之姓名現象或姓名文化而言，三大社群之中，竹塹社與其餘二社群有較大之差異，而與蓬山社群之差異又遠大於與後龍社群之差異；換言之，竹塹社與其餘二社群之關係均遠，但相較之下，與後龍社群距離較近，而與蓬山社群之距離則遠甚。上面籠

統的說法，係由所見資料顯示的姓名現象看道卡斯族三大社群彼此關係親疏遠近所得之初步結果。當然，它的前提是：社群之間的姓名現象或姓名文化，與彼此關係的親疏遠近有一定的正相關。在道卡斯族的這個案例中，明顯地，「傳說名譜」的觀測應較漢姓爲有用，因爲漢姓的擇用未必與三大社群彼此關係的親疏遠近間有一定的相關。

　　在結束這篇初探搞之前，必須再一次重複指出：本稿作爲探討依據之〈清代道卡斯族人錄〉或〈清代道卡斯族族人姓名資料〉所含蓋其實十分有限，相較於重建清代道卡斯族姓名現象或姓名文化所需者，相差尚遠。總體的也好，個別的也好，本稿對於姓量、名數、社數等之絕對數據，以及各種明確的「最早年分」，均係就筆者個人過目之資料所見而言，「純供參考」；一旦有任何新資料出現，即須予以修正或放棄，其實尚未確定，所以不必過於拘泥，如能被視爲大致的、相對的趨勢即已感甚幸甚。

　　　　〔附記〕本篇原載《臺灣文獻》第五十一卷第四期（民國八十九年十二月出版），頁五九～一○九。除〈結語〉末尾刪除二百餘字，及註 40 增入訂正「乾隆三十年」一段之年分外，其餘文字調整之外亦作若干修正。

南安石井《鄭氏家譜》之纂修者及纂修年代

——兼論四種石井鄭氏譜乘之傳承關係

一　前言

　　一九八七年一月，大陸出版《鄭成功族譜三種》[1]，是書附錄三件相關墓誌銘，而正文部份匯刊族譜三種，包括：日據時期首先發現於臺灣之《石井本宗族譜》，及兩種大陸當年「新見」不久之南安石井鄭氏譜乘，即原藏中國歷史博物館之《鄭氏宗譜》及《鄭氏家譜》。其書前所載張宗洽撰〈前言〉，分別對此三種族譜之重要性與價值，作極深入精當之析述。筆者曾利用此書及其它資料，撰有〈鄭延平之世系與井江鄭氏人物雜述〉一文[2]。

　　二〇〇二年三月，大陸發現鄭氏族親保存數代之明崇禎《石井鄭氏族譜》抄本一種[3]。二〇〇四年十二月，大陸出版《臺灣文獻匯刊》[4]，其第一輯第五冊，影印收入上述抄本，譜名作《鄭氏族譜》，注明修譜人爲鄭芝龍；前述《鄭氏宗譜》及《鄭氏家譜》則同排印收入同輯第九冊。

　　二〇〇六年一月，大陸復將《鄭成功族譜三種》並同《石井鄭氏族譜》合編而刊行之，改題書名曰《鄭成功族譜四種》，原附錄之墓誌銘

1　張宗洽點校：《鄭成功族譜三種》，《閩臺族譜選刊》，福州：福建人民出版社，一九八七年一月，第一版第一刷。

2　鄭喜夫：〈鄭延平之世系與井江鄭氏人物雜述〉，《臺灣文獻》第四十一卷第三、四期（民國七十九年十二月），頁二三三、一九一。

3　廈門市鄭成功紀念館、廈門市鄭成功研究會：張宗洽點校：《鄭成功族譜四種》（福州：福建人民出版社，二〇〇六年一月，第一版第一刷）〈前言〉，頁一。

4　《臺灣文獻匯刊》，係大陸福建師範大學台閩區域研究中心策劃編輯，由北京九州出版社與廈門大學出版社共同出版，二〇〇四年十二月已出七輯一百冊，計劃「今後還將整理出版後續匯刊」。

亦增爲五件，使研究泉南鄭氏家族之史料更加豐富，幾近完整。此書所收四種譜乘據〈前言〉說明係「按其纂修的年代先後編排」[5]，而照〈目錄〉所列，依次爲：《石井鄭氏族譜》（頁一起）、《石井本宗族譜》（頁一五九起）、《鄭氏宗譜》（頁一九一起）、《鄭氏家譜》（頁二二九起）。如此排序，前二者自無問題，後二者則有可商榷之處。

　　本來，無論《鄭成功族譜三種》，或《鄭成功族譜四種》所收《鄭氏宗譜》，開卷即大書云：「中華民國九年陽曆十二月十四日，即庚申年陰曆十一月初五日，二十世孫玉海[6]、二十一世孫沂、澤重修。」[7]而《鄭氏家譜》雖無相同交待，然仍不難自上述二譜得知纂修者及其纂修年代（之範圍）。二十年前，筆者即曾指出：「實則，《鄭氏家譜》雖不著纂修者及纂修年分，但略可考知大概。纂修者蓋爲石井第十九世之鄭德印，而纂修年分不能晚於民國七年。」[8]「《鄭氏家譜》之成似不能晚於民國七年，而應約在清末民初之際，亦大抵可知也。」[9]《臺灣文獻匯刊》本《鄭氏族譜》書前無題弁言有云：「清末民初佚名氏所修：《鄭氏家譜》」[10]而其《鄭氏家譜》之書前無題弁言亦云：「《鄭氏家譜》，不分卷，清末民初佚名氏所修」[11]，是雖未考出纂修者，然亦斷纂修年代爲「清末民初」，與筆者所考相符。《鄭氏家譜》之纂修既在清末民初、不能晚於民七，則當然比民九重修之《鄭氏宗譜》爲早，可見《鄭成功族譜四種》之排序值得商榷，直接而言，二譜先後倒置矣。

　　由於《鄭氏家譜》「內容與《鄭氏宗譜》大同而小異」[12]，譜名亦僅一字之差，《臺灣文獻匯刊》本及《鄭成功族譜四種》皆有編印上之差

---

[5] 同註3，頁二。

[6] 南安石井鄭氏第二十世同名爲玉海者有二人，且同屬延平直系部分，一爲克□之後，即與其子沂、澤重修《鄭氏宗譜》之人；另一爲延平四子睿（早卒）嗣子秉訓（延平八子溫之四子入嗣）之後，當另一玉海與兩子修譜時，此玉海尚未娶妻。（見註1，頁三六；註3，頁二二六。）

[7] 同註1，頁三；同註3，頁一九三。

[8] 同註2，頁二三八。

[9] 同註2，頁二三九。

[10] 同註4，第一輯第五冊，頁四六八。

[11] 同註4，第一輯第九冊，頁四六。

[12] 同註1，〈前言〉，頁一。

錯。《臺灣文獻匯刊》本之錯誤可謂十分嚴重，雖然此本《鄭氏家譜》
與《鄭氏宗譜》書前無題弁言內容皆無誤，但此本二譜譜名恰恰錯置，
將《鄭氏家譜》冠以《鄭氏宗譜》之名，而以《鄭氏家譜》之名施諸《鄭
氏宗譜》，又《鄭氏宗譜》之「書名頁」，竟將「鄭玉海等重修」訛為「張
玉海等重修」，所幸有《鄭成功族譜三種》及《鄭成功族譜四種》可資
互校，否則豈不「誤人太甚」！至《鄭成功族譜四種》之錯誤，則在於
書前冠圖之書影，係屬二譜封面與內頁之錯置，即誤以《鄭氏宗譜》之
封面與《鄭氏家譜》內頁之鄭芝龍〈本宗族譜序〉首頁前半疊置，而以
《鄭氏家譜》之封面與《鄭氏宗譜》內頁第十二世大木公（即延平）半
頁疊置，又所幸其正文完全不受影響。由於以上狀況，而前揭筆者舊文
雖觸及《鄭氏家譜》之纂修者及纂修年代之問題，因非該文重點，隨意
舉證，並不周詳，故重為整理改寫，並兼論上述四種石井鄭氏譜乘之傳
承關係，以就正於兩岸譜學先進。

二、　關於纂修者

　　為後文討論之便，茲先錄出《鄭氏家譜》有關之記載如下：
　　（一）「六布（十八世）：娶王氏。子二：德印、德玉。」[13]
　　（二）「德印（十九世）：娶金氏。子二：恩榮、恩福。」[14]（按：《鄭
氏家譜》無德玉條，原因待查。）
　　（三）「恩榮（二十世）：娶劉氏。子崇順。」[15]
　　（四）「恩福（二十世）：娶瓜爾佳氏，繼室柏氏。」[16]
　　（五）「侄恩保（二十世）：娶方氏。子一：崇緒。娶臧氏。孫二：
鄭宏謙、宏譜。」[17]

---

[13] 同註1，頁六七～六八；同註3，頁二五八～二五九。
[14] 同註1，頁六八；同註3，頁二五九。
[15] 同註1，頁六八；同註3，頁二五九。
[16] 同註1，頁六八；同註3，頁二五九。
[17] 同註1，頁六八；同註3，頁二五九，「鄭宏謙」作「宏謙」。

（六）「侄恩聯（二十世）：娶侯氏。」[18]

次錄《鄭氏宗譜》相對應各條之記載：

（七）「第十八世□□□（邦瑞之子）：諱六布。姚王氏。子二：德印、德玉。」[19]

（八）「第十九世□□□（六布長子）：諱德印。姚金氏。子四：恩榮、恩福、恩祿、恩厚。」[20]

（九）「第十九世□□□（六布次子）：諱德玉。姚鄒氏。子：恩保、恩聯。」[21]

（十）「第二十世□□□（德印長子）：（諱）恩榮，字樹華。（姚）劉氏。子：崇順。（早卒）。」[22]

（十一）「第二十世□□□（德印次子）：諱恩福。姚瓜爾佳氏，繼柏氏。子：崇斌。（柏出，早卒）」[23]

（十二）「第二十世□□□（德印三、四子）：諱恩祿、恩厚。（均早卒）」[24]

（十三）「第二十世□□□（德玉長子）：諱恩保。姚方氏。子一：崇續。」[25]

（十四）「第二十世□□□（德玉次子）：諱恩聯。（姚）侯氏。」[26]

《鄭氏家譜》之第（五）、（六）兩條，第二十世之恩保、恩聯兄弟俱冠以「侄」字，蓋《鄭氏家譜》之纂修者為恩保兄弟之伯叔輩，故以「侄」稱之，據第（十三）、（十四）兩條，恩保兄弟之父為德玉，再據第（八）、（九）、（一）、（七）各條，德玉之兄德印，即恩保兄弟之伯父。據《鄭氏家譜》、《鄭氏宗譜》及筆者前揭文中所製〈福建南安石井鄭氏

<hr>

[18] 同註1，頁六八；同註3，頁二五九。

[19] 同註1，頁二九～三〇；同3，頁二二〇。

[20] 同註1，頁三三；同註3，頁二二三。

[21] 同註1，頁三三；同註3，頁二二三。

[22] 同註1，頁三三；同註3，頁二二五。

[23] 同註1，頁三五；同註3，頁二二五。「（柏出，早卒）」作「（早卒），柏出」。

[24] 同註1，頁三五；同註3，頁二二五。「（均早卒。）」作「均早卒。」

[25] 同註1，頁三五；同註3，頁二二五～二二六。

[26] 同註1，頁三六；同註3，頁二二六。

世系表〉〈（一）延平直系部分〉[27]，第十九世德印、德玉兄弟一支係延平次子輔政公聰（嗣王經仲弟）之後，聰爲石井鄭氏第十三世，單傳第十四世克坦，克坦有子四：次子懿及四子琦出嗣，三子瑄夭亡，第十五世唯長子衍單傳第十六世馥，馥有子三：長子邦勛早卒，三子邦寧無傳，第十七世唯次子邦瑞單傳第十八世六布，而六布即德印、德玉兄弟之父，故《鄭氏家譜》之纂修者既稱德玉子恩保兄弟爲「姪」，其人無疑即是德玉兄德印，並非無可考之「佚名氏」也。

三、關於纂修年代

筆者在前揭舊文中，斷定《鄭氏家譜》之纂修約在清末民初，不能晚於民國七年。此因《鄭氏宗譜》既有明確之重修年月，則比較二譜各有關之記載，即不難得知也。仍先錄二譜記載，以便後文引據討論。《鄭氏家譜》有云：

（十五）「玉海（二十世）：娶劉氏、業赫那拉氏。子二：沂、（劉出）澤。（劉出，出繼二房。）」[28]

而《鄭氏宗譜》有云：

（十六）「第二十一世□□□（玉琛之嗣子）：（諱）澤，字麗川。（姒）張氏。」[29]

（十七）「第二十一世□□□（玉海之長子）：（諱）沂，字魯川。（姒胡氏）。子繼昌。[30]

（十八）「第二十一世□□□（恩保之子）：（諱）崇續。（姒）臧氏。子：舒謙（殤）、舒譜、舒說、舒訊。」[31]

試以第（十五）條與第（十六）、（十七）兩條比較：則《鄭氏家譜》

---

[27] 同註2，頁二四三～二四四。

[28] 同註1，頁六四；同註3，頁二二五。「子：沂、（劉出。）澤。（劉出，出繼二房。）」
作「子二：沂劉出。澤。（出繼二房），劉出。」

[29] 同註1，頁三六；同註3，頁二二六。

[30] 同註1，頁三六；同註3，頁二二七。

[31] 同註1，頁三七；同註3，頁二二七。

纂修時，沂、澤兄弟俱未娶，迨修《鄭氏宗譜》時，兄沂已娶胡氏生子繼昌矣，弟澤亦已娶張氏矣。此其一。又以第（五）條與第（十八）條比較：前者之「崇緒」蓋即後者之「崇續」；而前者之「宏謙」、「宏譜」，蓋即後者之「舒謙」、「舒譜」。可見《鄭氏宗譜》重修時，崇緒（或崇緒）已較德印纂修《鄭氏家譜》時，多舉三、四兩子，而長子則不幸於其間殤矣。此其二。以第（四）條與第（十一）條比較：兩譜纂修相隔期間內，恩福生子崇斌，而又早卒。此其三。再以第（三）條與第（十）條比較：上述期間內，恩榮子崇順亦告早卒矣。此其四。綜合以上四點，可知兩譜之纂修應約相距兩年以上，是以《鄭氏家譜》之纂修年代似不能晚於民國七年，應約在清末民初之際。

至於第（二）條，《鄭氏家譜》纂修者德印自記其本人有「子二：恩榮、恩福」，而《鄭氏宗譜》所載第（八）條則記德印「子四：恩榮、恩福、恩祿、恩厚」，第（十二）條又記載德印三、四子恩祿、恩厚「均早卒」，此則似不能據以謂兩譜纂修期間，二人生而又早卒。蓋筆者推測當德印纂修《鄭氏家譜》時，二子皆已前卒，爲免觸喪明之痛，乃於家譜中徑將二子之名削除，而爲第（二）條之記載，此說如無誤，更可爲德印係《鄭氏家譜》纂修者添一旁證也。

四、四種石井鄭氏譜乘之傳承關係

（一）明崇禎《石井鄭氏家譜》：本譜或即崇禎年間鄭芝龍所修《石井本宗族譜》原譜殘存之部份內容。爲今知最早之石井鄭氏譜乘，惜已有相當部份之缺失，全譜並不完整。《臺灣文獻匯刊》第一輯第五冊所收本譜影印本，開頭（頁四六九）有芝龍撰〈石井本宗族譜序〉末段百餘字，又有「族譜字行」四字，及「系既」殘缺字跡，蓋即《石井本宗族譜》所收〈族譜名行序〉之殘存部份，而皆爲《鄭成功族譜四種》本所刪略。本譜乃以南安石井鄭氏之西亭分（延平屬此分）、厝後分（即長房長鄭厝分）、厚慕分（長房貳厚慕分）及華亭分各分爲記載對象，故各分之世系，泰半均可以自第一世始祖連貫至第十二世、第十三世，

所以謂之「幾近完整」。（當然，族譜記載下限止於修譜之時，逾乎此則有待後世之續修，本譜亦不例外。又，個別資料間有互相抵牾之現象，亦在所難免。）故以往惟見於《鄭氏家譜》及《鄭氏宗譜》之延平直系第五世祖至第十世祖，以及該二譜亦相對缺乏可信譜料之西亭分以外之各分，本譜亦皆有之。本譜在第一世至第四世人物之前，《鄭成功族譜四種》校者張宗洽據本譜記載及其他資料爲補編有〈石井鄭氏一世至五世宗支易見圖〉[32]之外；其後各分第五世至第九世人物之前，本譜皆冠有其〈五世至九世宗支易見圖〉；第十世至第十三世人物之前，則皆冠有其〈九世至十三世宗支易見圖〉。而《石井本宗族譜》之部分內容，係抄自本譜，其中有本譜今存抄本已缺佚，亦不見於其餘各譜者，如：鄭芝鷟撰〈石井本宗族譜序〉，（按芝鷟爲邑庠生，受芝龍之囑，纂輯《石井鄭氏族譜》者。弘光元年授中書科中書舍人。隆武元年，升兵部職方司，監紀水師；後授兵部主政[33]。）正文部分有〈石井名賢序〉、前述〈族譜名行序〉、〈世系圖譜「序」〉、〈井江鄭氏歷代人物〉、〈南安縣四十三都石井鄉鄭氏世譜始祖五世宗支易見圖〉及石井鄭氏第一世至第四世各世人物。惟其中〈井江鄭氏歷代人物〉所載崇禎十三年以後之事迹及人物，自非本譜原有，而係其後所增補者。嗣王經之能於永曆二十九年及翌年分別撰寫〈皇明□□樂齋鄭公暨妣郭氏志銘〉及〈皇明石井鄭氏祖墳志銘〉二文，蓋即有賴於本譜之資料也。從上述《石井本宗族譜》抄錄之〈井江鄭氏歷代人物〉第十六世鄭廷策「嘉慶辛未年歲貢生」之記載，可知本譜於嘉慶十六年至道光十五年間應曾續修；而從《鄭氏家譜》能自第一世至第二十世（二人有子，其一且已生孫）、《鄭氏宗譜》能自第一世至第二十一世（二人有子）連貫記載，接續不斷，則可推測至少西亭分在道光以後似曾再續修，否則譜料亦必妥善保存。

　　（二）清嘉慶、道光《石井本宗族譜》：以目前流傳之本譜抄本而

---

[32] 《鄭成功族譜四種》點校者張宗洽為《石井鄭氏族譜》補製之〈石井鄭氏一世至五世宗支易見圖〉，基本上同於《石井本宗族譜》之〈南安縣四十三都石井鄉鄭氏世譜始祖五世宗支易見圖〉。

[33] 同註1，頁八三；同註3，頁一七二～一七三。

言，實難謂爲纂修完成之譜乘，而屬雜抄之譜料集也。乃原屬華亭分派下而後遷居同安縣感化里石澳保石獅鄉之族裔名山（石澳第十世，石井第十三世）於嘉慶六年、希石（石澳第十二世，石井第十五世）於道光十三年至十五年，先後爲重修族譜，至石井展謁祖祠，乃抄錄《石井鄭氏族譜》部分材料，及其他資料如：〈石井祠堂聯文〉、〈井江祖傳春冬二祀儀注〉，益以名山所撰〈本宗族譜序〉、希石所撰〈石井謁祖序〉、名山孫女婿曾文峰所撰〈序贈〉，及〈同安縣感化里石澳保石獅鄉鄭氏圖譜〉所成。據曾文峰〈序贈〉，亦謂名山之修譜，乃「竟錄過半，未得全備可觀」，道光十三年迄十五年間，同安石澳與南安石井宗親合力「敬抄譜序以及先世名人一備與名山公諸創合爲一部」[34]，是即本譜之由來。本譜自民國二十年（昭和六年）由臺灣總督府影抄「開山神社」藏本以來，迄於一九八七年大陸出版《鄭成功族譜三種》以前，爲研究南安鄭氏，亦即延平家族最主要之譜乘史料，惜其資料有不少之缺漏，已略見於前文，因不多贅。

　　（三）清末民初《鄭氏家譜》與民國《鄭氏宗譜》；此二譜之纂修者，前者爲石井第十九世德印，後者爲第二十世玉海及其子沂、澤，同屬西亭分延平直系後裔，纂修年代亦相去不遠，而《鄭氏家譜》略早，二譜之內容亦相當近似，其僅有之少許差異之處，正可用以考證《鄭氏家譜》之纂修年代乃至纂修者。而二譜同將監國世孫克𡏡一條削除，蓋遵奉克塽〈鄭氏附葬祖父墓志〉所云：「父男七：不孝克塽居長」[35]，此實背離事實也，遠不及《石井本宗族譜》於〈井江鄭氏歷代人物〉十四世對鄭克𡏡之公允直書爲可信史料。民國九年，玉海父子或因不滿意於德印之將族譜改爲家譜之譜名及體例，故不數年又重修爲《鄭氏宗譜》，除譜名外，體例亦將《鄭氏家譜》自第十七世以後逐一依子、孫、曾相承，形成世代紛亂、倒置之情形，仍改爲每一世代均由長至幼以次列出；又補列遭德印削除之恩祿、恩厚二人，及《鄭氏家譜》所漏載之德玉一條。然而二譜同係利用道光以後增修（？）之《石井鄭氏族譜》或譜料，

---

[34] 同註1，頁八一～八二；同註3，頁一七一～一七二。

[35] 同註1，頁一〇一；同註3，頁二六七。

故比較二譜之內容,「相似度」畢竟太高,殆有若同一譜乘之兩個版本之感覺矣。

五、結語

　　族譜對於家族史及相關人物研究之價值與重要性,無待詞贅;而多數譜乘資料具有一定之地區性,故兼爲地方史志乃至國史之重要史料、志料,其累積總量浩如煙海,而考證工作繁雜多端。如何竭盡更大之智能,組織更多之人力,結合進步之科技,快速篩檢各地區各時代所纂修超大量族譜之珍貴資料,備供各個專業領域深入研究之用,提升研究成果,進而相互分享,實爲刻不容緩之事。

　　〔附記〕本篇原載海峽百姓論壇組委會編:《第二屆海峽百姓論文選》(該會,二〇一〇年四月出版),頁二〇四~二〇八。

後記

　　這本論集的終能問世，自始對此關心、爲它奔走協調的卓克華教授，和不計盈虧、全力支持、玉成其事的臺北蘭臺出版社，最是令人難忘，謹在此首先致上最由衷的感激和敬佩之忱。

　　歲月如矢，沉迷於臺灣文獻匯聚而成的書海中，倏已半世紀有餘。然而，學殖膚淺，資質魯鈍，過目輒忘，近年尤甚，兼以閱讀範圍視前稍廣，越發「已讀與未讀等」，以致幾乎沒有什麼所得可言。

　　民國六十四年五月，在友人許亞伯先生的幫助與催促之下，臺北浩瀚出版社印行我的《臺灣史管窺初輯》。這書收錄了截至當年選編時爲止我所發表文稿中的十一篇而成。如今，整整四十年過去了，該書也早告絕版了，但以我所知，被引用的次數並不多；猶如投一粒細沙子於湖中，沒引起任何小漣漪般。

　　現在新刊的這本論集，共收錄拙作十篇，大多在期刊上發表過，兩篇則曾在學術研討會宣讀過；惟〈明鄭晚期臺灣之租稅〉一篇，前經收入《管窺初輯》，但因增補了〈明鄭臺灣租稅所受荷據時期的影響〉及〈明鄭對清代臺灣租稅的影響〉兩部分，內容似稍稍充實些，特仍予收入。

　　在選編這本論集時，曾考慮過下列四篇是否收錄：一是發表於《臺灣文獻》第四十一卷第二期（民國七十九年六月）的〈清代在臺僧人錄（初稿）〉，江燦騰教授數年前即囑我以此文爲主，再找幾篇相關者湊成一本書，他可介紹出版社予以出版，但由於我的疏懶並未實現；此次則因字數逾量，再度放棄。二是二〇〇三年五月，在第五屆「中國近代文化的解構與重建（鄭成功、劉銘傳）」學術研討會發表的〈明鄭時代澎湖之防務〉，由於不彈此調已久，對原稿無甚修改，因此決予保留、藏拙。三是二〇〇三年十月，在清史學術研討會發表的〈鄭芝龍對鄭清和議之態度及影響〉；四是二〇一三年九月，在《臺灣通史》研討會發表的〈評鄧孔昭對《臺灣通史》學術價值之探討〉。這兩篇論文，因前者已收入二〇〇六年九月北京的人民出版社印行之陳捷先老師等主編《清

史論集》，後者亦經收入二○一四年十一月北京的社會科學文獻出版社印行之杭州市人民政府地方志辦公室、杭州市地方志學會編《臺灣通史與連氏家族》，且字數均逾量，乃同予作罷。至發表於《臺灣文獻》第五十三卷第一期（民國九十一年三月）及第二期（仝年六月）之〈《地方志書纂修辦法》之探討〉（上）、（下），雖比較有人引用，但因篇幅關係，未曾考慮收錄。

　　這本論集在送請打字前曾仔細校讀一過，並加以修改，刪除一些已不必要的部分，勘正若干錯字，更動幾許詞句，現在就以這樣的面貌呈獻給朋友們了。其中除了有若干待考之處仍在探索外，錯誤及欠妥之處相信還是在所難免，實在非常抱歉，敬謹懇請朋友們格外海涵並不吝教正，無任感禱！最後，要特別感謝惠閱本書的每一位朋友，深深地感謝您們，更衷心地祝福您們！

　　（中華民國一○四年十一月記於臺中）

國家圖書館出版品預行編目資料

鄭喜夫臺灣史研究名家論集/鄭喜夫 著者. -- 初版. -
臺北市：蘭臺, 2016.8
面； 公分
ISBN 978-986-5633-38-7 (精裝)
1.臺灣史 2.文集

733.2107 　　　　　　　　　　　　　　　　105010484

鄭喜夫臺灣史研究名家論集

著　　　者：鄭喜夫
主　　　編：卓克華
編　　　輯：高雅婷
封面設計：塗宇樵
出　版　者：蘭臺出版社
發　　　行：蘭臺出版社
地　　　址：台北市中正區重慶南路 1 段 121 號 8 樓之 14
電　　　話：(02)2331-1675 或(02)2331-1691
傳　　　真：(02)2382-6225
E—MAIL：books5w@gmail.com 或 books5w@yahoo.com.tw
網路書店：http://bookstv.com.tw/、http://store.pchome.com.tw/yesbooks/、
　　　　　　http://www.5w.com.tw、華文網路書店、三民書局

經　　　銷：成信文化事業有限公司

電　　　話：(02)2219-2080 　　　　傳　真：(02)-2219-2180
地　　　址：台北市中正區重慶南路 1 段 121 號 5 樓之 11 室
劃撥戶名：蘭臺出版社　帳號：18995335
網路書店：博客來網路書店 http://www.books.com.tw
香港代理：香港聯合零售有限公司
地　　　址：香港新界大浦汀麗路 36 號中華商務印刷大樓
　　　　　　　C&C Building, 36,Ting, Lai, Road, Tai,Po, New,Territories
電　　　話：(852)2150-2100 　　　　傳真：(852)2356-0735
總 經 銷：廈門外圖集團有限公司
地　　　址：廈門市湖裡區悅華路 8 號 4 樓
電　　　話：(592)2230177 　　　　傳　真：(592)-5365089
出版日期：2016 年 8 月初版
定　　　價：新臺幣 2000 元整 　　（全套新台幣 28000 元正，不零售）
ISBN：978-986-5633-38-7